인사팀장이
쓴
채용노트

인사팀장이
쓴
채용노트

초판 인쇄 2014년 10월 1일
초판 발행 2014년 10월 1일

지은이 이병권
펴낸이 채종준
기 획 권오권
편 집 백혜림
디자인 이효은
마케팅 황영주

펴낸곳 한국학술정보(주)
주 소 경기도 파주시 회동길 230(문발동)
전 화 031) 908-3181(대표)
팩 스 031) 908-3189
홈페이지 http://ebook.kstudy.com
E-mail 출판사업부 publish@kstudy.com
등 록 제일산-115호(2000.6.19)

ISBN 978-89-268-6671-9 13370

이담 은 한국학술정보(주)의 지식실용서 브랜드입니다.

인사팀장이
쓴
채용노트

이병권 지음

이담
Books

우리나라는 지난 수십 년 동안 유례를 찾을 수 없을 정도의 빠른 경제성장을 하였고 유대인에 못지않은 우수한 인적 자원을 가졌음에도 불구하고 결코 살아가기에 쉽지 않은 나라이다. 한창 놀아야 하고, 노는 것 자체가 공부가 되어야 할 어린아이들이 온갖 종류의 사교육에 시달리고 있으며, 청소년기에 해당하는 중·고등학생들은 엄청난 심리적 압박을 받으며 힘들게 공부해 들어간 대학을 졸업하더라도 변변한 직장 하나 잡기 힘든 것이 요즘의 우리 현실이다. 우리의 행복지수가 동남아 후진국보다 결코 나을 게 없는 수준이라는 통계는 더욱 의미심장하다. 세계 최빈국으로 알려진 방글라데시가 행복지수는 최고 수준이라고 하니, 행복의 척도와 기준이 서로 다르기 때문일까?

미국 오바마 대통령은 기회가 있을 때마다 한국의 교육제도를 배우라고 한다지만 세계 최고 수준의 사교육비를 지출하면서도 현실은 상위계층부터 중산층에 이르기까지 자녀를 미국으로 보내야 소위 '글로벌한 인재'로 키울 수 있다는 사회인식을 보면 의아한 것도 사실이다. 그 과정에서 기러기아빠를 비롯한 가족해체현상이 나타나고 수반되는 교육비용이 천문학적인 수준에 이른다는 것은 더 말할 필요도 없다.

이러한 현상은 현재 청년들의 부모 세대, 이른바 베이비붐 세대(주로 1956~1963년생)의 왜곡된 사고방식에서 시작한다. 이들은 전후(戰後) 베이비붐 시절에 태어나 치열한 경쟁을 온몸으로 겪으며 살아온 세대이며 전형적인 학력, 학벌 위주의 사고방식을 벗어나지 못하고 있다. 이들은 "무조건 일류 대학을 가야 출세할 수 있다"는 스테레오 타입의 인식을 전 사회적으로 확산시켜 "엄마의 '정보력'과 집안의 '경제력'이 자녀의 성공을 좌우한다"는 명제에 사회 전체가 홀린 듯한 모습이다.

이렇게 정상적이지 못한 환경을 벗어나 누구나 하고 싶은 일을 즐겁게 할 수 있는 세상인 유토피아(utopia)는 상상의 세계에만 존재하는 것일까? 과거 국민의 정부 시절 "한 가지만 잘해도 누구나 대학을 쉽게 갈 수 있도록 하겠다"고 호언장담했는데, 현재는 종류만 해도 3,300가지가 넘는다는 파생금융상품보다 더 이해하기 힘든 대입전형제도가 되지 않았는가? 유토피아는 없다. 하기야 유토피아의 어원을 보면 U는 non(없다), topia는 place(장소)라는 의미이니 유토피아라는 말 자체도 '존재하지 않는 곳'을 의미한다. 결국, 경쟁이 없는 낙원은 이 세상에 존재하지 않는 것 같다.

더구나 우리처럼 한 번의 수능 경쟁이 인생에 지대한 영향을 미치는 사회에서 입시는 전 국민적 관심사가 될 수밖에 없고, 자연히 이를 연구·분석·코칭하는 기관들 역시 무수히 많아질 수밖에 없다. 대입전형요강이 복잡하다 보니 학부모들이 잘 모르고, 심지어 교사들조차 제대로 이해하지 못한다는 말까지 들리는 것을 보면 전문가를 자처하는 사교육기관, 입시컨설팅업체들이 많은 것이 당연하게 여겨지기도 한다. 언제나 그렇지만 돈이 된다면 관련 비즈니스는 금방 생기게 마련이다. 이들은 수십 년에 걸쳐 쌓아온 정보력과 노하우를 내세워 그 규모를 키워왔으며 이제는 중견기업 이상으로 성장한 업체들도 상당하다.

하지만 아이러니하게도 사회에 첫발을 딛는 사회 초년생이나 취업지원자들을 위해 필요한 도움은 별로 보이지 않는 것 같다. 지금까지의 치열한 교육경쟁이 '좋은 직업이나 반듯한 직장'을 위한 것이었음에도 이렇다 할 제대로 된 가이드나 안내서조차 찾기 어렵다. 물론 각 대학 취업경력개발센터에서 많은 일을 하고 있다. 면접요령을 책자로 발간하기도 하고, 취업상담, 초청특강, 기업알선 등을 진행하고 있지만 다양한 정보에 목마른 지원자들에게 생생한 현장 경험을 들려주지는 못하고 있다. 간혹 허위경력을 내세우는 이들도 있을 뿐만 아니라 보따리장사처럼 일회성의 이벤트에 그치는 경우도 많다. 심하게는 취업 전문 컨설팅을 자처하는 일부 사람들이 학생들에게 고가의 수강료를 받고 취업 장사를 하는 경우도 종종 볼 수 있어 깊은 신뢰감을 주지 못하고 있다.

대입전형과 취업전형은 그 성격이 전혀 다르다. 대입전형은 아무리 복잡해도 기본적으로는 '학력'을 평가하는 것이 핵심이기에 학습의 효과가 그래도 객관적으로 나타날 수 있는 전형이다. 입학사정관제 등의 전형도 있지만, 상대평가인 '수능' 같은 전국단위시험의 영향력을 무시할 수 없다.

하지만 취업전형은 다르다. 기업마다 그 조직문화에 맞는 사람을 다양한 방식으로 채용할 수 있다. 사기업 채용방식을 국가가 함부로 강제할 수도 없다. 기업이 자신들에게 맞는 사람을 선별하여 채용하겠다는데 다른 간섭의 여지가 없는 것이다(물론 국가보훈대상자, 장애인우대 등에 대한 관련법이 있기는 하나 절대적인 기준은 아니다).

채용 형태도 과거에는 전공과목, 영어, 상식 등 필기가 중요시되던 적도 있었으나, 지금은 필기 비중이 줄고, 면접이 주요 전형 방식이 되었다. 아직도 일부 그룹사들이 '직무적성검사' 등 필기시험을 반영하고 있는 곳도 있으나 대기업의 전형 방식일 뿐 일반적인 것은 아니다. 또한 사기업에서는 소위 낙하산을 통해 채용했다 하여 불법행위가 되거나 사회적 지탄을 크게 받지도 않는다. 만일 대학입시에서 이런 일이 발생한다면 엄청난 사회적 파장이 있을 것이다.

현실에서 많은 취업지원자가 이런 어려운 상황 속에서 쉽게 자책하거나 포기하는 것을 보면서 채용일선 현장에 종사하는 한 사람으로서 매우 안타까운 마음이 들었다. "사람은 누구나 존귀한 존재이다." 이들은 모두 귀한 자녀들이고, 어릴 적부터 주변의 많은 관심과 사랑 속에 성장해왔을 것이다.

서점의 한 코너에 가면 특목고나 해외 유명대학에 합격한 이들의 경험담을 쓴 수기가 많이 보인다. 이런 책들은 주로 자녀를 둔 학부모 층이 눈여겨보게 된다. 하지만 취업 코너에서 입사지원서 작성요령, 취업정보, 면접요령, 인·적성검사 수험서 등을 피상적 내용으로 전달한 책자는 간혹 보이지만 정작 치열한 기업의 채용 현장에서 나온 생생한 이야기는 찾아보기 힘든 것 같다.

매년 채용시즌마다 보도되는 일부 대기업에서 "이런 인재를 원한다"는 식의 틀에 박힌 멘트를 보며, 그런 조언이 무슨 도움이 될 수 있을까를 생각하게 되었다. 이들은 기업홍보 차원의 코멘트 외 실질적 조언이 거의 불가능하기 때문이다. 필자가 굳이 힘들게 이 책을 쓰기 시작한 이유도 바로 여기에 있다. 가깝게는 우리 아이들이 이 나라에서 직면하게 될 냉혹한 현실을 비교적 잘 아는 입장에서 분명히 알려주고 싶은 절실한 마음이다.

물론 필자는 전업으로 글을 쓰는 작가도 이름이 알려진 유명인도 아니기 때문에 부족함이 많다는 점을 미리 인정하고 솔직히 말하고 싶다. 따라서 때로는 '돌직구'에 해당하는 거친 표현이 자주 등장할지도 모른다. 명망 있는 작가나 학자들에게 기대할 수 있는 세련된 문장이나 깊은 지식이 내게는 별로 없기 때문이다. 독자 여러분께 널리 양해를 구한다.

하지만 '과유불급(지나침은 모자람만 못하다)'은 내 삶의 주요 모토 중 하나이다. 현실성 있는 사실과 생생한 경험적 부분을 충실히 책에 담고자 하였고, 주변에 넘쳐나는 책자들이나 인터넷만 열어도 온갖 정보가 쏟아지는 현실 속에서 수십 년간 채용 실무자로서 경험했던 깊은 고민과 노력이 책에 녹아져 있음은 자신 있게 말할 수 있다. 또한 필자가 사회생활을 처음 시작했던 시절부터 대학에서 일하고 있는 지금에 이르기까지 현장 속에서 느꼈던 숱한 고민을 오롯이 담으려고 노력했다.

이런 부족함 속에서 그 진정성을 조금이라도 이해해준다면 필자는 말할 나위 없이 감사할 것이다. 필자는 우리 사회가 좀 더 정상적인 시스템 안에서 돌아가길 간절히 원한다. 이 책을 통해 '우리 사회가 이대로 가기보다는 뭔가 특별한 전환점, 변화가 필요하다, 어떻게 하면 좋을까?' 정도의 문제의식을 갖고 그 방안을 함께 고민할 수 있다면 필자가 의도한 소기의 목적은 100% 달성한 것이라 생각한다.

기본적으로 이 책은 당장 취업을 눈앞에 둔 청년지원자와 곧 입사할 예비 사회인들을 위해 기획·구성되었다. 지금도 도서관에서 자신의 진로를 위해 열심히 정진하고 있을 많은 이들이 읽어주었으면 좋겠다. 사랑하는 자녀의 진로와 취업문제에 관해 고민하는 여러 부모님께도 일독을 권한다.

이 책을 내면서 필자가 지금 가장 두렵게 느껴지는 분들은 나와 같은 일에 종사하였거나 지금도 활발하게 활동하고 있을 수많은 동료, 선후배 인사담당들이다. 이분들 중에는 나와는 다른 생각이나 의견도 상당수 있을 것이다. 하지만 '인사담당 중 누군가는 이런 책을 써야 했다'는 시선을 갖고 좋게 봐주신다면 정말 감사하겠다.

그럼에도 불구하고 혹여나 사실과 다른 부분이 있다면 언제든 지적해주시길 바란다. 잘못된 부분은 항상 겸허하게 듣겠다는 말씀을 드리고 싶다. 잘 아시다시피 필자가 직접 근무했던 기업을 비롯 기업마다 전형이 천차만별이기 때문에 특성이 다른 부분들은 가능한 공통적인 부분을 추출하려고 했고, 적어도 일반화의 오류를 범하지는 않으려 최대한 노력하였음을 밝힌다.

끝으로 이런 졸저를 쓰고 있음에도 가까운 곳에서 항상 지켜봐 주는 아내, 부족한 아빠를 언제나 살뜰히 챙겨주는 사랑하는 두 아들 녀석 종민, 현석에게 감사와 사랑을 바치며, 어렵게 이 책이 나올 수 있도록 도와주신 한국학술정보㈜의 관계자분들께 진심으로 감사드린다.

서울 반포에서
이병권

Contents

2
PART

합격의 조건–
서류에서
면접까지

3
PART

신입사원
성공전략

PART 1

취업대란,
그래도
답은 있다

우리 사회가
직면한
취업문제

1) 현 채용시장의 특징

(1) 세대갈등

　최근 '세대갈등'이란 말이 나오는 것은 매우 이례적인 현상이다. 우리는 예전부터 한 집에 여러 세대가 함께 어울려 살아온 아름다운 전통을 가지고 있다. 물론 수십 년에 걸쳐 핵가족화가 진행되었고, 최근에는 1인 단독가구도 많이 늘었지만, 원천적으로 '한국의 힘'은 가족, 세대 간의 협력과 조화이다. 해외 선진국들은 유교문화에 충실한 한국의 이런 가족주의를 성장의 원동력으로 보고 부러워하기 때문에 적어도 한국 내에서의 세대 간 갈등에 대한 언급은 거부감조차 들기도 한다. 하지만 지난 대선을 통해 나타난 일부 세대갈등은 점차 조금씩 표면화될 것 같다. 특히 50대 이상 세대와 20~30대 청년 세대 간에 여러 상충되는 측면이 있는 것 같다. 경제적으로도 분명한 사실은 50대 이상은 그나마 부실논란이 있는 국민연금의 수혜를 직접 받을 수 있는 세대지만 2030세대의 경우 수혜 여부를 알 수 없는 매우 불확실한 상황이 되었다. 급격한 출산율 저하에 따라 노령화 사회로 진입하면서 청년들이 더 많은 경제적 부담을 안아야 하는 상황은 필연적으로 도래할 것 같다. 즉, 별다른 혜택을 받지도 못하는 청년들이 경제적 부담은 고스란히 짊어져야 하는 것이다. 아마 머지않아 국민연금, 건강보험 등 각종 사회보험을 둘러싼 세대 간 갈등이 구체화될 것으로 예상된다.

한국 경제의 고도성장에 따라 과거 대학을 나오면 각 대기업에 쉽게 취업이 가능했던 40대 중반 이후 세대와 달리 현재의 20~30대는 좋은 대학을 나와도 공기업, 대기업은 차치하고 중견기업도 문을 두드리기 어려운 현실에서 청년들의 좌절과 상실감이 더욱 커지고 있다. 이런 현실을 두고 '샌드위치 현상'이라는 말도 나온다. 기업들이 신입을 채용하여 오랜 기간 양성하기보다는 쉽게 경력을 채용하여 단기간 내 실적개선을 기대하는 식의 채용으로 방향을 전환하고 있다. 30대의 유능한 경력직에 비해 20대의 신규 취업률이 떨어지는 구조가 이젠 자리를 잡은 것이 아닌가 하는 생각도 든다. 2012년 통계청이 발표한 연령대별 취업자 증감내용을 보면 20대 후반은 17만 1,000명이 감소하고, 오히려 50대는 23만, 60대는 22만 명 이상이 증가했다. 이는 대기업들이 20대 후반대의 신규고용에는 매우 소극적인 반면, 5060세대는 퇴직 이후에도 비정규직으로라도 계속 일하려는 사람들의 비중이 늘어났다는 의미이다.

물론 50대 이상의 일자리가 주로 마트 계산원, 청소원, 경비직, 일용직 등으로 그리 양질의 일자리라고 보기는 어려운 점이 있겠지만, 재정적으로 안정되지 않아 노후대비를 하지 못하거나, 아직도 성장한 20~30대 자녀의 뒷바라지를 해야 하는 중년 이상의 연령층들이 직장을 가져야 하는 현실을 반영한 것이기도 하다.

지극히 한국적 현상이지만 최근 '헬리콥터 부모'들이 늘어나고 있다. 자녀가 30~40대가 되어도 가정을 갖지 못하고, 경제적으로도 독립하지 못한 세대가 늘고 있는 것이다. 특히 결혼연령이 높아지고, 심지어 결혼을 포기하는 이들이 늘면서 부모가 나이가 들어서도 사회적으로 독립하지 못한 자녀들을 챙겨주어야 하는 기현상이 벌어지고 있다. 이 현상은 향후 10~20년 뒤 베이비붐 세대인 현재의 50대가 60~70대가 되면 더욱 심각해질 우려가 있다.

산업현장의 어렵고, 더럽고, 힘들고, 위험한 직무, 소위 3D 업종에 국내 청년층이 가지 않으려 하다 보니, 주로 외국인 근로자나 50대 이상 고령인력을 활용할 수밖에 없는데, 이를 두고 정부, 정치권, 일부 보수언론 등에서 요즘 청년들이 무조건 힘든 일을 기피하는 잘못된 풍조를 가지고 있다고 평가절하, 폄훼하는 것을 보게 된다. 하지만 이는 대단히 무책임한 언급이다. '안정된 직장', '질 좋은 일자리'가 많이 생겨야 청년들이 의욕을 갖고 모여드는 것이지, 정부에서 당장의 실업률을 줄여보겠다고 열악한 노동환경을 가진 업체에 보조금만 지급한다고 하여 해결될 문제가 아니다.

그런 말을 주로 하는 이들은 이미 공기업, 대기업, 정부기관, 언론기관 등 좋은 직장에서 안정된 사회생활을 하고 있지 않은가? 근본 원인을 고민하여 해결책을 찾기보다 무조건 "요즘 청년들의 사고방식 운운하는……" 등의 변죽만 울리는 언급은 단지 그들의 이기적 발상에 지나지 않는다.

(2) 세대구분

우리나라의 생산가능인구(15~64세) 중 주요 경제활동을 하는 인구(20~50대)를 이렇게도 구분해볼 수 있지 않을까 한다.

첫 번째는 베이비붐 세대(1955~63년생)이다. 이들은 현재 청년구직세대들의 부모님에 해당하는 연령대이다. 1953년 한국전쟁이 휴전으로 끝나고 출산 붐이 일었다. 많은 사람이 죽고 난 뒤에는 항상 출산이 늘어나게 마련이다. 현재에도 이들의 인구는 712만 명으로 우리나라 전체 인구의 14.2%에 해당한다. 이세대는 자라면서 콩나물교실에서 수업을 받았고, 2부제 수업을 할 수밖에 없었다(이는 그다음 세대인 386세대에까지 이어진다).

그 당시 대부분 농촌에서 살다가 학업이나 취업 등으로 본격적으로 수도권으로 진입하기 시작한 세대이기도 하다. 박정희 정권 시절 경제개발계획에 따른 산업화의 일꾼이기도 하였다. 이들 중 대학을 제대로 졸업한 사람은 기업, 관공서 등에서 상당한 위치를 차지하였고, 부동산 호황으로 투자를 잘한 경우 벼락부자가 된 사람들도 많다. 회사에 평생을 헌신한 회사인간들도 많고, 여성의 경우 사회진출보다는 전업주부들이 많다. 현재 이들은 50~60대로 우리 사회의 어른 역할을 하는 계층을 형성하고 있는데 일부 경제적으로 성공한 사람들을 제외하고는 노후준비가 매우 취약한 계층이기도 하다.

두 번째는 소위 386세대(1960년대 중반~70년대 초)이다. 이는 필자가 속한 세대이기도 하다. 베이비붐 세대보다는 적지만 이들 역시 상당한 인구수를 가지고 있다. 1987년 민주화를 주도한 세대임을 부인할 수는 없다. 이들 중 대학 시절에 학업보다는 민주화 투쟁에 몸을 바친 이들이 상당수 있다는 것은 이들 세대의 성격을 구분하는 데 중요한 의미가 있다. 이들이 대학에 갓 입학을 하던 80년대 초에서 중반까지 대학은 말 그대로 최루탄이 난무하는 시위의 현장이었고, 선배들로부터 80년 신군부의 광주학살에 대한 사실을 알게 된 많은 학생은 분노했다. 더구나 대통령직선제 개헌을 거부하고 자신들의 권력을 공고히 하려는 군부독재를 온몸으로 거부하는 투쟁을 벌인 게 87년 민주화 항쟁이다.

상당히 정치적 색채가 강할 수밖에 없었던 세대이지만 아이러니하게도 취업에 있어서는 나름 무난하게 사회진입이 가능하였던 세대이다. 경제 성장에 따라 비교적 손쉽게 대기업에 취업할 수 있었고, 이전 세대와는 달리 대졸 여성들의 사회진출이 본격화되기 시작한 것도 이 세대부터이다. 현재 이들 중 소위 사회에서 성공한 사람들은 각 기업, 학교, 정부기관 등에서 임원, 간부 등의 위치에서 중추적인 역할을 담당하고 있다. 앞으로도 주요 의사결정권을 가지게 되는 매우 중요한 역할을 하게 될 것이다. 실로 그 책임이 막중하고, 시대 현실을 직시해야 할 세대이기도 하다.

세 번째는 88만 원 세대(1970년대 중반~80년대 중반)이다. 이들은 집집마다 자가용을 타고, 외식을 하는 경제적 풍요를 어린 시절부터 맛보기 시작한 첫 세대이기도 하다. 이는 경제성장에 따른 풍요를 누리기 시작했다는 의미이다. 정치적으로는 선배들인 386세대의 치열한 투쟁 덕분에 상대적으로 민주화된 자유를 향유하기 시작한 세대이기도 하다. 적어도 대학 내에 경찰이 들어와 학생들을 탄압하던 우울한 시대는 아니었다는 말이다.

문제는 이들 중 80년대생들은 1996년 IMF 구제금융을 받게 되었을 때 경제적으로 어려워진 가정이 상당히 많았고, 비교적 민감한 청소년기에 이를 보고 겪었다. 돈이 매우 중요하다는 것과 자본주의의 냉혹함을 피부로 느낀 가정이 많았을 것이다. 더구나 신자유주의 물결로 인해 기업마다 구조조정이 발생하던 시기였기에 취업에서도 비정규직 88만 원 세대라는 비운의 명칭을 갖게 된 세대이다.

이 세대의 불운은 결혼에까지 이어져, 결혼을 하지 못하거나 자녀를 갖지 않는 현상을 낳고 있어 사회적인 문제가 되고 있기도 하다. 경제적인 불안정과 미래에 대한 불확실함은 앞으로도 이 세대가 해결해야 할 중요한 과제가 될 것이다.

마지막으로 현재의 청년구직 세대(1980년대 중반~90년대 초반)이다. 이들은 부모인 베이비붐 세대로부터 자립적이고 독립적인 자존감을 배우기 시작한 진정한 신세대이다. 이들은 정말 밝고 예쁜 세대이다. 신체적으로도 과거 세대와는 많이 다르다. 큰 키에 서구적인 체형을 가진 사람들이 많다. 과거 세대가 가졌던 권력이나 선진국에 대한 두려움이나 열등감이 이들에게는 별로 없다. 현재 이들은 자신감이 넘치는 청년들로 앞으로 우리 사회가 키우고 잘 가르쳐야 할 정말 중요한 세대이다.

문제는 앞으로 이들이 갈 길이 그리 녹록지 않다는 것이다. 88만 원 세대 이후 고용의 질 악화에 계속 시달려야 하고, 부모들로부터 물려받았던 자존감 넘치는 밝은 생각들이 중도에 꺾이게 될 위험성이 상존하기 때문이다. 불확실한 미래에 대한 부분은 88만 원 세대와 다를 바가 거의 없다. 이 모든 것은 이들의 잘못이 아닌 현재 우리 사회의 의사결정권을 가진 기득권층이 해결해야 할 문제인 것이다.

주요 기득권들이 자리를 차지하고 길을 비켜주지 않으면 앞으로 우리나라의 미래는 없다. 88만 원 세대에 이어 이들 청년구직 세대들의 좌절감이 계속되다 보면 심각한 사회문제는 물론 한국은 쇠락의 길로 갈 수밖에 없을 것이다.

(3) 세대별 주요 성장업종

위에서 언급한 세대별로 우리나라 기업들의 주요 성장업종을 파악해보면 여러 가지를 생각하게 된다. 우리가 진로를 설정할 때 앞으로 과연 어떤 전공, 어떤 업종, 어떤 직무가 각광을 받을지는 아무도 모른다. 하지만 미래가 불확실할 때는 과거 역사를 보면 어느 정도 통찰력(insight)이 생길 수도 있다고 생각한다.

베이비붐 세대가 활동한 1970~80년대 초까지는 1960년대에 주로 성장했던 섬유 등 경공업부터 중동 건설 붐 등으로 인한 건축 관련 업종, 무역업, 조선 등이 성장의 주요 업종이었다. 그 때문에 이공계의 경우 섬유, 건축, 조선공학 등이 인기를 끌었다.

386세대는 누가 뭐라고 해도 전자, 기계공학 등의 전성기이다. 그 시절에는 의대가 최고점수가 아니었다. 서울대 등 주요 대학의 가장 높은 점수는 물리학이나 전자공학이었다는 점은 시사하는 바가 매우 크다. 그 덕분에 전자, 기계 등을 공부한 우수한 인재들이 삼성전자, LG전자, 현대차 등의 글로벌 기업에 입사할 수 있었고 이들 덕분에 우리나라 스마트폰은 세계 최고를 자랑하고 있고 자동차 분야에서도 비약적인 발전을 이루게 되었다.

문제는 88만 원 세대부터이다. 이들부터 각 회사의 구조조정, 신자유주의 물결로 인해 무엇보다 안정적인 일자리를 원하게 되었다. 그 결과 이공계열은 점차

의대에 최고의 자리를 내어주게 되었고 더 이상 최고의 인재들이 공대를 가지 않는다. 이는 매우 심각한 문제이다. 의사들이 우리나라 경제를 책임져 주지는 않는다. 실상 극히 우수한 인재들이 386세대처럼 공대로 가야 제대로 된 성장을 할 수가 있다. 하지만 작금의 기업 현실을 보면서 무작정 공대로 가라고 할 수만은 없는 노릇이다. 이공계 출신에 대한, 특히 우수한 과학인재를 양성하기 위한 노력이 없으면 공대를 나와 의학전문대학원에 진학하거나 심지어는 로스쿨에 가는 기현상이 계속될 수밖에 없을 것이고 우리나라의 미래는 별로 기대하기 어려울 것이다.

(4) 우수한 한국의 여성 인력들

아직은 주요 기업들이 이공계 남성 위주의 채용을 하고 있는 것은 사실이다. 특히 제조업체를 중심으로 우수한 이공계열 졸업생들을 확보하고 싶어 한다. 그 때문에 주요 대기업들은 이미 오래전부터 대학과 연계한 채용에 많은 노력을 기울여 왔다.

인문계열 역시 영업 등 남성이 여러 가지로 기업에서는 활용하기 좋은 측면이 있기 때문에 가급적 남성을 선호한다. 그 이유는 지방근무라든지 각종 출장 등에 여성을 배치·활용하기엔 조금 껄끄러운 면이 있기 때문이었다. 특히 모성보호법 등이 강화되면서 여성을 채용할 경우 임신, 출산 등으로 공백을 가질 수밖에 없고 그 비용을 고스란히 기업이 가지고 가야 하기에 중소기업으로 갈수록 더더욱 남성을 선호하는 형편이다.

하지만 한국의 여성 인력들은 너무도 우수하다. 386세대부터 각 대학에서 본격적으로 우수한 여성 인력들을 배출하기 시작해 현재는 법조, 의료 등 각 전문 분야는 물론이고 일반 회사에서도 여성 인력들이 두각을 나타내고 있다. 이는 베이비붐 세대인 부모들이 과거 세대와는 달리 남녀차별을 하지 않았을 뿐만 아니라 여성도 얼마든지 사회생활을 성공적으로 할 수 있다는 점, 결혼과 출산이 과거와는 달리 필수의무사항이 아닌 선택사항이 되고 있다는 데 기인한다.

특히 국내 제조업의 쇠퇴와 서비스업의 발달에 따라 금융, 관광, 항공 등 각종 서비스업종에서 우수한 여성 인력들이 두각을 나타내고 있다. 각 기관에서 고위직에 오르는 여성들이 점점 늘어나고 있고 아마 앞으로 더 늘어날 것으로 예상된다. 과거 일부 외국계 기업에서나 활용되었던 한국의 여성 인력들이 이제는 굳이 외국계 회사를 가지 않더라도 국내 대기업에 적극적으로 지원하고 있다. 매우 고무적인 현상이다. 또한, 과거와는 달리 군 복무 호봉인정을 하지 않는 등 급여 및 처우에 있어서도 거의 남녀차별이 사라졌기 때문에 앞으로 여성들의 사회진출은 더욱 활발해질 것이다.

문제는 아직은 여성 인력들이 인문계열에 치중되어 있다는 점이다. 필자는 앞으로 우수한 여성 인력들이 이공계로 더 활발히 진출하기를 바란다. 섬세하고 야무지게 일하는 한국의 여성 인력들은 우리 한국의 미래이다.

(5) 기업들의 소모적 스펙 경쟁

매년 쏟아져 나오는 대학 졸업생들의 수가 너무 많다. 2013년 기준 전문대를 포함한 대학졸업생은 55만 명에 이른다. 매년 수능응시인원이 62만 명 정도이고, 대학 정원은 50만에 이른다는데 웬만한 사람은 거의 다 대학에 진학하는 셈이다. 이는 전적으로 과거 DJ 정부 때부터 대학 정원을 무분별하게 늘리고, 사학의 건전성·수준 등을 제대로 평가·검증하지 않고 마구잡이로 인가를 내준 정부의 책임이 가장 크다. 과거 은행 등 금융권들은 주로 상업고등학교 출신을 채용하였고, 이들이 대졸에 비해 조금도 실력이 뒤지지 않았음에도 어느 시점부터 대졸은 물론 최근에는 회계사, MBA 출신 등 상당한 고학력자들이 주류가 되었다. 이는 과거보다 특별한 전문성이 요구되는 직무가 늘어난 것이 아님에도 지원자들의 학력, 학벌, 자격 등 표면적인 스펙만 늘어나는 기현상이다. 특히 시중은행의 창구업무까지도 회계사, MBA 출신 등이 진출하는 것은 지나친 점이 있다. 이런 '교육정책의 실패, 인력수급정책의 난맥상'에 대하여 책임져야 할 사람이 아무도 없는 실정이다.

한국에 적대적인 글을 많이 쓰는 일본의 경제평론가 미쓰하시 다카아키가 쓴 『누가 한국 경제를 망쳤는가?』에서도 최근 한국이 직면한 여러 문제를 지적하고 있는데 적의를 갖고 쓴 일본인의 글이기는 하지만 한 번 곱씹어볼 필요가 있다. 그는 "한국은 빈부격차가 점점 더 커지고 국민소득은 훨씬 더 많이 외국의 거대 자본에 착취당하게 된다"고 하면서 삼성, 현대 등 수출 대기업들이 돈을 잘 벌더라도 그 수익이 노동자들에게 돌아가지는 않을 것이라고 말하고 있다.

한국인들은 '삼성', '현대' 같은 수출 대기업들을 당연히 우리나라 기업으로 좋은 제품력을 갖고 많은 성과를 만들어내는 자랑스러운 국민기업으로 생각하지만, 다른 측면으로 오너의 국적과 관계없이 거의 절반에 가까운 지분이 외국인 등의 투자지분으로 아무리 좋은 실적을 올려도 그 과실의 대부분이 해외로 빠져나가는 구조라는 것이다. 결국, 오너와 일부 정규직들을 제외하고 그 성장의 과실을 다른 국민들이 일부라도 얻을 수 있는지, 일자리마저도 그들이 국내 고용에 얼마나 기여하는지에 대하여 매우 회의적이다. 주요 생산시설을 해외에 두고 있을 뿐 아니라, 국내 고용 인력들도 정규직보다는 아웃소싱을 사용하고 있는 것이 현실이다(10~20년 전만 하더라도 국내 대기업들이 생산직 구인난에 시달렸던 것과 비교하면 격세지감이 든다. 최근 일부 공기업, 대기업 노조들은 직장의 자녀 세습까지도 논의한다고 한다). 게다가 노조가 강성인 회사일수록 하청업체, 비정규 근로자들이 상당 부분 생산에 참여함에도 불구하고 그 성장 과실은 주주와 특권층이 된 정규직들이 가져가고 나머지는 소외되는 구조가 되었다. 이런 메커니즘은 유사한 방식의 수출 대기업들은 거의 비슷하다고 봐도 좋을 것 같다.

한국이 수출로 먹고사는 나라임은 누구도 부인할 수 없다. 한국의 수출 의존도는 2009년 기준 44.9%에 이르며, 이는 OECD 국가 중 네덜란드 다음으로 높은 수준이다. 하지만 정부가 항상 자랑스러워하는 사상 최고의 수출고, 무역

수지를 달성해도 일부 계층의 잔치일 뿐, 열악한 노동조건에 시달리는 비정규직들이나, 취업이 어려운 청년실업자에게는 별 의미가 없는 일이다. 이런 현실에서 과연 자동차, 스마트폰 수출을 많이 한다고 하여 마치 당당한 선진국이 된 것처럼 생각해도 될지 의심스럽다. 대기업들은 자신들이 '글로벌(global) 회사'임을 강조하지만 정작 이런 국내 현실은 외면하고 있다. 성장을 통해 사내유보로 엄청난 현금을 확보하고 있지만 직접 고용을 늘리지 않는 것은 물론, 그나마 적은 인원만을 채용하면서도 대외적으로는 화려한 스펙 경쟁만 하고 있는 꼴이다. 스펙 경쟁은 대기업이 대외적으로 '우수인재'를 채용했음을 자랑하고 포장하기 위한 의미 외에는 별다른 이유가 없다. 석·박사 등 고학력자나 변호사 등 전문자격자, 해외 대학 출신자를 많이 채용했다고 해서 글로벌 회사가 되는 것은 아니기 때문이다.

(6) 무책임한 기업들의 구조조정

한국에서 사업하는 회사치고 '인간존중의 경영'을 하지 않는 기업은 없다. 중소기업부터 글로벌 기업으로 성장한 회사에 이르기까지 한결같이 '사람이 먼저다'라고 하며, 이를 강조한다(최근 어떤 그룹사의 이미지광고는 신선하게 가슴에 와 닿는 느낌이 든다). 하지만 과연 그들의 말에는 진정성이 있을까? '사람', '인간' 등 감성을 자극하는 단어를 통해 그럴듯한 표현으로 포장을 하였을 뿐 내면을 들여다보면 한국은 세계 최장 노동시간, 심각한 직장 내 업무 스트레스, 지나친 경쟁구조, 상시 구조조정에 따른 강제적 퇴직유도 등 개인 삶의 질에 있어서 결코 인간적이지 않다. 인간존중이라는 말이 무색할 정도로 냉혹한 것이 한국 기업들이다.

IMF 이전 기업들은 대부분 정규직을 채용하였고, 별다른 문제가 없으면 고용이 보장되는 연공서열, 정년보장형 인력구조였다. 하지만 IMF 구제금융을 받으면서 구조조정이라는 큰 변화를 요구받게 되었고, 그 결과 한국은 세계에서 가장 혹독한 구조조정 시험장이 되었다(최근 금융위기를 겪고 있는 유럽의 몇 나라와 비교해보면 우리가 그들에 비해 얼마나 고통스러운 수업료를 지불했는지 알 수 있다). DJ정부 출범 후 외환위기는 일단 극복했다고 하지만 각 기업의 구조조정 속도는 더욱 가속화되었다. 구조조정은 특히 '인력조정'이 가장 핵심 부분이라고 할 수 있는데, 많은 직장인이 거의 무방비로 퇴출되기 시작하였다. 혹자는 IMF 당시 10대였던 현재의 2030세대가 유독 개인적·보수적인 성향을 가진 것이 이런 사회적 경험과 무관하지 않다는 분석을 하기도 한다. 이런 과정을 통해 기업인들은 구조조정은 가장 어렵고 고통스러울 때만 하는 것이 아니라, 성장 과정에서도, 경영상황이 안정적으로 순항하고 있을 때에도 수시, 상시로 감행해야 기업 경쟁력 확보나 자신들의 기득권 유지에 매우 바람직하다는 것을 알게 되었다.

결국 '경영 합리화'라는 이름으로 희망, 명예퇴직 등 각종 상시퇴출제도를 운용하는 회사들이 늘게 되었고, 이런 모습이 마치 선진국의 사회 트렌드인 것으로 호도하여 진실을 왜곡하는 현상이 생기게 되었다. 특히 대내외 환경이 조금만 어두워도 비상경영을 통해 압박을 가하고 임금삭감, 급여반납 등까지도 불사하며 직원들을 괴롭히는 현상이 생기게 되었다. 그러면서도 정작 경영자 자신들의 씀씀이는 줄이지 않는 '도덕적 해이'도 여전히 발생하고 있다. 이런 구조조정의 이론적 배경은 IMF 때부터 일부 대기업을 중심으로 세계적 컨설팅회사들에 엄청난 자문료를 지불하면서 '신인사제도' 등의 이름으로 제도화되었다. 삼성 등 한국경제를 대표하거나, 경영, 인사제도 전반에 있어 바로미터 역할을 하는 회사들이 이를 적극적으로 적용하였고, 이제는 일부 중소기업들까지 벤치마킹하여 지금은 한국의 대부분 회사가 이런 현상을 맹목적으로 따르고 있는 형편이다.

최근 세계적 컨설팅회사 맥킨지의 한국보고서에서 한국 경제를 '데워지는 냄비 속의 개구리'로 비유하고 "한국 경제는 자신이 죽어가는 것을 모르고 있다"고 언급한 것을 두고, 정치인을 비롯한 많은 지식인이 공감하였다고 한다. 하지만 내용을 보면 이는 누구나 다 이미 알고 있는 사실이다. 많은 사람이 힘들어

죽겠다고 아우성을 쳐도 차갑게 외면하는 사람들이 맥킨지의 말이라면 일단 믿고 보는 것을 보면, 아직까지 한국은 외국인들이 돈 벌기 손쉬운 나라임이 분명하다(LG전자가 맥킨지의 잘못된 조언을 듣고, 스마트폰 시장진입의 기회를 놓친 것을 아직까지 뼈아파 한다는 것은 유명한 일화이다). '인간존중'이라는 감성적 광고 카피 뒤에서는 국가나 기업의 무능함과 책임을 힘이 약한 개인에게 전가하는 이중적 모습이 있다. 이런 기업주들의 속내를 잘 알지 못하면서 청년 일자리 문제를 논하는 것은 사실상 무의미하다.

세계 어느 곳에서도 한국처럼 대규모의 인위적 구조조정(대기발령, 부당전보, 희망퇴직 등)을 일관된 제도로 당연하게 받아들이며 가장들을 거친 사막으로 내모는 나라는 없다. 엄혹한 '의자 빼앗기 경쟁'에서 밀려난 이들이 지금도 사회로 쏟아져 나오고 있다. 실직은 사회보장이 취약한 한국의 현실에서 삶의 질 하락은 물론, 개인적으로도 상당히 심각한 상황으로까지 몰리게 될 수 있다. 세계 최고의 자살률 국가가 한국임은 이와 무관하지 않다고 본다. 이런 현상이 반복되면 국가적으로도 큰 손실이고, 매우 심각한 사회문제가 발생하게 됨은 물론이다.

2) 채용시장의 사회적 비용

(1) 한국 기업들의 높은 이직률

기업들이 채용과 관련하여 지출하는 유형, 무형의 금액은 의외로 크다. 여기서 채용비용은 단지 기업의 외부채용공고 등 광고성 비용만을 의미하는 것은 아니다. 특히 '이직률'이 높은 회사일수록 이직으로 인한 회사 내부적인 업무손실은 비용으로 환산하기 어려울 정도이다. 공기업, 대기업 등 비교적 처우, 복리후생이 잘 갖추어진 일부 회사를 제외하고 한국 기업들의 이직률은 대체로 높은 편이다. 기업마다 이처럼 이직률이 높은 이유는 분명하다.

첫째, 대기업과 중소기업, 각 업종 간 임금 격차가 매우 심하기 때문이다. 특히 유사한 업종이라고 해도 연봉 차이가 비정상적으로 크다는 것은 큰 문제이다. 미국 등 선진국의 경우 직종 간 임금 차이는 있더라도 같은 업종의 경우 한국처럼 큰 차이는 없다고 한다. 연봉 자료를 비교해보면 한국은 기업 규모 등에 따른 차이가 현격하기 때문에 많은 사람이 이런 갭(gab)으로 인해 비교우위를 찾아 이직하는 사례가 많은 것이다. 이는 한국이 여러 면에서 아직 안정된 사회가 아니라는 방증이기도 하다. 특히 대기업과 하청구조인 중소기업의 극심한 임금 차이는 최근 사회적 문제로까지 대두되고 있다.

둘째, 기업들의 불필요한 경쟁적 기업 문화 때문이기도 하다. 물론 성장과 발전을 위해 경쟁은 필요하다. 하지만 일부 기업들은 불필요하게 경쟁을 유발하여 내부적으로 직원 스트레스가 매우 심한 경우가 많다. 이는 업무 강도가 세거나, 근로시간이 많은 것에서도 찾을 수 있지만, 많은 경우 사내 인간관계(상사, 동료, 부하 등)의 갈등을 잘 조절하지 못하는 데 기인하는 경우가 많다. 일부 서비스업종의 경우 이런 내부 스트레스에다 외부고객이 주는 감정노동 스트레스가 상당하기 때문에 고통을 견디지 못하고 수시로 다른 진로를 찾는 경우도 많은 것 같다.

이처럼 기업들의 이직률이 높고 이로 인한 빈번한 채용이 발생하는 것은 심각한 사회문제이다. 직원들이 자꾸 나가면 뭔가 문제를 찾아 해결을 위한 개선방안을 찾는 것이 아니라 손쉽게 또 채용을 반복하는 행태가 계속되고, 기타 정부의 세금으로 지원되는 것까지 감안한다면 이직에 따른 채용의 사회적 비용에 대한 지출 규모는 상당할 것으로 추정된다.

(2) 안정된 일자리가 많은 나라가 바로 선진국

여러 상황을 비추어보면 한국이 이젠 평범하지만 성실한 서민들이 안정된 직장을 갖는 게 매우 힘든 사회가 되었다는 것을 알 수 있다. 헌법에도 나와 있듯 국가는 국민들이 안정된 일자리를 가질 수 있도록 노력할 의무가 있다. 수출을 아무리 많이 해도 아직 한국이 선진국이라는 생각은 조금 오버한 것으로 생각한다. 혹자는 우스갯소리로 우리가 선진국임을 알 수 있는 건 고속도로 휴게소 화장실에서나 찾을 수 있다는 자조적인 말도 나오곤 한다.

선진국은 국가가 돈이 많다고, 군사력이 강하다고 되는 것이 아니다. 국민소득으로 본다면 중동의 산유국들이 세계 최고 선진국들이다. 하지만 누구도 그들을 선진국, 민주국가라고 하지 않는다. 또한 단지 군사력이 강한 나라가 선진국이라면 북한도 일종의 선진국이다. 수백만의 병력에 이젠 핵무기까지 무장하였으니 말이다. 그러나 온전한 제정신을 가졌다면 북한을 선진국이라고 말하는 사람은 아무도 없을 것이다.

필자는 많은 서민, 중산층 국민들이 '안정된 일자리'를 가진 나라가 선진국이라고 생각한다. 사회적으로 '민주적이고 정상적인 시스템과 그런 사고방식이 자연스럽게 통하는 나라'가 바로 선진국이다. 항상 불안한 일자리에 시달리고, 부정부패가 만연한 우리나라는 삼성, 현대차가 제아무리 수출을 많이 하고 있다 해도 결코 '선진국'이라 말하기 어렵다. 특히 우리는 다른 나라보다 사회생활을 매우 늦게 시작하여, 일찍 퇴출되는 구조이다. 남자들은 군 복무를 마치고 적어도 20대 후반이 되어야 직장생활을 시작한다. 군 문제로 인해 사회진입이 늦은 데다가 최근에는 해외어학연수, 편입, 졸업유예 등이 일반화된 현실 속에서는 더욱 그러하다. 문제는 이렇게 늦게 시작함에도 불구하고, 조기 퇴출되는 구조라는 것이다. 노조가 있는 공기업, 대기업을 제외하고 대부분 40~50세가 되면 고용 안정성이 떨어지고 퇴출 불안에 시달리게 된다.

과연 이런 구조적인 문제를 가진 나라가 선진국일까? 서구 선진국들 역시 실업률은 높은 편이지만 그들은 비교적 사회보장 등 사회적 안전망을 잘 갖추고 있어, 우리처럼 극단적 상황으로 내몰리는 나쁜 구조는 아니다. 일부 정치인들의 착각은 자유겠지만, 아직 우리나라는 선진국이 아니라고 생각한다.

(3) 맞지 않는 눈높이와 효과 없는 정년연장

이런 현실이다 보니 채용담당들은 항상 바쁘다. 상시퇴출제도 등으로 빠진 자리는 인턴이나 신입, 경력직을 채용해야 하기 때문이다. 특히 경력채용은 경영자들의 눈높이와 현실의 갭이 큰 경우가 많아 성사율이 떨어지는 경우도 많다. 이젠 한국도 기업마다 2, 3세 경영자들로 경영권이 이전되고 있다. 자수성가한 창업주와 이들은 성향이 전혀 다르다. 창업주들이 비교적 사람의 인연을 소중히 여기고, 인성을 보고 사람을 쓰며, 신뢰하면 자신의 사람으로 만드는 노련함이 그들은 절대 부족하다. 후계자들은 자신의 미국 유학 경험을 통해 단기간 내에 성과를 낼 수 있는 사람만을 찾기 때문에 좋은 품성의 경력을 찾기 어렵고, 종국에는 사람관리에 실패하는 경향이 많다. 그나마 대기업은 조금 나은 편이지만 중소기업들은 좋은 인력을 찾기 어려울 수밖에 없다. 신입이 입사 후 제 몫의 실적을 내려면 최소 1년 이상의 시간은 필요하고, 그 직원이 다른 신입을 교육할 정도의 숙련도를 갖추려면 3년은 필요하다. 최소 5년은 되어야 그 분야에서 일을 기획하면서 믿고 맡길 수 있는 수준이 된다. 어떤 기업이든 그런 숙련된 인재를 만들기 위해 상당한 시간과 비용을 투자하는 셈이다. 그렇기에 기업마다 준비된 좋은 경력직을 채용하고 싶어 하는 것은 당연하다. 최근에는 신입들조차 현 직장에 계속 근무할지 아니면 다른 일을 찾을지를 판단하는 시기가 예전보다 많이 빨라진 것 같다. 회사마다 입사 1년 내 이직이 큰 문제가 되고 있다. 이런 현상은 열악한 중소기업뿐만 아니라 대기업에서도 고민거리가 되는 등 공통적인 현상을 보이고 있다.

유독 한국이 젊은 직원을 선호하는 경향이 있는 것도 문제이다. 최근 삼성전자가 사내 핵심인력의 연령대를 30대 중반으로 정한 것은 이와 무관하지 않다. 어떤 기업은 퇴출할 연령대 기준을 내부적으로 정하고 있는 것이 현실이다. 이런 상황은 기업마다 40대 이상 직원들이 한창 일해야 하는 나이임에도 불구하고 무기력감을 느끼게 하고 있고, 선호 연령대(20~30대)를 주축으로 한 이들은 기회만 생기면 더 나은 처우를 찾아 경력시장을 기웃거리는 현상이 발생하게 되었다.

기업마다 핵심 인력의 조기이직을 막기 위해 많은 고민을 하고 있겠지만, 이직 사유는 단순히 금전적 보상 문제만은 아니다. 바람직한 사내문화를 가지고 있는 기업들은 처우가 조금 낮더라도 이직이 많지 않기 때문이다. 주로 이직이 많은 회사는 내부에 지나치게 경쟁적이고 냉혹한 모습을 갖고 있기 때문이다. 이렇게 되면 기업 경쟁력은 떨어지고, 국민들은 고용불안에 시달리며, 업무효율과 생산성은 더 기대할 수 없게 될 것이다. 최근 정치권에서 정년을 60세로 연장하는 법안을 추진하고 있다고 한다. 사기업의 정년연장이 과연 효과가 있을까? 현재 많은 사기업의 정년 기준이 만 55세 정도임에도 이를 제대로 지키는 기업은 거의 없다.

공기업과 일부 노조가 있는 대기업을 제외하고는 정년을 60세로 하든, 65세로 하든 크게 달라지는 것이 없을 것이다. 고용안정의 포커스는 공기업 혹은 노조가 있는 좋은 처우의 대기업이 아니라 노조의 도움을 전혀 받지 못하는 일반 사기업의 근로자에 맞추어야 한다. 막연한 '정년 연장' 같은 탁상행정으로는 '국민들이 안정된 일자리를 갖는 선진국'이 되기는 멀기만 하다.

중국에서는 지도자가 되려면 적어도 나이 60세가 넘어야 한다고 한다. 아무리 똑똑하고 훌륭한 인재라 하더라도 그들은 결코 20대 청년에게 나라의 미래를 맡기지 않는다. 현재 북한은 30대 젊은이가 핵무기를 가지고 한국 및 전 세계를 희롱하고 있다. 그의 앞길에 예상되는 온갖 시행착오를 생각하면 끔찍하지 않은가? 수천만 명의 국민을 책임지고 있는 북한의 지도자가 말이다.

생명을 다루는 의사나 많은 승객의 안전을 책임지는 항공 조종사가 가장 숙련된 기량을 보일 수 있는 나이는 40~50대 중반이라고 한다. 사내 핵심 인력을 35세로 정한 모 글로벌기업과 이 기업을 한국의 스탠더드로 삼는 많은 기업주가 곱씹어야 할 대목이다. 한창 일할 연령대의 사람들에게 제대로 된 일자리를 만들지 못하는 정부와 기업들이 '정년연장' 같은 허울 좋은 제도를 가지고 과연 어떤 효과를 낼 수 있겠는가? 아마 공무원, 공기관, 노조가 있는 대기업 등 일부 기득권층만 혜택을 볼 것을 쉽게 예상할 수 있다. 좀 더 실효성 있는 대안을 제시하지 못한다면 정년연장은 부질없는 탁상행정일 뿐이다.

3) 취업문제 접근방법

(1) 채용문제 해결을 위한 Solution

이제 채용시장의 양극화는 점점 더 심해지고 있다. 같은 대학 같은 과를 졸업했음에도 누구는 대기업에서 연봉 4~5천만 원을 받고, 어떤 이는 최저임금 수준의 월 130만 원짜리 인턴이 되는 매우 아이러니한 상황에 처해 있는 것이다. 더구나 대학마다 취업률이 그 대학의 생존을 가름하는 바로미터가 되다 보니 경쟁적으로 각종 취업 관련 프로그램들을 쏟아 내고는 있지만, 그 실효성에서는 매우 의문이다. 근본적인 문제는 사회의 구조적인 면에 있지만 그렇다고 해서 가만히 앉아만 있을 수는 없는 노릇이다. 막연한 준비를 반복하는 것보다는 좀 더 전략적인 접근을 하지 않으면 많은 시행착오를 할 수밖에 없을 것이다.

필자는 취업을 준비하는 취업준비생들에게 취업 문제를 해결하기 위한 전략과 계획을 세울 것을 권한다. 많은 학생이 자신을 잘 모르고, 기업도 잘 모르는 상태에서 남들이 좋다고 하는 것을 막연히 따라가는 경우가 많음을 알기 때문이다.

첫째로 자신이 취업하고자 하는 업종이나 기업 등을 명확히 하고, 타깃이 되는 회사의 채용일정, 세부전략, 언제까지 도전할지 등을 결정하여야 한다. 실제 학생면담을 해보면 목표가 되는 회사의 정보를 가지고 와서 세부계획을 자신 있게 말할 수 있는 사람이 별로 없다. 이는 과거 중고등학교 시절부터 부모 혹은 학원에서 정해진 스케줄에 따라 움직이던 습관을 아직도 버리지 못했기 때문이다.

둘째는 입사지원서 작성요령 등 서류전형부터 꼼꼼하고 세심한 준비가 필요하며 채용은 철저하게 결정권을 가진 사용자 시각에서 접근하여야 한다. 기업은 냉정하다. 이윤을 추구하는 만큼 철저하게 자신의 상황에 맞는 현실적인 선택을 하기 때문이다. 아직 학생들은 순수하고 낭만적인 접근방법을 취하는 경우가 많은데 항상 기업의 입장에서 취업을 접근하는 것이 좋겠다.

셋째, 업종마다의 특징이나 회사의 채용정보를 충분히 이해하지 못하고 명확한 타깃팅을 하지 않은 상태의 지원은 어설픈 실수를 발생시킬 수밖에 없으므로 철저한 사전 준비가 필요하다. 이른바 선택과 집중이 필요한 것이다.

마지막으로 운도 취업에 중요한 한 부분임을 부인하기 어렵다. 아무리 좋은 스펙을 쌓는 등 많은 노력을 기울여도 취업에 있어 최종적인 선택은 사람이 하는 것이다. 결국, 운도 중요한 채용의 한 요소이다.

(2) 막연한 진로탐색과 취업정보의 중요성

세계적 인터넷 강국의 면모를 자랑하는 한국은 언제, 어디서든 '정보의 바닷속'에 쉽게 들어갈 수 있다. 알고 싶은 정보를 포털의 다양한 검색기능을 이용하여 조회할 수 있다. 영어를 못해도 구글 번역기를 이용하면 통번역 서비스까지 받을 수 있는 시대에 살고 있다. 매우 편리해졌다고 생각하겠지만, 문제는 과연 이 많은 정보가 얼마나 유용한 가치(value)를 담고 있으며 얼마나 효용가치가 있는지에 대하여 한 번쯤은 의문을 가질 만하다. 요즘 취업준비생들은 취업준비에 대하여 과연 어떤 생각들을 하고 있을까?

취업사이트 '사람인' 조사에 따르면, 취업준비생 1,199명을 대상으로 '현재 진로 및 취업준비에 막연함을 느끼는 편입니까?'라는 질문에 85.2%가 '그렇다'라고 대답을 했다. 막연함을 느끼는 이유는 다음과 같다.

① 학벌, 나이 등의 격차를 극복하기 어려워서(18.9%)

② 우수 스펙 보유자와의 경쟁부담이 커서(17.6%)

③ 진로에 대한 확신이 없어서(15.4%)

④ 취업 목표가 뚜렷하지 않아서(14.7%)

⑤ 내가 갈 수 있을 것 같은 기업이 적어서(14%)

⑥ 어떤 것부터 준비해야 할지 잘 몰라서(7.8%)

(출처: 취업포털사이트 '사람인')

다양한 대답이지만 뭔가 진로에 대하여 막연함을 느끼고 있는 이들이 대부분이고, 상당수 지원자가 무엇을 어떻게 준비해야 할지 잘 알지 못하고 있음을 엿볼 수 있다. 사실 취업준비생들을 위한 전문기관이나 관련 전문가를 활용하는 시스템도 별로 없는 것이 현실이다.

어떤 기업교육업체에서 광고하는 내용 중에 인상 깊게 본 문구가 있다. '귀사 직원들의 교육비가 문제가 아니라 그 교육을 받는 수강생들의 시간이 더 큰 비용이다'라는 내용이었는데, 광고카피치고 상당히 인상적이었고, 시사하는 바가 크다고 생각되었다. 우리는 직접적으로 주머니에서 나가는 현금은 아까워하면서, 정작 시간을 낭비하는 것은 대수롭지 않게 생각하는 경우가 많다. 특히 "청년 시절의 시간은 황금과도 같다"고 생각한다.

취업을 준비하면서, 조급할 수밖에 없는 지원자들의 입장에서 이런 수많은 정보의 홍수 가운데 나름 쓸 만하고, 믿을 만한 제대로 된 정보를 찾기가 쉬운 일은 아닐 것이다. 문제는 그 정보의 '양'보다는 '질'에 더 주목해야 하는데 인터넷 정보의 경우 사실 현장에서 채용을 진행하는 인사담당자의 입장에서 봤을 때, 그 정보의 수준에 대하여 썩 좋은 평가를 할 수는 없을 것 같다. 너무 편리한 인터넷 정보만 믿지 말고 때로는 아날로그적인 접근이 필요한 이유가 바로 여기에 있다.

(3) Me too, 따라하기 열풍

주식시장에서도 '이미 시장에 회자되는 정보는 진짜 정보가 아니다'는 말이 있다. '누구나 다 아는 정보는 정보로서의 가치가 없다'는 말이다. 한국인에게는 일단 뭔가 좋다는 소문만 나면 이것저것 꼼꼼히 따지지 않고 덤비고 보는 특성이 있다. 다음은 그런 특성을 말해주는 일화이다.

> 어떤 한국인 단체관광객들이 처음 프랑스 파리 여행을 갔다. 일정 중 쇼핑을 위해 어떤 유명 의류매장에 단체로 들어갔는데 웬일인지 구경만 할 뿐 아무도 물건을 사지 않는 것이었다. 워낙 유명상표나 명품을 좋아하는 한국인인지라 처음에는 현지 가이드도 매우 의아하게 생각했다고 한다. 그런데 처음 한 사람이 상품을 집어 계산대로 가자, 그 후 눈치만 보던 다른 사람들이 너도나도 그 물건만을 찾게 되었고, 드디어 그 물건이 품절된 사례가 실제 있었다고 한다.

이는 우리 의식 속에 다른 사람들의 눈치를 보다 몇 사람이 몰려들게 되면 너도나도 따라 하는 습성이 있다는 것을 꼬집는 일화이다. 이런 한국인들의 상품 구매 습관을 가장 효과적으로 이용하는 게 해외 명품업체인 것 같다. 식당 선택도 그렇다. '맛집'으로 유명해진 식당들은 음식 맛 때문에 그런 이유도 있겠지만, 식당 앞에 길게 줄을 선 사람들을 보고 나도 모르게 같이 줄을 서본 경험이 누구나 한 번쯤은 있을 것이다.

그렇게 여러 효용 가치를 따져보지 않고, 맹목적·충동적 구매를 하면 나중에 후회할 가능성이 높을 것은 분명한 사실이다. 채용정보도 그렇다. 많은 사람이 몰리는 회사에 일단 묻지마 지원을 하거나, 자신이 지원하는 회사에 대해 충분히 알아보지 않고 원서부터 쓰는 경향이 분명히 있기 때문이다. 그 경우 입사하더라도 여러 가지 이유로 조기 퇴사하는 사례가 실제로 점점 늘고 있다. 주지하건대 이런 순간적·즉흥적인 판단으로 소모되는 시간, 비용은 정말 만만치 않다.

물건이야 한 번 잘못 구매하더라도 교환이나 환불을 할 수 있고, '맛집'을 잘못 선택한 경우 다시는 그 식당에 가지 않으면 되는 일이지만, 여러분이 근무할 직장과 회사에 관한 선택은 그리 단순한 문제가 아니다. 잘못된 직장선택을 후회하는 사람들이 의외로 많다. 올바른 직장 선택은 인생에서 매우 중요한 일이다.

(4) '기본에 충실한 것'의 중요성

"어떻게 하면 채용에 관련된 정확하고 효과적인 정보를 얻을 수 있을까?"

필자는 오랫동안 채용현장에서 다양한 사례를 접하고 경험하면서 때로 안타깝기도 하고, 뾰족한 대안이 없음에 답답함까지도 느껴보았다. 어쩌면 지금까지도 그런 고민이 계속되는지도 모른다.

결론적으로 가장 솔직하고 정직한 대답은 '기본에 충실하자'란 것이다. 우리 청년들은 과거 세대와는 다른 여러 바람직한 측면을 많이 가지고 있음에도 불구하고 우려스러운 부분이 '차근차근 철저하게 기본기를 갖추려 하기'보다는 쉽게 결과를 얻으려고 한다는 것이다. 인터넷이 발달하여 영어작문에 어려움이 있는 경우 손쉽게 구글의 번역기능을 이용하여 유사한 문장을 쉽게 만들어낼 수 있지만, 이를 제대로 된 영어 실력을 갖춘 사람의 손을 통해 작성된 깔끔하고 세련된 문장과 비교해보면 어떨까?

영어를 잘 쓰고 싶으면 직접 뛰어들어 영어를 배워야 한다. 컴퓨터 자판을 아무리 두들겨 보아도 사람이 손으로 직접 작성하는 것 이상의 세련되고 좋은 문장이 나오기는 어렵다. 이는 짝퉁가방이 장인이 심혈을 기울여 만드는 명품가방과 그 품질에 있어 현격한 차이가 있는 것과 비슷한 이치다.

결국, 모든 일은 사람이 직접 하는 것이다. 첨단기술의 발전으로 항공기 이착륙까지 자동으로 컨트롤할 수 있지만 그렇다고 조종사가 전혀 필요 없는 것이 아니다. 어떤 항공기도 이착륙 시 자동기술만을 사용하지는 않는다. 반드시 조종사가 직접 주변 시야를 확인하고 매뉴얼로 이착륙을 하는 이치를 이해했으면 좋겠다. 아무리 기술이 발전하더라도 사람이 경험으로 체득한 숙련된 기술을 따라갈 수는 없다.

(5) 정보의 유익성을 판단하는 능력

언제부터인지 누구나 '스마트', '디지털'이라는 말을 자연스레 사용하게 되었고 이젠 초등학생까지도 스마트폰을 쓰는 시대에 살고 있다. 인생은 지름길로만 가는 게 좋을 것 같지만 때로는 돌아가는 길이 더 의미 있는 경우도 종종 생긴다. '디지털'이 아닌 '아날로그'로 살아보는 것도 삶의 소중한 지혜이다. 스마트폰이 본격 도입되면서 우리는 굳이 알 필요 없는 불필요한 정보까지 너무 많이 보고 있다는 생각을 하게 된다. 기존 언론뿐만 아니라 인터넷, SNS를 통해 수많은 정보를 접할 수 있지만, 그 모든 내용이 가치 있는 정보는 아니기 때문이다. 어쩌면 불필요한 정보공해에 속할 수도 있다고 생각한다.

쉽지 않은 일이지만 가끔 며칠 정도는 스마트폰 없이 지내보는 것도 좋을 것 같다. 불교의 '템플스테이'나 천주교 '피정'에서의 공통된 규칙은 '침묵'이다. 우리는 혼자서 생각을 정리하는 것보다 너무 많이 보고, 말을 많이 하는 것 같다. 사회생활에서도 적용되는 일이지만 혼자 말을 많이 하면 득보다는 손해가 많다. 항상 먼저, 오래 듣는 습관을 지녀보는 것도 좋겠다. 물론 스마트기기 없이 지낸다면 당장은 뭔가 급한 일이 생길 것 같고, 주변과 멀어지고, 소외되는 것 같은 불안한 증세(?)를 호소할 수도 있다. 이는 이미 스마트기기가 중독성이 있다는 방증이다. 하지만 그런 염려는 전혀 하지 않아도 될 듯하다. 그런 경우를 많이 보아왔지만, 우리가 걱정하지 않아도 이 세상은 정말 잘 돌아간다. 특히 회사든, 국가든, 어떤 조직이든 개인보다는 시스템이 돌아간다는 사실을 항상 기억해야 한다. 매뉴얼과 시스템이 잘 가동되는 조직이 바람직한 조직임은 물론이다.

주변의 정보에 의지만 하고 스스로 판단을 하지 못하는 것이 바로 기본기가 충실하지 못한 것이다. 그런 경우 오히려 제공되는 정보의 총량과 관계없이 낭비적인 불필요한 정보만 좇게 될 수도 있다. 중요한 것은 "내가 얻고자 하는 정보가 과연 내게 꼭 필요한 정보인가?" 하고 항상 자문해볼 필요가 있다. 정보의 유익성을 파악하는 방법으로 어떤 정보를 접할 때마다 항상 "왜(Why)? 왜 안 돼(Why not)?"라는 질문을 스스로 던져야 한다. 그리고 "어떤 방법이 있을까(How to~)"에 대하여 스스로 고민을 해보아야 한다.

어떤 일이든 누군가에게 의존하게 되면 자신의 능력은 성장하지 못한다. 탈무드에서도 "아이들이 스스로 할 수 있는 일을 부모가 대신해주는 것은 아이들에게 독약을 주는 것"이라 했다. 스마트폰의 도입으로 사람들의 기억력이 예전보다 많이 감퇴하였다는 기사를 본 적이 있다. 예전에는 주변 사람들의 전화번호를 곧잘 외우던 사람들이 스마트폰을 쓰면서부터 더 이상 외울 필요가 없어졌는데 문제는 좋았던 기억력이 퇴화한 것이다. 이는 결코 바람직한 현상이 아니다.

머리도 자꾸 사용해야 좋아진다는 것은 학계의 정설이다. 스마트기기에만 의존하여 자꾸 쓸데없는 정보에 휘둘리지 말고 스스로 문제 해결을 하려는 노력을 기울였으면 좋겠다. 그러면 어느 순간 자신이 부쩍 성장해 있음을 느낄 수 있을 것이라 확신한다.

4) 취업 관련 업종, 신뢰할 수 있을까?

(1) '손품'보다는 '발품'을

필자는 개인적인 SNS를 제외하고 모르는 온라인상 동호회, 각종 사이트에 방문하여 글을 남기는 것을 별로 좋아하지 않는다. 간혹 채용정보 등을 제공한다는 여러 사이트를 들어가 보면 양질의 정보보다 일부 사람들이 경쟁적으로 올리는 거친 표현의 댓글, 불필요한 논쟁 등으로 시간을 낭비하게 만드는 것을 여러 번 보았다. 우리는 서로 친분 관계가 있는 경우 온라인상이라도 절대 함부로 글을 쓰지 않는다. 언젠가는 볼 사람이기에 신경을 쓰고, 항상 예의를 지키게 된다. 반면, 전혀 모르는 익명의 사람들이 모인 경우 그 직업에 관계없이 무차별적으로 매우 공격적인 글들이 난무하는 것을 본다. 심지어 입에 담기 어려운 욕설까지 하는 경우도 보았다. 이는 익명성의 그늘에 숨어 함부로 다른 사람을 공격하는 비겁한 짓이다. 이런 나쁜 글로 인해 우울증은 물론 심지어 자살에 이르는 경우도 있다고 한다. 또한, 인기 사이트 운영자는 광고 등 금전적 이득을 취하기 위해 이런 댓글을 방조하거나, 허위 정보를 올리기도 한다고 들었다. 그들은 항상 많은 사람이 모여 이슈를 만드는 것만이 중요한 일이기 때문에, 이 때문에 피해를 보는 사람들이나, 좋은 정보제공 등은 별로 관심사항이 아닌 것 같다. 이런 상황이라면 한창 시간을 아껴야 할 사람들에게 SNS, 인터넷 사이트가 무슨 도움이 될까? 귀중한 시간을 수험, 취업준비에 전념해야 할 이들에게 불필요한 감정소모만 하게 만드는 백해무익한 일이기 때문이다.

인터넷이 보편화되고 각종 포털, 카페, 블로그 등이 범람하면서 너무 많은 정보가 쏟아지고 있다. 이렇게 되면 예전 사람들보다 정보를 더욱 많이 알고 있어야 하는데 정작 취업지원자들과 면담을 해보면 반드시 알아야 할 정보를 놓치고 있다는 생각을 하게 된다. 이는 이들이 모자란 것이 아니다. 예전보다 속이 꽉 찬 호박 같은 이들을 만나기 어려운 것은 손쉬운 정보를 접하는 데만 익숙해진 탓이라 생각한다. 가끔 유명 커피숍을 지나가다 보면 많은 이들이 노트북, 스마트폰을 보면서 뭔가 열심히 들여다보고 있다. 하지만 정말 좋은 정보는 손끝이 아닌 발품을 팔아야 한다. 자신이 직접 발로 뛰는 정보가 생생한 정보이다. 사실 요즘 기자들은 직접 발로 뛰지 않더라도 얼마든지 기사 작성이 가능하다. 인터넷만 뒤져도 온갖 소식이 다 나오는 시대에 살고 있기 때문이다. 여러 정보를 편집하여 얼마든지 쉽게 기사를 생산해낼 수 있다. 일부 중소 언론사들은 그리하는 경우도 있다고 들었다.

하지만 기자가 직접 발로 뛰어 취재한 기사와 인터넷에서 베낀 기사의 질이 과연 비교될 수 있을까? 종군기자가 목숨을 걸고 위험한 전쟁현장을 직접 취재하는 이유는 분명하다. 현장에서 직접 전하는 소식이야말로 정말 라이브하기 때문이다. 혹시 여러분은 관심 있는 회사나 면접이 예정된 회사를 사전 방문해본 적이 있는가? 이미 가본 적이 있거나, 주위에 많이 알려진 회사라면 모르지만 그렇지 않은 경우 그 회사를 한 번 찾아가서 볼 것을 권한다. 특히 점심시간 직원들이 밖으로 나오는 광경만 보더라도 대략 그 분위기를 파악할 수 있다. 면접 일정이 잡혔다면 조금 일찍 도착하여 주변을 한 번 둘러보는 것도 좋겠다. 회사마다 그 느낌과 특징이 서로 다르다. 사무실, 회사건물, 주변 모습, 직원들의 얼굴만 보아도 대략 감이 온다. 인터넷에서 댓글을 보는 것보다 생생한 현장 분위기가 느껴질 것이다.

(2) 이상한 회사, 요주의!

지원할 회사를 직접 확인하는 것이 얼마나 중요한지에 대한 사례를 하나 소개한다.

 사 례 ❶

실직 후 간절히 새로운 직장을 찾고 있던 A 씨는 고용지원센터에서 연결해 준 B 기업에 면접을 보러 가게 되었다. 고용안정센터 직원의 말로 B 회사는 시계를 만드는 제조업체로 나름 국내 시계제조업체 중에서는 상당한 지명도가 있는 회사라고 하였다.

기대감을 안고 A 씨는 면접을 보러 서울 변두리 한 공장 지역에 위치한 B 회사를 직접 방문하였는데 사무실 분위기가 도무지 이해가 가지 않았다고 한다. 담배 연기가 자욱한 사무실 안에서 직원으로 보이는 사람들이 화투를 치고 있는 모습이 보였는데 이를 보고 도저히 제대로 된 회사라는 생각이 들지 않았다.

면접관 중 한 사람이 A 씨에게 "언제부터 출근할 수 있는지?", "보수는 원하는 대로 맞추어 줄 수 있다"는 좋은 제안을 했다고 한다. 하지만 A 씨는 이 같은 사무실 풍경에 신뢰감이 떨어져 일말의 고민도 없이 B 회사에 대한 입사를 포기했다.

이는 실제 사례이다. 지금도 그런 회사가 있는지 모르겠지만, 예전에는 사무실에서 음주, 도박을 하는 중소기업들이 종종 있었다. 취업이 급하다고 하여 아무 회사나 들어가고 보자는 생각은 위험한 생각이다. 근무시간 중 이런 모습이 벌어지는 회사가 정상적인 회사는 아닐 것이다. 사람에게 '인격'이 있듯이 회사도 '품격'이 있다. 격이 떨어지는 회사들은 정말 심사숙고해야 한다.

 사 례 ❷

어떤 여성 지원자가 어떤 회사의 면접통보를 받아 면접을 보러 갔는데, 그 회사 사장이 면접을 사무실이 아닌 다른 장소, 룸이 있는 카페 같은 곳에서 보자고 했다고 한다.
조금 이상했지만 당장 취업이 급했던 그 여성은 별다른 의심 없이 룸 카페로 가서 면접을 보게 되었는데 면접관이라고 하는 이들이 하는 질문 내용이 주로 개인적인 신상정보에 해당하는 내용이었고, 더 심한 것은, "애인은 있는지?", "성관계는 해보았는지?" 등 정상적인 회사 면접에서는 나올 수 없는 상식 이하의 질문들을 하더라는 것이다.
결국, 그 여성은 그 자리를 뛰쳐나오고 말았다.

이런 사례도 실제 드물지 않게 발생하고 있다. 여성 지원자에게 뭔가 의도를 갖고 접근하는 이상한 회사이다. 또한, 이는 명백한 성희롱으로 어처구니없는 사례지만, 유사한 일이 언론에도 가끔 보도되고 있기에 지원자들은 유의해야 한다. 대기업에서도 간혹 호프면접 방식을 도입하여 술집, 식당 등에서 집단면접을 하는 경우도 있지만, 정상적인 회사라면 결코 사무실 외 은밀한 장소에서 여성 지원자를 단독으로 부르지 않는다.

(3) 실제 채용하지도 않으면서 공고를 내는 회사

지금도 여러 채널을 통해 많은 회사가 공고를 내고 있지만, 인터넷이 발달하여 지금처럼 온라인 채용포털업체(잡코리아, 사람인, 인크루트 등)들이 생기기 전까지는 주로 신문, 잡지 등 종이매체를 이용하여 채용공고를 했다. 물론 이런 공고를 내는 데는 당연히 비용이 수반되고, 매체의 성격에 따라 비용은 천차만별이다. 주요 일간지에 큰 지면을 사용하여 공고를 내려면 상당한 비용이 들기 때문에 주로 대기업들이 그룹공채를 하는 등 상당히 큰 규모의 채용 발생 시 활용하는 편이고, 중소기업들은 일간지보다는 상대적으로 저렴한 온라인 채용공고를 자주 이용하는 편이다. 아주 작은 업체는 지하철에서 흔히 볼 수 있는 무가지에 공고를 내는 경우도 많다.

채용공고는 채용이 있음을 알리기 위함에 목적이 있지만, 기업홍보 차원의 목적이 있음도 무시할 수 없다. 채용공고가 많은 사람에게 기업의 이미지를 좋게 각인시키는 데 기여하기 때문이다. 대규모 채용을 하는 경우 해당 기업이 적극적인 사업을 하고 있다는 의미도 되기에 대기업이나 공기업들은 비싼 비용을 들여서라도 일간지의 큰 지면을 사용하는 것이다. 반면, 중소기업들은 기업이미지보다는 실제 채용이 급한 경우가 많아 채용공고를 올린다. 전형 절차도 원서 마감 이전에 면접을 봐서 우선 채용자를 확정하는 경우도 많다. 이는 실제 사람이 필요해서 채용하는 것이지만 일부 이상한 기업들은 공고는 올리되 실제 채용으로 이어지지 않는 경우가 있다.

그렇다면 왜 사람을 뽑지도 않으면서 굳이 비용을 들여 공고를 내는 것일까? 잘 알려진 공기업, 대기업들은 정확한 인력 수요예측에 따라 제대로 된 절차, 시스템을 갖추고 채용을 하므로 그런 일은 거의 없다. 하지만 일부 중소기업, 이상한 영업, 마케팅을 주로 하는 회사의 경우 실제 채용을 하지도 않으면서 ① 자사홍보를 위해, ② 외부고객정보를 확보하기 위해 허위로 공고를 내는 것이다. 특히 지원자의 개인정보를 확보하여 영업, 마케팅에 활용하거나 다른 회사에 정보를 넘기는 몰상식한 일도 발생한다. 물론 이는 매우 부도덕한 일이다. 입사를 위해 많은 시간, 비용, 노력을 기울일 선의의 지원자들을 속이는 짓이고, 약자인 그들을 이용하는 것밖에는 되지 않기 때문이다.

경력채용의 경우에도 실제 채용보다는 지원자를 통해 시장 분위기, 최신 정보

등을 파악하기 위해 소위 간만 보는 면접을 하는 경우도 왕왕 있다. 경력직의 주요 채용루트인 헤드헌팅, 서치펌의 채용실적을 보면 이 같은 경향이 많이 드러난다. 공기업, 공기관의 경우 내부에서 낙하산으로 확정된 사람이 있음에도 대외적으로 절차적 공정성을 표시하기 위해 무의미한 채용공고를 내기도 한다.

사실 이런 일들은 내부 정보를 알지 못하는 선량한 지원자들을 기만하는 행위이다. 이런 어처구니없는 일들을 벌이는 이유는 채용공고에 드는 비용보다 다른 기대효용이 더 크다고 판단되기 때문이다. 내부 직원이 아닌 지원자 입장에서 이런 정보까지 알 방법은 별로 없다. 이런 주의해야 할 회사를 선별하는 방법 몇 가지를 아래에 소개하니 참고하기 바란다. 세상에는 선량한 사람이 더 많지만, 간혹 자신의 이익을 위해서라면 수단, 방법을 가리지 않는 이들도 있기 때문에 그저 조심하는 수밖에는 없을 것 같다. 정부에서도 지원자의 개인정보를 함부로 이용하거나, 공기관이 채용을 미리 확정하고도 형식적으로 공고를 올리는 관행을 감사 등을 통해 철저히 가려내는 노력을 해야 할 것이다.

 주의해야 할 회사 선별법 ·····································

1. 채용사이트에 주기적으로, 자주 공고를 올리는 회사
뭔가 문제가 있는 회사이다. 정상적인 회사라면 매달, 격월 등 주기적으로 채용공고를 내는 일은 결코 없다. 근무환경이 열악하여 채용 후 퇴사가 반복되는 경우, 이직이 심한 경우, 자사 홍보용, 지원자 개인정보 확보용 등으로 채용공고를 활용하는 경우이다. 설령 입사하더라도 내부문제로 인해 계속 근무에 지장이 있을 소지가 크므로 주의하여야 한다. 온라인채용 사이트에 자주 공고를 올리는 회사들은 확인이 가능하다.

2. 문의전화를 해도 잘 받지 않는 회사
전화를 여러 번 해도 잘 받지 않는 회사는 한 번 의심해볼 필요가 있다. 체계를 갖춘 회사들은 벨이 여러 번 울리기 전에 반드시 전화를 받고, 전화응대를 제대로 하도록 철저히 교육한다. 특히 잘 알려지지 않은 회사인 경우 방문 확인을 못 하더라도 반드시 전화하여 회사를 주의 깊게 살펴봐야 한다.

3. 직원들의 응대가 불친절한 회사

면접 시나 전화문의에 직원들이 한결같이 불친절한 회사는 문제가 있다. 한 개인이라면 그럴 수도 있지만, 직원 대부분이 그렇다면 그 회사직원들이 뭔가 불만에 차 있다는 의미이고, 이는 개인 문제가 아닌 회사 내부적인 문제일 가능성이 더 크다.

4. 면접일정, 장소, 면접관 등을 임의로 바꾸는 회사

명백한 이유나 사전 양해 없이 관련 일정을 임의대로 변경하는 회사가 있다. 체계적인 회사는 대개 채용 일정이 확정되어 있기에 그렇게 우왕좌왕하지 않는다. 뭔가 내부적인 문제가 있을 가능성이 있다.

5. 지원자에 대한 배려가 부족한 회사

대기업은 면접교통비를 지급하는 회사가 많다. 일부 중소기업의 경우 여러 번에 걸쳐 면접을 부르면서도 전혀 면접교통비를 지급하지 않는 인색한 회사, 지원자의 개인 상황에 대한 배려 없이 면접 전일이나 당일에 면접 통보를 하는 경우 등 기본적으로 지원자에 대한 배려가 없는 회사는 다시 한 번 생각해볼 필요가 있다.

(4) 채용정보를 선별해야 하는 이유

주변에서 보면 주식, 부동산 관련 정보는 엄청나게 많다. 많은 사람이 관심을 두고 투자하는 종목들이기 때문이다. 실제로 관련 책도 많이 나와 있다. 해당 분야의 고수라고 하는 이들이 책을 쓸 정도의 해박한 지식을 갖고 있지만, 자신이 실제 투자를 할 때는 매우 신중하게 처신한다. 전문가인 그들도 반드시 주변의 다른 전문가들에게 비용을 지불하더라도 재확인을 거쳐 신중히 투자를 결정한다. 전문가들은 결코 인터넷에 열린 정보만으로 쉽게 투자하지는 않는다. 괜찮은 정보는 절대 공유되지 않는다는 사실을 알고 있기 때문이다. 대학 시절 어렵게 구한 중간고사 시험 족보조차 아무에게나 보여주지는 않을 것이기 때문이다. 가끔 특별한 기회니 투자하라는 전화를 받는 경우가 있다. 아무 인연도 없는 이가 무작위로 전화해서 권유할 정도면 그런 정보가 얼마나 쓰레기 정보이겠는가?

구체적인 채용정보는 실제 근무 중인 내부 직원이 아니면 세세한 부분까지 알 수 없다. 최근 일부 사설 강사들이 항공사 근무경력을 사칭하여 교육생들에게 부당이익을 취한 사례가 드러나고 있다. 항공승무원의 인기에 편승한 신종 사기수법인데 학원에 다녀야만 합격할 수 있다는 식의 접근은 납득할 수 없다. 혹자는 뒷돈을 주면 원하는 회사에 입사할 수 있다고 사기를 치는 경우가 있다. 보도에 따르면 아무개가 "H자동차에 아는 인사부서장이 있어 알선소개비로 얼마를 주면 그 회사에 입사할 수 있다는 사기를 쳐서 구속되었다"는 기사도 있었다. 아무리 한국 사회의 부정부패 정도가 심해도 필자가 알기로 정상적인 회사라면 돈을 내고 입사하는 회사는 없다.

각종 채용정보가 범람한 가운데 이상한 채용 관련 업체도 늘고 있어 이에 대한 선별과 정보의 신뢰성을 확인하는 것이 매우 중요하다고 생각하며, 지원자들의 지혜롭고 현명한 판단이 요구된다.

취업
준비생들의
불편한
현실

1) 한국에서 유달리 인기 있는 직업−항공사 채용을 중심으로

(1) 객실승무원 채용에 대한 관심

  항공사는 매우 인기 있는 직장 중 하나이고, 특히 객실승무원에 대한 관심이 매우 높다. 승무원 채용은 다른 직종과 유사한 부분도 있지만, 전혀 다른 특징적 부분도 있기에 소개하고자 한다. 회사마다 차이는 있지만, 국내 항공사라면 대체로 유사점이 많아 이 채용에 관심 있는 지원자에게 다소라도 도움이 될 수 있기를 바란다.

  개인적으로 항공사 근무 시절 승무원 채용을 통해 많은 소중한 경험을 했다고 생각한다. 워낙 이 채용에 관심 가진 이들이 많아 문의사항도 다양하였고, 지금까지도 관련 문의가 계속되는 것을 보면 얼마나 관심이 많은지 알 수 있다. 한때 그 이유에 대하여 생각해본 적이 있는데 나름 내린 결론이 승무원 직업 자체가 일단 만족도가 높고, 상당히 괜찮은 직업임은 분명한 것 같다. 실제로 항공사 내에서 직무만족도를 직군별로 조사해본 결과 객실승무직의 만족도가 타 직군 대비 가장 높았던 것으로 나왔고, 지원자들과 얘기를 해봐도 이 직업에 대한 환상을 가진 지원자들이 적지 않다.

객실승무원처럼 지원자들이 직장, 직업에 대한 환상을 가질 정도의 애착을 보이는 경우는 거의 드물다. 아마 외견상 멋진 유니폼에 항상 주변의 시선을 받다 보니, 실제 업무에서의 고단함이나 근무상 어려움보다는 밖에서 보이는 화려함에 더 끌리는 것 같다. 하지만 실제 근무해보면 상당히 체력적인 부분이 강인해야 하고 감정노동을 많이 하는 직종이기 때문에 막연히 외면의 화려함에만 이끌려 지원을 하게 되면 추후 이직에 대한 고민을 하는 경우도 많다는 것을 알려주고 싶다.

2013년 발생한 B777 샌프란시스코 아시아나 사고에서도 알 수 있는 사실이지만, 기내 캐빈(cabin, 객실승무원)의 역할은 매우 중요하다. 이들은 기내에서 단순히 음료, 식사서비스를 제공하고, 면세품을 판매하는 역할에 국한되지 않는다. 이들의 가장 중요한 업무는 기내 안전과 보안에 관련된 업무이다. 비상탈출 등 비상시 승객을 안전하게 대피시키기 위한 모의훈련을 그들은 수없이 반복한다. 아시아나 사고 시에 승무원들이 냉정함을 잃지 않고 승객들을 안전하게 대피시킬 수 있었던 것은 평소 그런 훈련이 잘되어 있었기 때문이다.

객실승무원은 기내에서 안전, 보안, 각종 서비스 등을 승객들에게 제공하는 직종으로 국내 기준으로 50석당 1명의 객실승무원을 두게 되어 있다. 189석짜리 B737-800기종의 경우 총 4명의 객실승무원이 배치되어야 한다. 객실승무원을 항공사에 따라 캐빈이라고 호칭하는 경우도 있으며, 입사 후 다양한 교육훈련을 통해 숙련된 승무원을 양성하는 데 많은 시간이 소요된다. 항공사마다 다르지만 보통 인턴승무원을 채용하여 1~2년 정도 후 정규승무원 기회를 부여하고 있으며, 입사 후 근속기간에 따라 부사무장, 사무장, 선임사무장, 수석사무장 등의 직급으로 승진하는 체계를 갖고 있다. 직접 비행을 하지 않고 지상에서 행정승무원으로 근무하는 직원도 있다.

국제선을 타는 경우 많은 여러 나라의 해외경험을 할 수 있고, 처우도 다른 직종에 비해 괜찮은 편이라 많은 지원자가 몰리고 있다. 대한항공, 아시아나 양대 항공사만 있던 국내시장에 수년 전부터 저비용항공사(LCC)들이 시장에 진입하면서 새로운 승무원 수요가 발생한 것도 사실이다. 대형 항공사들은 운용하는 항공기가 많아 덩달아 승무원 수도 많으므로, 한 번에 많은 인원을 채용하고 있다. 반면, 저비용 항공사들은 현재는 별로 많지 않지만, 기재 수를 점차 늘려가는 추세에 있기 때문에 추후 관심을 가져도 좋을 것 같다. 대체로 수만 명에 가까운 지원자들이 몰릴 정도로 높은 경쟁률임은 물론 절차상에서도 많은 특징적인 모습을 보여준다.

(2) 승무원 채용전형절차

엄청난 수에 이르는 승무원 지원자들의 모든 입사지원서, 자기소개서를 짧은 서류전형기간 동안 꼼꼼히 읽어본다는 것은 현실적으로 매우 어렵다. 대체로 먼저 선별할 수 있는 항목들, 예를 들어 토익, 어학성적, 사진, 신장, 시력 등의 채용조건 부합 여부, 연령 등 객관적으로 분류가 가능한 항목을 위주로 추리게 된다(모집요강에 부합하는지를 먼저 본다).

전형상 가장 특이점은 1차 외모면접(appearance interview)이 있다는 점이다. 이 면접은 한 조당 4~5명씩 하루 최대 70~80명까지 짧은 시간에 최대한 많은 지원자를 보게 된다. 이 면접은 사실 면접관들도 매우 힘든 면접이다. 매일 70명씩 5일간 본다고 해도 350명 이상을 보는 것이다. 당연히 체력적인 부담이 있다. 이 면접은 시간 압박을 많이 받기 때문에 개인당 할 수 있는 질문이 많지 않다. 따라서 이 면접을 준비하는 지원자들은 한 번에 '명확(clear)하고 단순(simple)하게 답변'하는 연습이 필요하다. 특히 자신을 어필하기 위해 시간을 지연하는 것은 절대 금물이다. 이 경우 장점보다 배려심이 부족하다는 인식을 줄 소지가 많기 때문이다.

면접에서 용모를 본다는 것은 상당히 민감한 부분이고 일반적인 타 업종에서는 드러내지 않는 일이지만 승무원은 다르다. 용모에 있어 몇 가지 기본적인 원칙이 있는데 예를 들면,

① 신체상 고객들에게 불편함을 줄 정도의 흉터나 문신이 있어서는 안 되고
② 신장, 교정시력 등이 기준 이상이어야 하며
③ 기타 고객에게 혐오감을 주는 신체상의 문제가 있어서는 안 된다.

1차 면접을 이런 용모면접으로 보는 데 대해 여러 논란이 있을 수 있지만, 호감을 주는 용모를 선호하는 것도 사실이다. 대개 사무장급 이상 승무원들이 면접관으로 참여하는데 오랫동안 승무원 생활을 하던 이들이기 때문에 용모에 대한 기준도 승무원에 맞는 나름의 기준을 가지고 있는 경우가 많다. 예를 들면, 머리를 묶었을 때 전체적인 머리 모양이라든지, 미소를 지을 때의 모습이라든지, 여러 측면을 짧은 시간에 보고 판단하게 된다.

2차 면접은 팀장급 이상이 보는 심층면접이다. 승무원이 되려는 이유, 지원자의 장단점 등을 1차 면접 때보다는 다소 시간적 여유를 갖고 종합적 판단을 하게 된다. 해당 관리자나 팀장급이다 보니 회사가 요구하는 여러 현실적 측면까지 고려하여 결정하는 경우가 많다. 간혹 저비용항공사의 경우 지원자의 장기(노래, 춤 등)를 보거나 요구하는 경우도 있는데, 이는 서비스 마인드나 측면을 보려고 함이다. 저비용항공의 경우 기내서비스 중 이런 특화서비스(풍선, 마술 등)를 제공하는 경우도 있기 때문이다.

최종면접은 경영진인 임원급이 참여한다. 대체로 1, 2차 선별과정을 통해 올라온 지원자들이므로 다른 조건보다는 인성면접을 보는 경우가 많다. 무엇보다 기본적인 태도(attitude)나 소양을 중요하게 생각하므로 차분하고 안정된 모습을 보여주는 것이 필요하다. 물론 면접관들도 소속부서의 특성에 따라 서로 상당한 견해차가 발생하기도 한다.

이런 제 절차는 물론 회사에 따라 면접 횟수, 내용, 절차가 달라질 수 있다. 최종적으로 단계별 면접결과를 인사부서가 정리한 후 순위에 따라 최종 합격자를 대표이사 재가를 거쳐 확정한다. 결과를 보면 꼭 합격할 것으로 생각되었던 지원자가 아닌 전혀 다른 사람이 합격하는 등 예상치 못한 결과가 나오기도 한다. 역시 아무도 알 수 없는 게 면접결과이다.

(3) 객실승무원 지원자가 채용전형 시 사용하는 비용

승무원 지원자들은 수년간에 걸쳐 꾸준히 준비해온 사람들이 많다. 또한, '항공사 Base'가 대부분 서울에 소재하고 있고, 주요 전형이 서울에서 이루어지다 보니 부산, 제주, 순천 등 전국 각지의 지방에서 전형에 계속 응시하는 경우, 개인적 비용부담도 만만치 않을 것이다.

 참 고

항공사 Base란 무엇인지, Base를 어디에 두는지는 알아둘 필요가 있다. Base는 항공사가 본사나 주요 기착지점으로 두는 장소를 말한다. 대개 본사를 기준으로 하지만 다른 경우도 있다. Base가 부산시인 에어부산의 경우 본사 소재지도 부산이고 모든 채용전형을 부산에서 하고 있지만, 제주항공의 경우 본사는 제주시로 되어 있지만 실제 모든 본사기능이 서울에 있고 모든 채용전형을 서울에서 하고 있기에 Base는 서울이 된다.

특히 왕복교통비 외 추가로 드는 비용이 상당하다. 지방에서 서울에 있는 항공사 채용전형에 모두 참여했다고 가정할 경우 예상되는 비용은 줄잡아 인당 수십만 원을 훌쩍 넘어버린다. 결코 적지 않은 비용이다.

- 교통비, 왕복항공료(또는 KTX): 12만 원×3차 면접=36만 원
- 헤어숍(미용실) 비용: 회당 10만 원×3차 면접=30만 원

문제는 이 같은 지원자가 한두 명이 아니고, 수년에 걸쳐 이런 비용을 치르고서라도 계속 도전하는 경우가 많다는 것이다. 더구나 여러 항공사에 복수로 지원하는 경우 전형과정을 통해 각 지원자는 수백만 원 이상의 채용 비용을 들여야 할 것으로 예상된다.

승무원 지원자들의 특징은 대개 자신이 아깝게 탈락했다고 생각하는 것이다. 고시처럼 오랫동안 미련을 버리지 못하는 경우가 많다. 고시는 그동안 공부해놓은 것이 아까워 매년 도전을 반복하는 것이고, 승무원 지원자들 역시 그간 투자한 시간, 노력, 비용이 생각날 것이다. 스스로도 잘 파악하고 있겠지만 몇 번에 걸쳐 지원했다 고배를 마셨다면 자신의 앞으로 진로에 대해 심사숙고하는 게 좋을 것 같다. 승무원 채용은 공무원, 고시처럼 수차에 걸친 도전 끝에 합격하기란 그리 쉽지 않은 것 같다. 고시는 필기시험이기에 그간 쌓은 실력으로 합격의 여지가 있겠지만, 승무원 채용은 나이제한도 분명히 존재하고, 해당 항공사의 기본적 관점, 시각이 크게 달라지지 않기 때문에 별로 승산이 있을 것 같지 않다.

(4) 용모보다는 전문성을 중시하는 사회가 되어야

객실승무원이 비교적 괜찮은 직업이기는 하지만 현실에 비해 과장된 측면도 있다. 북한에서 가장 인기 있는 직업이 여성은 승무원, 남성은 트럭 운전사라고 한다. 해외여행이 자유롭지 못하고 닫힌 사회에서 그나마 그런 직업들이 바깥세상을 쉽게 접할 수 있기 때문이다. 하지만 해외연수, 여행 등을 경험한 이들이 넘치는 한국에서 단순히 "해외를 자주 다니고 연봉도 괜찮을 것 같다"는 이유만으로 이 직업에 관심을 갖는 것은 지나친 면이 있다.

무엇보다 승무원은 육체적으로 상당히 고된 직업이다. 스트레스를 많이 받는 감정노동의 대표적 직종이기도 하다. 멋진 유니폼과 화려함만으로 이 직업을 상상하는 것은 너무 낭만적인 생각이다. 이처럼 화려한 직업을 선호하는 경향도 조금 우려스럽다. 요즘 청소년들이 가장 하고 싶은 직업이 아이돌가수 같은 연예인이 되는 것이라고 한다. 이런 경향은 방송사 기상캐스터도 마찬가지다. 날씨에 대한 전문성보다 여성 캐스터의 용모에만 관심을 갖는 것은 뭔가 잘못된 일이다. 기상캐스터는 매우 중요한 전문 직종으로 한국처럼 날씨 변화가 많고, 기상이 국민의 일상생활에 직접적 영향을 주는 나라에서는 전문지식을 가진 사람이 그 역할을 하는 것이 타당하다. "최근 기상이변이 왜 자주 발생하는지?", "태풍의 진로가 어떻게 되며, 앞으로 몇 번의 태풍이 올 것으로 예상하는지?" 등에 대한 전문적인 해설과 상세한 예보가 필요하다. 하지만 그런 전문성보다 빠른 시간 내에 연예인, 방송인이 되고 싶은 여성을 등장시켜 일단은 시청률을 올리려고 하는 것 같다. 그러다 보니 '기상캐스터'라는 전문직종이 그 전문성보다는 단지 화면에서 시선을 끄는 역할로 천착된 것이다.

객실승무원 역시 중요한 전문직종이다. 항공사고뿐 아니라 기내에서 난동을 부리는 승객이나, 응급환자가 발생하는 경우도 많기 때문에 응급처치, 보안 등 안전 관련 역할이 매우 중요하다. 승무원의 용모가 연예인처럼 아름다워야 할 이유는 별로 없다. 그저 단정하고, 서비스 정신이 투철한 사람이면 족하다. 더구나 국내선 구간에서 승무원 서비스가 필요한 부분은 별로 없다. 고작 50분이면 국내 어느 공항이든 도착하게 되는데, 음료 한 잔 마시겠다고, 흔들리는 기체 안에서 아슬아슬하게 카트를 밀고 다닐 이유가 있을까? 이젠 좀 합리적으로 생각했으면 좋겠다. 그럼에도 불구하고 거의 모든 국내항공사들이 승무원 채용에서 용모를 중시하는 이유는 오직 하나이다. 회사 경영진들이 승객 수를 늘리는 데 용모가 매우 중요한 요소라고 생각하기 때문이다. 다른 서비스 항목을 늘리려면 상당한 비용이 들지만, 용모는 회사 차원에서 전혀 비용이 들지 않기 때문이다.

승무원의 용모 수준과 승객 수가 비례한다는 공식적인 통계는 없지만 각 항공사에서는 묵시적으로 승무원 용모가 매출에 영향을 미치는 것으로 인식하고 있다. 서구 항공사들과는 달리 한국 등 아시아권 항공사들은 젊고 아름다운 승무원 채용이 회사 이미지 상승에 기여한다고 생각하는 것 같다. 이렇게 용모를 중시하는 경향은 바뀌기 쉽지 않을 것 같다. 어떤 일이든 꿈을 이루기 위해 노력하는 과정은 매우 아름다운 일이다. 하지만 실체를 정확히 보고 판단하는 능력을 갖추는 것도 중요하다. 그런 의미에서 승무원의 꿈을 가진 청년들이 좀 더 현명하고 지혜로운 판단을 하게 되기를 기대한다.

(5) 승무원 서류전형상 체크 포인트

다음은 객실승무원 서류전형에서 주요 확인 사항을 정리해보았다. 이런 정보가 지원자들에게 얼마나 도움이 될지 생각해보았으나, 많은 사람이 궁금해 하는 서류전형 기준을 나름대로 정리해서 알려주는 것이 좋겠다는 판단에 따라 기술하였다. 물론 이 기준은 주관적일 수 있으며 회사별·담당별로 다를 수 있음을 밝힌다.

사실 객실승무원 채용에 있어 서류전형이 차지하는 비중이 그리 높지는 않다. 현실적으로 1차 외모면접부터 최종면접에 이르기까지 면접을 중요시하기 때문에 아래 내용은 참조만 하기 바란다.

 승무원 서류전형상 체크 포인트 ······················

1. 토익(또는 G-TELP 등)

항공사마다 기준이 조금씩 다르다. 현재 대부분 서류통과 기준이 TOEIC 기준 550점 이상이고 반드시 기준 점수는 초과하여야 하나, 점수가 높다고 해서 반드시 서류전형을 통과하는 것은 아니다. 토익 만점자라도 다른 조건이 부합하지 않으면 전형하지 않을 수 있다. 점수가 높을수록 좋은 평가를 받는 것은 아니지만, 회사마다 일정 점수를 합격선으로 정해놓는 경우가 있기 때문에 채용공고상 점수보다는 +100점 정도는 상향된 점수를 취득하는 것이 좋겠다. 그래도 토익점수가 상대적으로 다른 업종의 대기업보다 낮은 이유는 지원자 중 상당수가 전문대졸이기 때문이기도 하고, 기내 사용하는 영어의 수준을 토익 등의 필기시험으로 판단하는 것보다 실제 회화나 기내 안내방송능력 등 고객 응대가 가능한 수준이면 충분하기 때문으로 생각된다. 물론 메이저 항공사 국제선 하이클래스 서비스를 하는 캐빈의 경우 상당한 수준의 영어를 구사하여야 할 것이다.

2. 신장

여성 기준으로 전형 기준은 162cm 이상이지만, 실제는 165cm대 이상을 더 선호하는 것 같다. 승무원의 신장을 확인하는 주요 이유를 단지 모델처럼 멋진 용모를 원하기 때문이라 생각하기 쉬운데, 실제로는 기내에서 O/B(기내 선반)에 짐을 올리고 내리는 일을 수시로 반복하여야 하기 때문이다. 승무원이 하는 일은 생각보다 육체적인 노동이 많다.

3. 시력

보통은 교정시력 1.0 이상이 기준인데 승무원이 안경을 쓰고 근무할 수는 없다. 눈이 좋지 않은 경우 렌즈를 착용할 수는 있다. 하지만 라식 및 라섹을 한 경우 3개월 이상 경과될 것을 요구하는 항공사도 있다. 시력을 확인하는 이유는 수백 명의 승객을 좁은 장소에서 응대하면서 승객의 호출에 신속히 응하기 위해서인데, 시력이 좋지 않은 경우 곤란할 수 있기 때문이다.

4. 제2외국어

항공사에 따라 중국, 일본 등 노선에 신규 취항을 하는 경우나 최근 한국으로 오는 승객 중 중국, 일본 국적의 승객들이 많아지고 있기에 중국이나 일본어를 잘하는 것은 매우 좋은 장점이 될 수 있다. 가능하면 미리 확인 가능한 JPT나 HSK 점수를 준비하면 좋겠다. 중국어, 일본어 외 독어, 프랑스어, 스페인어 등 타 외국어는 상대적으로 효용성이 떨어진다.

5. 특기

최근 저비용항공사들이 항공시장에 진입하면서 서비스 경쟁이 많이 치열해지고 있다. 메이저 항공사들이 고가의 운임을 받으면서 훌륭한 서비스를 하려는 반면, 저비용항공사들은 저가의 운임을 받기에 그런 서비스보다는 SVC 차별화를 위해 기내에서 마술, 풍선서비스, 장기자랑(개그, 노래) 등 승무원들에게 개인 특기를 원하는 경우도 간혹 생긴다. 물론 절대적인 사항은 아니지만 추후 면접전형 시 개인적인 끼를 보여주는 경우 좋은 평가를 받을 수도 있다. 단, 과유불급이다.

6. 사진상 외모

입사지원서에서 가장 중요한 부분 중 하나이다. 어떤 채용담당이든 서류전형에서 첫인상을 매우 중요하게 여기고, 개인의 인상, 표정 등이 전체 채용과정에서 차지하는 비중이 상당히 높으므로 승무원을 준비하는 지원자라면 입사지원서상 사진에 상당한 관심과 노력을 기울여야 한다. 단, 포토샵 등을 이용하여 사진을 조작하는 경우 대부분 확인이 되기 때문에 하지 않는 것이 좋으며 그런 방식보다는 좀 더 좋은 사진관, 스튜디오에서 제대로 된 자연스러운 사진을 촬영할 것을 추천한다. 사진 촬영은 반드시 각 항공사에서 정한 스타일대로 해야 하며, 머리 모양이나 복장 등이 적절하지 않은 경우 다른 내용은 읽어보지도 않고 건너뛰는 경우도 많으므로 주의하여야 한다.

7. 학력 또는 학벌

학력은 채용공고상 2년제 대졸 이상으로 공고하는 경우가 많다. 항공사마다 다르겠지만, 내부적으로 전졸과 대졸의 내부 T/O를 정해놓고 전형을 하는 경우가 많은 것으로 알고 있다. 학벌의 경우 일반 대기업의 사무직들에 비하면 이를 채용의 절대적 기준으로 보는 경우는 별로 많지 않다. 객실승무원도 생각보다 이직이 심한 직종 중 하나이기 때문에 과잉학력(대학원 졸업)이나 특화된 전공(이공계열, 의대 등)의 경우 현업에서 별로 선호하지 않는다.

8. 전공

승무원들의 전공은 천차만별이다. 국내 대학 중에는 항공승무원을 양성하는 2~4년제 대학들도 있다. 항공운항과 등 관련 전공을 하는 것도 나쁘지는 않지만, 별도로 채용에 가점이 있는 것은 아니며, 통상 관광 관련 학과, 어문, 사회계열, 예체능계열(체육 등)이 많은 것 같다.

9. 연령

나이는 서류전형에서 매우 중요한 요소이다. 대개 항공사들은 2년제 대학 이상 기졸업자 또는 졸업예정자로 표시하고 있는데 졸업예정자의 경우에는 큰 문제가 없겠으나, 졸업 후 상당 기간이 지난 경우 서류전형 통과가 쉽지 않다. 그 이유는 기졸업자 중 나이가 많은 경우 이미 여러 차례에 걸쳐 타 항공사 전형에 응시했던 기경험자가 많고, 특히 승무원 세계는 입사 선후배 간의 위계질서가 타 업종보다 상당히 강한 편이다. 때문에 나이 많은 신입이 선배 승무원들과 함께 근무하기가 그리 녹록지 않다는 걸 고려해야 한다. 이는 승무원뿐만 아니라 타 업종에서도 유사한 현상이 많다.

10. 자기소개서상 주의할 점

자기소개서는 무엇보다 진솔한 것이 가장 좋다. 특히 자소서를 표준양식으로 하여 인터넷상 떠도는 천편일률적인 내용이나 남들이 잘 쓴 내용을 베껴서 내는 경우도 있는데 그런 내용은 대부분 확인이 되므로 주의하기 바란다. 특히 J항공에 지원하면서 A항공에 합격하면 최선을 다하겠다는 등 웃지 못할 실수를 하는 경우도 많으니 세심한 확인이 요구된다. 승무원은 기본적으로 서비스 일에 관심을 갖고, 힘든 일에도 내색하지 않고 묵묵히 잘할 수 있는 사람을 선호한다. 특히 자기소개서 분량에도 유의하여야 한다. 반드시 해당 회사에서 요구하는 분량을 채워서 작성해야 할 것이다. 자기소개서 분량이 부족하면 자소서 작성에 성의가 없다는 잘못된 인식을 줄 수 있다. 전술하였지만 사실 자소서 내용을 100% 일일이 다 확인할 수는 없지만, 그래도 경험 많은 채용담당은 중요한 포인트를 반드시 확인하므로 소홀히 하지 않기를 바란다.

2) 감정노동의 비애

(1) 감정노동

'감정노동'이 최근 많은 사회적 관심을 받고 있다. 감정노동은 실제 자신이 느끼는 감정과는 무관하게 직무를 행해야 하는 노동을 말하며 이런 직종에 종사하는 사람을 '감정노동자'라고 한다. 대표적인 감정노동 종사자로는 114 전화안내원, 항공승무원, 각 콜센터직원, 유통업체 근로자 등이 있다. 한국직업능력개발원 설문조사를 보면 항공사 객실승무원이 감정노동을 가장 많이 수행하는 직업으로 나타났다. 2위는 홍보도우미, 판촉원, 3위는 통신서비스, 이동통신기판매원이고 30위 안에 아나운서, 리포터, 마술사, 고객 상담원, 텔레마케터, 사회복지사, 경찰관, 결혼상담원, 유치원교사, 경호원 등이 올랐다. 특히 치과의사, 간호사, 약사 등 의료인들도 감정노동을 많이 수행하는 것으로 나타났다(출처: 한국직업능력개발원 자료).

요즘엔 무조건 고객 서비스를 최우선으로 하는 기업의 증가로 감정노동자는 점점 늘어나고 있으며, 이와 관련된 근로자의 정신적인 외상, 심지어는 자살 등 각종 사건, 사고 등이 끊이지 않고 있다. '감정노동'이라는 용어는 미국의 사회학자 앨리 러셀 혹실드가 처음 사용한 것으로 '많은 사람의 눈에 보이는 표정이나 몸짓을 만들어내기 위해 감정을 관리하는 일'로 정의된다. 감정노동을 오랫동안 수행한 근로자들은 얼굴은 웃지만, 마음은 우울한 상태로 식욕, 성욕 등이 떨어지고 심하면 자살에 이르는 '스마일 마스크 징후군(smile mask syndrome)'을 비롯한 정신적·육체적 질병에 노출된다고 한다.

(2) 억지스러운 서비스 강요

지금은 달라졌지만, 예전에 114로 문의를 하면 상담원이 '사랑합니다, 고객님'이라는 인사멘트를 해서 갑자기 당황했던 기억이 있다. 어떤 짓궂은 사람은 "정말 저를 사랑하시나요? 그러면 시간 좀 내 주세요"라며 장난을 거는 사람도 있었다고 한다. 그 정도야 애교로 봐줄 수도 있지만, 실제 콜센터에서 직원들이 성희롱, 언어폭력을 당하는 사례는 비일비재하다. 서비스도 좋지만 상담원들에게 그런 멘트를 하도록 회사가 강요하는 것은 결코 바람직하지 않고 억지스러운 측면이 많다. 차라리 "전화 주셔서 감사합니다" 정도였으면 무난했을 것이다.

항공사 객실승무원, 체크인카운터, 지상직 등으로 근무하는 직원들의 경우에도 여러 사건, 사고가 끊이질 않는다. 특히 일부 진상 고객들이 지나친 요구를 하는 사례가 많다. 물론 고객은 비용을 지불했기 때문에 그에 맞는 서비스를 받아야 하고, 정당한 요구를 할 수 있다. 하지만 누구에게나 폭언, 폭행을 함부로 하도록 권리를 부여받지는 않았다. 정말 이해가 가지 않는 것은 사회적으로 평소 전혀 그럴 것 같지 않아 보이는 이들까지도 거친 언행을 하는 사례가 많다는 것이다.

(3) 보상심리에 대한 학습효과

다음 사례를 한 번 보자.

다음은 실제 사례로서 한 공항의 수속카운터에서 벌어진 일이다. 항공기가 기상상황이나 정비문제로 지연되거나 결항되는 일이 가끔 발생하는데, 이 경우는 공항 활주로에 바람(윈드쉐어)이 심해 관제탑에서 탑승수속을 중지시킨 상황이다.

직원: 어서 오십시오, 고객님.

고객: 10시 출발 예정인 제주행 항공편 왜 지연됩니까? 왜 수속을 안 하는 거죠?

직원: 지금 ○○공항에 바람이 너무 불어서 모든 이착륙이 지연되고 있습니다. 기상 문제가 해결되면 곧 수속을 시작할 예정입니다. 잠시만 기다려 주세요.

고객: 아니, K항공은 수속을 하고 있는데 J항공은 수속을 왜 안 해?

(여기서부터 반말이 시작됨. 이 고객은 뭔가 대단히 못마땅해 보임. 실제로 모든 이착륙허가는 공항 관제탑의 지시에 따르기 때문에, 항공사 자체적으로 결정할 수 있는 사항이 아님.)

직원: 죄송합니다, 고객님. 현재 관제탑에서 이륙허가가 아직 나지 않고 있습니다. 잠시만 기다려 주세요.

고객: 어디서, 언제까지 기다리라는 거야. 고객을 이렇게 취급해도 되는 거야? 비행기가 뜨지 못하면 뭔가 대책을 세워줘야 할 거 아냐? 내가 누군지 알아? 12시까지 제주에서 매우 중요한 약속이 있는데 혹시 못 가면 당신들 책임질 수 있어? 책임자 좀 나오라고 해.

직원: 죄송합니다. 고객님. 여기 식권이 있는데 잠시 식사하고 계시면 수속이 시작되는 대로 곧 연락드리겠습니다.

고객: 당신들 똑바로 해. 두고 보겠어.

위 사례를 보면 항의를 심하게 하니까 뭔가 반대급부(식권)가 생기게 되었다. 고객 중 일부는 이 같은 항공사의 약점을 너무도 잘 알고 있다. 심하게 컴플레인을 하면 회사에서 이를 무마시키기 위해 뭔가 급부(음료제공, 식권, 교통비 등)를 준다는 것을 잘 알고 더 심하게 하는 경우도 있다. 실제는 이보다 더 거친 상황이 많다. 온갖 욕설은 기본이고, 카운터를 발로 차는 고객도 있다. 심지어 직원 뺨을 때리는 등 폭행까지 하는 사람도 있는데 쉽게 생각하면 이런 승객은 "고소, 고발을 해야 하지 않나?"라고 생각할지 모르지만, 항공사 입장에서는 그런 고객을 건드려 보았자 좋을 게 별로 없기 때문에 직원들에게 인내를 강요할 뿐, "일단 참으면 문제가 지나간다"고 생각하는 경우가 많다. 특히 많은 직원의 신분이 비정규계약직이라 그런 고객과 어떤 식으로든 마찰을 빚으면 추후 개인평가 등에서 불이익이 갈 수도 있기 때문에 이런 온갖 욕설, 성희롱을 직원 개인이 감내할 수밖에 없다.

위 사례는 그나마 불가피한 기상상황에 따른 항공기 지연이니 비교적 그 정도로 마무리된 것이다. 혹시 정비지연 등을 비롯한 항공사 귀책사유로 지연, 결항이 발생하면 항의 강도는 배가 된다. 선진국의 경우 항공기 정비로 인하여 이런 상황이 발생하게 된다고 해도 고객들이 "이륙 전 미리 조치를 할 수 있게 되어서 참 다행이다"는 긍정적인 생각을 한다고 한다. 하지만 한국처럼 일부 사람들이 문제를 집요하게 물고 늘어져 결국은 작은 보상이라도 받도록 유도하는 행태를 보이는 것은 도무지 이해할 수가 없다.

이런 상황은 비단 항공사뿐만 아니라 여러 업종을 망라하여 발생한다. 고객이라고 해서 언행을 함부로 하는 것은 스스로 품격을 떨어뜨릴 뿐이다. 이런 '블랙 컨슈머'에 대하여 기업마다 별도의 블랙리스트를 만들어 관리하고는 있지만, 감정노동 종사자의 근무와 관련된 사건, 사고는 끊이지 않고 있다. 하지만 요즘 조금씩 변화되고 있는 것 중 하나는 과거 이런 일에 감정노동자 개인이 꾹 참고 넘어가는 일이 많았지만, 이제는 소속회사와 함께 적극적으로 법적 문제제기를 하는 경우가 늘기 시작한 것 같다. 특히 항공사의 경우 기내 안전과도 직결되는 문제이기에 직원 폭행, 폭언 등에 대하여 매우 단호한 조치를 취하고 있다. 예전처럼 '진상'을 부리다가는 호되게 당할 수 있다는 말이다(얼마 전 기내에서 라면을 잘못 끓였다는 이유로 승무원을 폭행한 승객인 모 회사 상무에게 항공사에서 적극적으로 신속하게 법적 조치를 취한 바 있다).

요즘 주변에 보면 성격이 급한 사람들이 많아졌다는 느낌을 많이 받는다. 어려운 상황이 생기면 이를 곰곰이 생각해보고 합리적인 결론을 찾기보다는, 쉽게 화를 내고 즉시 대가, 보상 등을 바라는 사례가 많은데, 이는 기업들 자신이 고객에게 보상심리에 대한 학습효과를 만들어준 데도 그 이유가 있다.

(4) 합리적이고 적절한 서비스

한국인들은 대체로 서비스에 대한 기대 수준이 너무 높다. 기업들도 경쟁이 치열하다 보니 불필요한 과잉서비스를 제공하는 것이 일반화되었다. 문제는 그런 현상이 소비자 입장에서 결코 바람직한 일만은 아니라는 것이다. 또한, 이런 과잉 서비스에 대한 제 비용은 기업이 아닌 다른 일반 소비자가 지불하고 있는 것이다. 고급 식당에 가면 직원의 온갖 서비스를 받으며 편안하게 식사를 할 수 있겠지만, 그 식당의 음식가격은 만만치 않을 것이다. 호주머니가 가벼운 소비자들은 평범한 식당에서 직접 고기를 뒤집으며, 편안한 마음으로 식사하는 것이 보다 경제적이고 정신건강에도 좋을 수 있다.

항공사는 무엇보다 정해진 시간에 출발하여 안전하게 목적지까지 승객을 모시는 것(안전운항, 정시운항)이 가장 기본적 서비스이다. 일등석을 타면 일등석에 맞는 서비스를 받는 것이고, 이코노미는 이코노미급에 맞는 서비스를 받으면 그뿐이다. "뭔가 자꾸 우기면 이득이 되는 일이 생기겠지"라는 생각을 이제는 버려야 한다. 일등석이라고 해도 승무원에게 부당한 요구를 해서는 안 된다. 승무원에게 라면을 반복하여 끓여오게 하다가 폭행까지 하여 평생 어렵게 고생하여 얻은 그 자리를 한순간에 날려버릴 수도 있지 않은가?

합리적인 가격에 맞는 적절한 서비스를 주고받는 것이 건강한 사회이다. 처음 보는 사람에게 "사랑합니다, 고객님"을 앵무새처럼 반복해야 먹고살 수 있는 사회가 선진사회는 분명 아닐 것이기 때문이다. 그래야 수많은 감정노동 종사자들도 자신의 직무와 역할에 자부심을 갖고 행복한 직장생활을 할 수 있으리라 본다.

최근 서울시는 다산콜센터에서 일하는 직원들에게 상습적으로 폭언 또는 성희롱 등이 매우 심했던 이들을 상대로 소송을 제기하여 벌금 5백만 원의 판결을 이끌어내었고, 앞으로도 이와 유사한 사례가 발생할 경우 적극적으로 소를 제기하여 대응할 예정이라고 한다. 감정노동자들을 상대로 하여 비열하고 추한 행위를 일삼던 사람들에게 경종을 울린 셈이니 반가운 소식이 아닐 수 없다.

3) 토익, 이젠 재평가되어야

(1) 영어를 못해도 당당해져야

"한국에서 영어를 잘하는 것, 미국과 가까운 것은 여러 측면에서 특별한 의미를 가진다." 영어권 나라에서 나고 자라지 않은 이상 영어를 잘하지 못하는 것이 자연스러움에도 불구하고, 영어를 못하면 유독 주눅이 드는 사람들이 있다. 한국인이 한글을 모르면 부끄러워해야겠지만, 영어를 못한다고 그럴 필요가 있을까? 학생들이 원어민 강사의 수업을 들으면서 영어를 못 알아듣는다고 하여 위축되고, 소심해지는 모습을 보면 안타깝다. 강사는 학생들이 영어를 잘 학습할 수 있도록 고용된 사람이기 때문에 학생들이 잘할 수 있도록 최선을 다하여 가르칠 의무가 있고, 학생은 언제든지 영어 학습에 대해 당당히 요구할 수 있다. 그럼에도 마치 뭔가 잘못한 사람처럼 당황한 모습이 어이가 없다는 것이다.

1970~80년대 재미교포들이 한국에 오면 상당한 대우를 받았다는 것을 아는가? 이민은 원래 국내에서 먹고살기 힘든 사람들이 타국으로 가는 게 일반적

인데 한국은 특이하게 국내에서도 인정받는 기득권 계층이 주로 미국에 건너갔다. 이 때문인지 재미교포라는 용어가 마치 세련된 부와 지위를 나타내는 말처럼 쓰이기도 했다(조선족을 재중동포라고도 하는데, 이들이 가진 사회적 이미지나, 재일교포가 가진 그것 등을 비교해보면 그 차이를 이해할 수 있다).

연예인들도 미국에 몇 년이라도 살다 와서 미국식 생활을 하고, 미국식 영어 이름으로 불리는 것을 좋아하고, 몇 달이라도 미국에서 학교 다닌 것을 대단한 것으로 여기던 시절이 있었다. 그러다 돈이 떨어지면 다시 국내에 들어와 돈을 벌고 가는 일도 많았다. 어쩌면 지금도 크게 바뀌지 않은 것 같다.

서울 인사동이나 북촌 거리를 가면 흔하게 외국인들을 보게 된다. 간혹 외국인이 말을 걸어오면 얼굴이 홍당무가 되어 부끄러워하는 사람들을 보게 된다. 시각을 바꾸어보면, 오히려 외국인이 한국에 오기 전 '생활 한국어' 몇 마디 정도는 배워 오는 게 예의가 아닐까? 우리가 해외여행을 가면(동남아를 가더라도) 적어도 인사말 같은 일상회화 몇 마디는 배우지 않는가? 하지만 한국을 찾는 외국인들은 언제나 당당하게 영어로 물어본다. 그들은 이미 한국에서 영어를 사용하면 대우받는다는 사실을 알고 있는 듯하다. 그 경우 대답이 어려우면 손짓으로라도 안내소를 가리키며 그쪽으로 가라고 하면 될 일이다. 그런데도 많은 이들이 영어 못하는 것을 부끄러워하는 것 같다. 못하는 것이 당연한데도 말이다.

외국인들이 우리나라를 많이 방문하는 일은 아주 좋은 일이지만 모든 한국인이 영어를 잘해야 하는 것은 아니다. 과연 프랑스인들이 영어를 잘해서 전 세계 관광객들이 파리로 모여들까? 일본에 가도 영어를 못하는 사람들이 많았지만 친절하고 좋은 인상을 주는 사람들이 많았고, 간단한 의사소통은 충분히 할 수 있었다. 홍콩 등 다른 동남아국가들도 마찬가지다.

(2) 한국에서 토익이 성공한 이유

토익시험은 비교적 괜찮은 테스트이며, 국내외로 검증된 시험이다. 그렇기에

도입된 후 많은 이들의 사랑(?)을 받고 있다. 하지만 토익은 영어시험일 뿐 그 이상도 이하도 아니다. 토익은 지나치게 과분한 평가를 받고 있다고 생각한다. 이처럼 토익이 한국에서 높은 평가를 받게 된 이유는 우리의 '국민성'과도 관련이 있는 것 같다. 우리 한국인들은 누구보다도 세계에서 가장 필기시험에 몰입하는 사람들이다. 어떤 시험이든 서열을 매기고, 점수를 올리는 데 목숨을 건다. 이런 모든 필요충분조건을 충족하는 테스트가 바로 '토익'이다. 토익은 취업준비생, 고시생을 막론하고 반드시 계속 점수를 업데이트해야 하는 필수시험이 되었다.

게다가 토익 응시료는 상당히 비싼 편이다. 점수유효기간이 2년밖에 되지 않고, 더 높은 점수를 취득하기 위해 계속 시험을 보기 때문에 학생들의 응시료 부담은 무시할 수 없다. 이미 토익 주관기관은 엄청난 수익을 올리고 있고, 독점시장을 가지고 있기에 응시료를 내릴 생각은 별로 없는 것 같다. 토익은 어떻게 가장 인기 있는 영어시험이 되었을까?

첫째, 토익은 초기부터 쉽게 대중성 확보에 성공했다. 유학을 목적으로 한 토플과 달리 실용영어를 바탕으로 하기에 누구나 쉽게 접근할 수 있었다. 물론 최근에는 난이도가 상당히 올라갔다고 들었지만, 토플처럼 어려운 단어를 몰라도 몇 달만 꾸준히 공부하면 일정 점수를 취득할 수 있는 시험이었기에 많은 이들이 쉽게 도전할 수 있었다.

둘째, 기업의 니즈(needs, 요구)를 아주 잘 반영한 시험이다. 영어를 전공한 사람이라고 해도 실무영어를 못한다면 기업에선 소용이 없다. 학문연구를 하는 경우를 제외하고 난해한 영어 수준을 요구하는 직장은 거의 없다. 기업은 업무상 원활한 커뮤니케이션만 이루어진다면 충분하다. 이런 점에서 토익은 개인별 수준을 확인하기에 이보다 더 편리한 시험이 없고, 따라서 가장 공신력 있는 시험이 된 것이다.

셋째, 변별력이다. 예전보다 많이 떨어지기는 했지만, 지금까지 가장 객관적으로 영어능력을 확인할 수 있는 시험이 토익임은 분명하기에 기업들이 토익을 인정하게 되었고, 사회적으로 전반적 영어능력기준으로 삼게 되었다. 높은 토익점수가 실제 뛰어난 영어능력을 반영하는 것은 아니지만 뭔가 대체할 마땅한 다른 대중적인 시험이 마땅치 않다는 데도 고민이 있다.

그 때문에 현재의 토익시험은 영어 실력의 척도라는 의미보다 취업지원자, 고시생의 어학 관련 준비상태를 표시하는 일종의 측정지표(indicator)가 된 것으로 생각한다. 실제 영어실력보다 족집게로 찍어주는 학원에 다니면서 문제풀이 요령을 습득하면 일정 수준의 점수를 받을 수 있게 되었다.

(3) 영어시험, 대안을 찾아야

현재 상황에서 토익을 대체할 마땅한 대안을 찾는 것은 쉽지 않다. 기업, 정부도 그 대안을 찾는 노력을 적극적으로 하는 것 같지 않다. 영어능력이 채용에 꼭 필요한 필수 요건이라면 ① 각 학교 성적증명서에 나온 영어 성적을 확인하거나, ② 면접을 통한 테스트를 하는 방법도 있다. 사실 이런 노력은 원래 기업에서 해야 하는 것임에도 불구하고 편의성에 따라 지원자들이 토익점수를 제출하도록 유도하고 있는 것인데, 이는 사실 어학평가비용을 지원자들에게 전가시키는 일이다. 정부조차 각종 고시에서 토익점수의 합격선을 정해놓고 필기영어시험을 대체하도록 하여 수험생들에게 그 비용을 전가하고 있다.

사실 모든 기관에서 토익 성적이 필요한지도 의문이다. 수십 년을 일해도 영어 한마디 사용할 일이 없는 직종에서조차 토익점수 요구가 있으니 말이다. 현실이 이렇다 보니 많은 구직자가 단지 어학테스트에 불과한 토익에 매달려 엄청난 시간, 비용을 투자하고 있는 게 현실이 되었다. 이로 인해 토익 관련 산업의 규모 역시 엄청나다. 이제는 토익을 대체할 대안을 정부가 제시해주어야 한다고 생각한다. 영어능력 평가를 위한 '표준 영어능력시험'을 정부가 개발하여 저렴한 비용으로 제공한다면 그 대안이 될 수 있고, 기업도 토익점수 제출보다 각 학교의 영어성적증명으로 대체할 수도 있을 것이다. 계속 이런 '행정 편의주의'를 버리지 않는다면 불필요한 국부유출과 관련 업계의 매출만 올려주게 될 것이며 지원자들은 계속 만만치 않은 비용을 부담하여야 할 것이다.

정부든 기업이든 돈을 들여야 뭔가 바꿀 수 있다는 사고방식을 바꾸었으면 좋겠다. 중등 사교육 문제조차 해결하지 못하는 상황에서 이젠 토익 사교육 비용까지도 걱정해야 하는 현실이 말이 되는가?

4) 불필요한 자격증은 이제 그만

(1) 자격증, 정리가 필요하다

폐쇄적인 사회, 자랑할 게 없는 별 볼 일 없는 나라일수록 뭔가 외부로 화려하게 드러내는 것을 좋아하는 것 같다. TV 프로그램 '남북의 창'에서 보는 북한의 열병식 행사에 군인들이 옷에 훈장 같은 표식을 여러 개 달고 다니는 모습을 보면 우습다는 생각이 들지 않는가?

자격증도 이와 유사한 것 같다. 사실 입사지원서상 나열되는 민간자격들 중 큰 의미가 없는 것들이 상당히 많다. 이런 자격들도 취득하기 위해서는 나름 소정의 준비기간과 비용이 들 것이다. 어떤 인증기관들은 허위, 과장 광고를 통해 해당 자격의 필요성을 실제보다 부풀리기도 한다.

하지만 실제 기업에서 이런 자격들이 필요한지는 의문이다. 물론 직종에 따라 반드시 취득하여야 하는 자격, 면허들이 있겠지만, 많은 경우 그렇지 않은 것들이 대다수이며 단지 이런 자격, 검정시험의 존재 이유가 그 주관 업체나 시험 준비 학원의 매출을 올려주는 데 그치는 경우가 많다는 데 문제를 제기하고 싶다.

더 중요한 문제는 이런 식의 스펙을 중요시하는 사회적 분위기에 편승하여 '자격증은 많을수록 좋다'라는 지원자들과 기업들의 잘못된 인식이다. 특히, 일부 기업 입사지원서상에는 온갖 종류의 세세한 자격증들까지도 일일이 표시하는데, 이는 불필요한 일이다. 그런 백화점식 자격증 나열은 자칫 지원자들로 하여금 "가능한 많은 자격증을 갖는 것이 도움이 된다"는 그릇된 판단을 하게 할 수 있기 때문이다. 결론적으로 전산, 기술, 연구직 등 해당 업무를 수행하는 데 반드시 필요한 자격증이 아니라면 기업에서 불필요한 자격증에 의미를 두는 것은 합리적 생각은 아니다.

(2) 자격과 면허

'자격'과 '면허'의 차이를 생각해보자. '면허'는 특정한 일을 할 수 있는 자격을 행정기관에서 허가하는 것을 말한다. 직업적으로 '면허'가 반드시 필요한 직종들이 있다. 대개 전문 직업군이 해당된다. 의사, 간호사 같은 의료인들은 반드시 관련 교육기관에서 학업을 마치고 국가고시를 통해 해당 면허를 취득해야 관련 업무에 종사할 수 있도록 법으로 정해져 있다. 국가에서 취득한 '면허'를 공식적으로 받지 않고 관련 '업'에 종사하는 경우 '불법'이 된다.

자격증은 변호사, 공인회계사, 세무사, 공인노무사 등 국가고시를 통해 행정기관에서 발급하는 국가자격증도 있지만, 대부분 민간기관에서 발급하는 민간자격들이 상당히 많다. 잘 알다시피 국가고시를 통한 전문자격사의 경우 합격이 결코 쉬운 일이 아니므로 개인적으로 수많은 시간과 노력을 기울여야 하는 자격증들이다.

하지만 특정 직무를 제외하고 회사에서 이런 전문자격사들이 필요한 것은 아니지만, 최근 취업난에 시달리는 현상을 반영하듯 대기업 일반 직무에도 전문자격사들이 몰려들고 있다. 대기업, 은행권 등에서도 다다익선이라고 이런 전문인력을 확보하기는 하지만 과연 그들이 실제 업무에 있어 얼마나 잘 활용하고 있을지는 의문이다. 이렇게 여러 기업이 전문자격사를 채용하다 보니 이젠 해당 자격의 격(?)도 많이 떨어지게 되었다.

최근 한 지방공무원 7급 채용에 변호사를 채용한다고 하여 일부 로스쿨생들이 반발하는 기사를 본 적이 있다. 하지만 7급 공무원 시험도 그리 녹록한 것이 아니다. 전에는 없었던 이런 문제가 점점 생기는 것을 보면 관련 전문자격사들이 많이 늘어나게 되었다는 방증이기도 하다. 이런 전문자격사의 경우 과거에는 별도 채용 절차를 통해 전형하였으나, 최근에는 일반 전형에도 응시하는 전문 자격 지원자들이 많다. 기업의 입장에서도 마냥 좋아할 일만은 아닌 것 같고, 이런 스펙을 원하는 사회적인 분위기가 더 확산된다면 많은 사람이 상당한 부담을 가질 것이다.

이런 현실은 대학입시처럼 전형절차를 복잡하고 불필요하게 만들어 많은 학생, 학부모를 괴롭히는 것과 유사하다고 생각한다. 채용절차는 보다 단순해야 하고 불필요한 스펙은 지양하는 사회적 노력이 필요하다.

5) 해외연수 유감

(1) 고비용 저효율 해외연수

믿기지 않겠지만 90년대 이전만 해도 해외에 나간다는 것은 꿈같은 이야기였다. 실제로 여권을 갖고 있다는 것 자체가 사회의 '특별한 계층'이라는 의미였고, 대부분 사람은 제주도를 제외하면 비행기를 타고 해외로 나가보지 못하던 시절이었다. 하지만 지금은 누구나 알다시피 상류층은 말할 것도 없고, 평범한 가정에서도 휴가철에 한 번쯤은 해외여행을 생각하는 사람들이 있는 것을 보면 과거에 비해 '격세지감'이라고 할 수 있을 것 같다. 특히 대학생들은 부모님의 경제적 도움이 없으면, 아르바이트해서라도 꼭 해외연수는 다녀오려는 경향이 있는 것 같다.

외국에 자주 나가 넓은 세상을 보고, 외국어 공부도 하는 것은 결코 나쁘지 않은 일이며, 오히려 더욱 장려해야 될 일인지도 모른다. 하지만 모든 일은 명암이 있게 마련이다. 이제는 해외연수가 과연 얼마나 효용이 있는 일인지에 대하여 다시 생각해볼 시점이 되지 않았나 싶다. 경제적 여유가 많아 해외를 얼마든지 다녀올 수 있는 계층이라면 무슨 고민, 어떤 문제가 있겠는가? 하지만 많은 가정에서 어려운 사정에 학자금 대출까지 받아가면서 사는 분들이 해외연수를 가기 위해서 또 빚을 내야 하고, 그 이유가 "다들 그렇게라도 하기 때문에 그렇지 않으면 뭔가 취업이나 인생에서 불이익(?)이 있지 않을까?"라는 사회적 인식 때문이라면 이건 우리 사회에 근본적인 문제가 있기 때문이다. 특히 초등교육 단계부터 많은 사교육비용을 지불해야 하는 한국적인 상황에서 학부모들의 등골이 더욱 휘는 일이기도 하다.

사실 채용전형 과정에서 해외연수 경험자와 비경험자를 비교하여 영어활용 능력을 평가해보면 개인차가 심하기는 하지만 경험자라고 하여 국내 어학원에서 충실하게 회화 학습을 해왔던 비경험자들보다 특별히 뛰어난 점은 발견하기 어려웠다. 물론 어린 시절부터 부모 직장 등 해외거주여건이 되어 일찍 해외 경험을 수년간 했었던 이들의 경우 회화 능력이 우수한 사람들이 많은 것은 사실이다. 발음도 훌륭하고, 회화도 자신 있게 하는 사람들이 많아 조기 어학교육을 현지에서 받은 경우 외국어습득 측면에서 상당한 장점이 있다는 사실은 인정할 수밖에 없다(이들 대부분은 부모가 주재원, 교환교수 등 직장문제로 온 가족이 안정적으로 해외 체류한 경험이 있는 경우였고, 이들은 어쩌면 유무형의 상당한 수혜를 받은 것이라고 볼 수 있다). 하지만 국내에서 주로 생활하다가 통상 1년 미만 단기 해외어학연수를 다녀온 경우 특별한 일부를 제외하고는 비경험자와 별다른 차이를 느낄 수 없었는데, 다 그런 것은 아니겠지만 어학연수 프로그램이 현지에서 한국인들과 어울리거나, 현지 문화체험 위주의 어학연수가 많아 효과적인 영어습득에는 한계가 있었을 것으로 생각된다. 1년의 짧은 기간 동안 이런 외유성 해외연수로는 소정의 기대한 효과를 거두기 어렵다.

예외적으로 단기 어학연수의 효과를 확실히 본 사람이 한 사람 정도는 기억이 난다. 그는 미국에서 1년 수개월 정도의 연수경험을 갖고 있었는데 비교적 짧은 체류경험에 비추어 너무도 훌륭한 회화 실력을 보여주었다. 심지어 외국인들도 감탄할 정도로 영어회화를 잘 구사하였는데, 해당 기간 외 전혀 해외체류경험이 없었던 경우치고는 놀라운 결과였다. 자세히 알아본 결과, 그가 연수를 한 곳은 미국의 대도시가 아니고, 한국인이 전혀 살지 않는 미국 중부의 한적한 시골 마을에 체류하면서, 그곳 사람들과 잘 어울리면서 개인적으로 영어 학습에 피나는 노력을 기울인 결과였다. 요즘은 도시의 경우 한국인이 없는 환경을 찾기가 쉽지는 않다고 한다. 하지만 중요한 것은 자신의 치열한 노력이 수반되지 않는 어학교육은 한계가 있다는 점이다. 남들도 다 가니까 나도 가야지라는 생각부터가 어학실력 향상과는 거리가 있다.

당연한 얘기지만 한국에서 공부를 잘하는 학생은 미국에서도 성공할 가능성이 높다고 한다. 물론 그 반대의 경우도 마찬가지이다. 필자는 위 학생이 미국에 가지 않고, 한국에서 학원에 다니며 공부를 했더라도 영어를 잘 구사했을 것으로 생각한다. 다만 짧은 미국 생활을 충분히 활용하여 더 좋은 결과를 낳는 시너지를 만든 것뿐이다. 결국, 환경은 사람에 따라 다르게 사용된다. 수백 년이 된 아무리 좋은 악기도 열정을 갖고 배우는 연주자가 사용하는 것이 아니면 한낱 고물에 불과한 것이다.

(2) 토종영어의 저력

총인구수는 많지 않지만 한국인들이 워낙 해외연수를 많이 가다 보니 미국, 캐나다, 호주 등 영어권 나라에서는 한국 연수생을 매우 중요한 고객으로 생각하며 주요 국가 수입원으로 하고 있다고 한다. 특히 해외로 유출되는 그 비용은 만만치 않은 것으로 안다. 원론적으로 젊은 청년들이 해외로 많이 나가서 다른 세계를 보고 견문을 넓히는 것은 바람직하고 장려할 만한 일이기도 하다. 하지만 이제는 조금 그 목적을 분명히 해야 할 것 같다. 단지 '남들이 가니까 나도 간다'라는 식이 아니라 뭔가 구체적인 목표를 갖고 가자는 것이다. 목표가 있는 것과 없는 것의 차이는 매우 크다. 특히 호주 워킹홀리데이에 참가한 학생들이 정작 열중해야 할 학업보다는 식당, 호텔 등에서 청소 등 잡일이나 하다가 돌아온다는 내용의 방송 프로그램을 본 적이 있는데, 부모 된 입장에서 참 속상한 마음이 들었다. 아르바이트를 하는 것도 좋은 경험이 될 것이지만 목적을 명확히 해야 되지 않을까? 호주에 간 이유는 분명 어학공부가 주목적일 것이지, 결코 그런 잡일 아르바이트가 아닐 것이기 때문이다. 특히 절대 사실이 아니기를 바라지만, 일부 여성 중에는 해외 성매매를 하는 사례까지 있다고 하니 더 할 말이 없을 정도이다. 많은 선진국 직장인들은 매월 급여에서 일정액을 반드시 적립해놓는다고 한다. 나중에 그 돈으로 매년 가보지 못한 외국에 가서 여행도 즐기고, 색다른 경험도 해본다고 한다.

하지만 한국의 경우 스스로 번 돈을 모아 해외 연수를 가는 경우는 많지 않고, 대부분 부모의 경제적 도움을 받아 가게 된다. 소중한 돈으로 연수를 간다면 반드시 소기의 목적을 달성해야 할 것이다. 영어능력 향상보다는 친구들과 어울려 시간을 낭비하거나, 불필요한 아르바이트 등으로 공부보다 다른 곳에 시간을 버리는 경우라면 굳이 부모의 노후자금을 털어 해외연수를 간다는 게 별로 바람직해 보이지 않는다. 전에도 언급했지만, 평생 한국에서 직장 다니며 사는 경우, 해외까지 가서 영어를 배워올 만큼 공부를 해야 하는 사람들은 그리 많지 않다. 영어 한마디 사용할 일이 없는 일을 하는 많은 이들이 왜 한결같이 해외연수 스펙을 가져야 하는지 도대체 그 이유를 모르겠다.

굳이 영어를 더 공부하고 싶다면 차라리 국내 어학원(한국에는 체계적인 영어 학습을 할 수 있는 좋은 어학원들이 아주 많다)에서 치열한 노력을 기울여, 실력을 쌓는 것이 학습 측면에선 더 큰 도움이 될 것으로 생각한다. 혹자는 솔직하게 "LA로 어학연수를 가느니 차라리 이태원에 있는 영어회화 학원에 다니라"는 말도 한다.

한국의 해외방문객이 해마다 엄청나게 증가하고 있다고 한다. 특히 학생들의 해외연수는 해마다 증가하고 있다. 이젠 그 성격을 분명히 해야 할 시점이 된 것 같다. '학습'인가, '외유'인가, 아니면 막연한 '돈벌이'인가? 학습이라면 외국에선 한국 사람들과 어울리지 말고, 열심히 공부해야 할 것이고, 외유라면 차라리 그 돈으로 맘 편하게 해외여행을 즐기면 될 일이지만 나중에 자신의 힘으로 돈을 모아 나가는 것이 더 바람직하지 않을까? 막연한 돈벌이라면 굳이 외화를 낭비해가면서까지 아르바이트를 하러 해외에 가야 하는지에 대한 판단을 신중히 해야 할 것이다.

사회적 인식도 전환이 필요하다. 채용전형 과정에서 실제 영어활용능력을 제대로 평가하는 것보다는 어설픈 해외어학연수 경험 여부를 중요한 스펙처럼 생각하는 촌스러운(?) 채용방식은 이젠 지양해야 한다. 우리는 왜 해외에서 많은 돈을 들여야 좋은 공부가 된다고 생각할까? 필자는 똑똑한 우리 학생, 청년들 중 진정한 '토종영어의 저력'을 보여주는 이들이 더욱 늘어나기를 바란다. "실력 있는 사람은 어디서든 그 능력을 발휘하게 마련이기 때문이다."

6) 대학 취업경력개발센터 활용법

(1) 지나치게 높은 대학등록금

교육수요자인 학생, 학부모들이 부담하는 비용에 비해 가장 비효율적인 기관 중 하나가 바로 한국의 대학들이라고 생각한다. 국내에서 번듯한 대학을 가려고 할 때 치러야 하는 유무형의 대가는 참으로 엄청나다. 사교육부터 세계적 조소거리가 될 정도로 가혹한 조건인 데다가 정작 대학에 입학하면 등록금 부담조차 만만치 않은 것이다. 문제는 그런 비용을 치르면서 어렵게 입학한 대학의 교육 수준에 만족하지 못하고 또다시 미국 등으로 유학을 다녀와야 사회적 성취나 학문적 수준(?)을 인정받는 정말 아이러니한 한국 사회에 우리가 살고 있다는 것이다.

먼저 한국 경제규모에 비해 각 대학, 특히 사립대학들이 얼마나 비싼 등록금을 받고 있는지에 대한 자료가 있다. 한국은 4년제 대학이 사립대 78%, 국공립대 22%로 세계에서도 유례를 볼 수 없을 정도로 사립대학의 비중이 높다. 더구나 한국 정부가 대학에 지원하는 예산보조가 16% 선밖에 되지 않아, 흔히 예로 드는 OECD 평균에도 못 미치고 장학금 비율도 전 세계 최저인 나라군에 속한다.

특히 한국 사립대학의 등록금 수준은 달러 기준 실질구매력지수(PPP)로 환산했을 때, 8,519달러로 호주 7,902, 일본 6,935, 영국 4,678달러와 비교했을 때 월등히 비싸다. 결론적으로 한국 사립대학의 등록금은 세계 최고 수준이라고 한다(출처: 한신대 이해영 교수 발표자료).

기성세대들이 대학을 다니던 80년대 이전과 비교하면 등록금이 너무 비싸다는 데 이견을 제기할 사람은 많지 않을 것 같다. 더구나 교직원 처우가 상당히 좋아진 것은 물론 사회적으로 그 위상이 지나치게 높아진 면이 있다. 최근 삼성전자 직원이 회사를 그만두고 서울대 하급직원 채용에 응시한 일이 화제가 되기도 했는데 이는 예전에는 상상조차 할 수 없었던 일이다. 이런 현상이 사회적으로 바람직한 일은 아닌 것 같은데 이처럼 안정된 일자리만을 선호하는 추세가 언제까지 계속될지 잘 모르겠다.

등록금이 비싼 만큼 대학교육의 질도 높아져야 하나 실상 그런 것 같지는 않다. 극히 일부의 대학을 제외하고,

① 학생 한 사람당 교수의 수가 절대적으로 부족하고,

② 일부 폴리페서 교수(정치교수)들이 연구와 강의에 집중하기보다는 정치참여 등 개인적인 성취에만 몰입하는 경우가 많으며,

③ 일부 권력을 가진 정치인 출신 교수들이 대학의 비호 아래 강의를 하지도 않으면서 간판만 내걸고 있는 도덕적 해이도 있고,

④ 각 대학이 교육의 내실보다는 건물을 새로 짓는 데 치중하면서 수익사업에만 집중하고 있으며,

⑤ 정부 지원이나 사회 기부금보다는 모든 예산을 절대적으로 학생 등록금에 의존하는 사학의 근본적인 문제는 전혀 해결되지 않았다는 사실이다.

이처럼 대학등록금은 사회적으로도 매우 중요한 이슈로 대통령 선거를 비롯한 각종 선거의 공약이 되기도 한다. 하지만 근본적인 문제 해결은 까마득해 보인다. 연간 수십억의 알짜배기 수입원인 대입 전형료 수입만 해도 줄일 생각이 전혀 없는 각 대학 당국이 과연 사기업들처럼 뼈를 깎는 비용절감 노력을 할 수 있을까?

(2) 취업경력개발센터 활용법

이처럼 비싼 등록금을 내고 있는 학생들이 과연 대학의 각종 시설 및 기관들을 충분히 활용하고 있다고 생각하는가? 대학에는 연구소, 박물관 등을 비롯하여 수많은 기관이 있다. 그중 취업을 준비하는 지원자들에게는 대학 취업경력개발센터가 매우 훌륭한 정보와 양질의 네트워크를 갖고 있는 기관이라는 사실을 알고 있는지 모르겠다. 취업기관은 학교마다 그 명칭도 다르고 기능, 역할이 조금 다를 수 있기 때문에 세부적인 업무에 대한 언급은 적절치 않다. 다만 그 활용에 대하여 언급하는 이유는 많은 학생이 실제 이런 기관들을 잘 활용하지 못하는 것 같아서이다.

대학의 취업정보센터를 그저 단편적인 취업 공고, 채용 정보 등을 얻기 위한 장소로만 알면 곤란하다. 최근 각 대학은 학생들의 니즈를 파악하는 노력은 물론 기업 등과 연계, 관련 전문가들을 활용하는 등 채용을 위한 다양한 노력을 기울이고 있다. 학교에 따라 다르지만 해마다 변화하는 이런 모습들은 기업 채용담당의 입장에서 더 생생하게 느껴진다. 이런 적극적인 학교는 기업의 입장에서 더 관심이 가게 마련이기 때문에 당연히 취업률도 높다.

각 기업 채용담당을 초청하여 특강, 면담 등을 하고, 취업적성검사, 진로상담 등의 활동은 물론 각 기업으로부터 인재추천을 의뢰받아 추천 채용을 진행하기도 한다. 기업들이 채용을 위해 자주 접근하는 채널 중 하나가 취업정보센터이다. 더구나 적은 인원을 채용하는 회사의 경우 취업센터는 가장 믿고 의뢰할 수 있는 기관이기에 기업의 입장에서도 취업센터와의 유대는 매우 중요하다. 따라서 학생들은 될 수 있으면 대학취업경력개발센터를 자주 방문하고, 그곳의 직원들과도 친하게 지내기를 바란다. 기업들은 채용전형 시 각 대학의 신뢰할 만한 기관의 추천을 의미 있게 받아들인다. 추천채용의 경우 서류전형을 자동 통과하여 면접까지 바로 진행되기에 매우 유리한 조건이다.

비록 졸업생이라고 하더라도 모교의 취업정보센터와 인연의 끈을 놓지 않기를 바란다. 기업에서 졸업생 추천을 의뢰하는 경우도 간혹 있기 때문이다. 정기적으로 취업정보센터에 들러 정보도 얻고, 센터 직원들과 수시로 면담을 하다 보면 뭔가 새로운 길을 찾을 수도 있다.

(3) 감 따는 방법

어느 가을 감나무에 감이 탐스럽게 열렸다. 그 감을 먹으려면 어떻게 할까?
여러 다양한 방법이 있을 것이다. 몇 가지 예를 들어보자.

① 감이 저절로 떨어질 때까지 그 밑에서 기다린다.
② 감나무를 도끼로 찍어 베어버리거나 불태워버린다.
③ 감나무를 타고 올라가 감을 딴다.

첫째, 감이 저절로 떨어지길 기다리는 것은 매우 수동적인 방법일 뿐만 아니라 가을이 다 지나서야 먹을 수 있을 것이고, 아마 까치 같은 놈들이 그 전에 감을 다 먹어치울지도 모르기 때문에 별로 좋은 방법이 아니다.

둘째, 그렇다고 감나무를 도끼로 찍어버리거나 불태워버리면 그다음 해에는 감을 먹을 생각을 하지 말아야 할 것이다. '빈대 잡자고 초가삼간을 태운다'라는 표현이 여기에 적절하지 않을까? 내가 못 먹는 감이라고 그리해서는 안 될 일이다.

셋째, 감나무를 타고 올라가는 것이 말은 쉽지만 결코 쉬운 일이 아니다. 원숭이가 아닌 다음에야 우리 같은 사람이 나무에 어설프게 올라가다 떨어져 다칠 수도 있으니 감을 아무리 먹고 싶어도 쉽게 선택할 수 있는 방법은 아니다.

여러 방법이 있겠지만 필자가 권하고 싶은 방법은 매우 간단하다. '사다리를 찾아보는 것'이다. 내게 당장 사다리가 없다면 다른 이에게 사다리를 빌려도 무방하다. 누구나 사다리만 있으면 쉽게 올라가서 감을 따 먹을 수 있다. 이 시대는 스스로 모든 일을 다 하겠다는 생각은 빨리 버리는 것이 좋다. 또 그렇게 할 수도 없음을 빨리 깨달아야 한다. 감나무의 감을 먹지 못할 상황이면 빨리 다른 나무를 찾아보아야 한다. 사과나무도 좋고 배나무도 좋다. 사다리도 내가 꼭 가지고 있어야 하는 것도 아니다. 다른 사람에게 빌려도 된다. 어차피 감만 따면 되는 것이 아니겠는가?

대학취업정보센터는 아주 좋은 사다리가 될 수 있다고 생각한다. 이렇게 좋은 사다리를 옆에 두고 이용을 제대로 못한다면 여러분 손해가 아닐까? 취업이 잘되는 학교는 취업센터 직원들이 기업에 매우 호의적이고 적극적이다. 기업 입장에서도 당연히 그 학교에 호감이 갈 수밖에 없다. 하지만 어렵게 채용 추천 의뢰를 하였음에도 불구하고, 별로 관심이 없거나, 사무적인 태도로 대하는 경우 다음 기회가 생겼을 때 별로 추천의뢰를 하고 싶은 생각이 들지 않음은 물론이다.

이처럼 취업지원 업무를 하는 대학 직원들이 학교 이미지에 미치는 영향은 상당히 크다고 할 것이다. 물론 각 기업 채용담당이 자신의 회사 이미지를 대표하는 것도 마찬가지이다. 특히 구직자들이 잘 선호하지 않는 중소기업의 경우 무엇보다 각 대학 취업담당과 좋은 유대관계를 만들어놓을 필요가 있다. 진솔하게 접근하면 학교 취업담당들의 협조가 많은 도움이 된다. 이처럼 기업의 입장에서도 취업정보센터는 매우 유용한 기관인 것이다.

7) 최근 대학사회의 변화

(1) 비효율적인 학적이동

한국에서 대학 간판이 가지는 의미가 워낙 유별나다 보니, 입학한 대학 수준
(?)에 만족하지 못하는 사람들이 아주 많다. 그 경우 선택은 두 가지가 아니겠는
가? 다시 수능을 봐서 희망하는 대학을 가든지 아니면 편입을 활용한다. 이 중
많은 학생이 후자를 택하고 있는 것 같다. 더구나 과거에는 등록금 납부 등 경제
적 어려움이나 입대 사유를 제외하고는 휴학이 그리 많지 않았으나 요즘은 취업
준비가 필요하다는 등의 이해하기 어려운 이유로 휴학이 급격히 늘어나게 된 것
도 매우 특이한 현상이다. 대입에서는 재수, 삼수를 하지 않으려고 애쓰는 수험
생들이 있는 반면에 정작 대학에서는 졸업을 유예하려고 하는 학생들이 많다는
것은 아이러니하다. 물론 이는 매우 비정상적인 현상으로서 정부, 학교, 학부모
등 많은 이들이 관심을 가져야 한다.

특이한 것은 편입의 경우 과거 전문대학 졸업자들이 주로 학사 취득을 위해
편입을 했다면 최근에는 자신의 스펙(학벌)을 올리기 위해 편입을 하는 경우가
많아진 듯하다. 지방대 재학생들이 서울 등 수도권으로 진입하기 위해 하는 편
입도 많은 편이고, 수도권 대학생들도 더 상위레벨의 학교로 가기 위해 최대한
편입을 활용하고 있는 것 같다.

편입은 관련 전공, 학문을 더 공부하고 싶은 욕구에서 출발하는 것이 당연하
고 자연스러운 일이다. 가령 역사를 전공하는 학생이, 역사학 중 미술사 부분을
더 공부하고 싶어서 관련 학문이 더 특화되어 있는 대학이나, 해당 분야의 저명
한 교수가 있는 대학으로 편입을 시도하는 것은 매우 타당성 있고, 충분히 이해
할 만한 일이라 생각한다. 하지만 전공 등의 이유보다는 학벌이 갖는 좀 더 나은
사회적 평판을 기대하면서 어렵게 편입을 계속 시도하는 것은 많은 시간과 비용
의 낭비라는 생각이 든다. 물론 저마다 특별한 사정들이 있겠지만 단지 그런 사

유만이라면 기대한 효과를 자신할 수 없을 것 같아서이다.

휴학도 그렇다. '졸업유예'라는 말이 이젠 대중화된 말이 되었다. '조기졸업'이라는 말은 들어봤어도 일부러 졸업을 유예하는 이런 현상을 기성세대의 사고로는 도무지 이해하기 힘들다. 될 수 있으면 빨리 졸업하고, 서둘러 취업을 하는 것이 보편타당하지 않은가라는 생각 때문일 것이다. 하지만 정작 학생들의 얘기를 들어보면, 많은 이들이 아직 취업준비가 덜 되어 그렇다고 한다. 그렇다면 이들이 말하는 '취업준비'라는 것이 과연 무엇을 의미하는 것일까?

일전에 지방대를 다니는 조카 녀석이 졸업을 앞두고 졸업유예를 하겠다고 한 적이 있다. 그 이유를 물어보니 토익점수를 더 올려야겠다는 거다. 필자는 딱 잘라서 말했다. "그런 사유로는 절대 '졸업유예'를 하지 마라." 예전에는 군 복무로 인해 소모되는 몇 개월의 시간도 아까워 "언제 입대를 해야 졸업을 앞당길 수 있을까?"를 고민하였는데 이제는 토익점수 따위를 올리려고 졸업유예를 하다니 오히려 귀중한 시간을 버리는 학생들이 많다는 것은 참으로 안타까운 현실이다.

(2) 대학 구조조정

한국에 "대학이 너무 많다"는 데 많은 이들이 동의하고 있다. 학생들이 거의 관심을 두기 어려운 지방이나, 2년제 전문대학만 운영해도 충분한 대학에까지 많은 등록금 수입을 올리려는 사학의 요청을 받아들여 인가를 내주다 보니 '교육의 질'은 당연히 떨어질 수밖에 없고, 학생들은 사회적 비용과 시간 낭비를 하게 되는 것이다. 이런 현실(편입, 졸업유예, 사학의 난립 등)은 한국의 교육제도를 근본적으로 바꾸지 않는 이상 해결이 어려운 것이고, 그에 따른 국민 부담은 늘 수밖에 없다. 단지 수혜를 보는 일부 사학재단과 사교육업자들의 배만 불리는 악순환만 계속될 것 같다.

통계를 보면 전국의 216개 4년제 대학의 휴학률을 조사한 결과, 휴학률이 30%가 넘는 학과는 총 42.0%에 달했다. 이런 현상은 지방대로 갈수록 더욱 심화되는 모습을 보인다(출처: 조선일보 2012.12.7 기사).

특히 일부 사립대학들이 난립하다 보니 애초 대학의 설립목적인 학문 탐구, 인재 양성보다는 학생 유치에 열을 올리는 경우가 많다. 최근에는 많은 중국, 동남아 유학생까지 유치하고 있는 것으로 안다. 이는 선진국의 대학들이 주로 재단 전입금이나 외부 기부금 등으로 튼튼한 재정을 만들어 많은 성과를 이루고 있는 것과 비교해볼 때 단지 학생들의 납부 등록금 수입만으로 학교재정을 운용하는 부실한 사학이 많다는 것을 미루어 짐작할 수 있다. 최근까지도 이런 문제를 해소하기 위한 국회 차원의 '사학법 개정' 논의가 있었지만, 정치인들이 늘 그렇듯이 자신들의 이해관계와 기득권층의 로비에 휘둘리는 등의 반대로 인해 관련 법안이 통과되지 못하고 전혀 진전하지 못하고 있는 게 작금의 현실이다.

그렇다면 과연 이 문제를 해결하기 위한 방안은 전혀 없는 것일까?

첫째, 우선 부실 사립대학의 통폐합을 서둘러야 한다. 문제가 많은 부실 사학은 공정한 감사를 통해 정리수순을 밟도록 해야 한다(최근 지방 모 사립 의대가 부실대학으로 평가되어 졸업생들의 의사면허가 취소되는 사태까지 빚어졌다. 이 사건의 최대 피해자가 학생들임은 말할 것도 없다). 학생 수급이 안 될 수준의 사학은 조속히 국립대를 중심으로 통폐합을 서둘러야 한다. 이는 당연히 정부에서 나설 수밖에는 없을 것이다. 일부 사학재단의 기득권을 유지하기 위해 국민의 혈세를 투입하고, 학생들을 피해자로 만드는 일을 계속 반복할 수는 없는 일 아닌가?

둘째, 교육수요자들인 학생, 학부모들에게 충분한 정보를 제공할 수 있도록 정부에서 대학평가결과에 관한 정보공개를 의무화해야 한다. 그 정보의 수준은 누구나 해당 대학의 수준을 가늠할 수 있을 정도의 자세한 내용이 포함되어야 할 것이다. 교육 당국은 재정이 건전하지 못한 사학이나 부실 교육을 하는 학교는 원천적으로 등록금 장사를 하지 못하도록 감독을 철저히 하여야 함은 물론이다.

학생들도 부디 특별한 사유가 없는 휴학, 편입 등 학적이동을 통해 귀중한 시기를 낭비하지 않기를 바란다. 단지 취업을 위한 졸업유예는 큰 의미가 없다. 가능하면 일찍부터 자신의 진로에 대한 많은 고민이 필요하며, 관련 정보 등을 알아보고 미리 준비하는 것이 좋겠다.

결국, 자신의 인생은 스스로 결정해야 한다. 취업이 힘들지만, 어렵다고 하여 그 시기를 미룬다고 해도 사정은 더 나아지지 않는다. 당장은 구조적인 사회문제들이 해결되기 어렵겠지만 그렇다고 학적이동이 능사는 아니며, 불필요한 시간과 비용을 낭비할 필요는 없다고 본다.

1) 기업이 바라는 인재상

(1) 왜곡된 기업의 인재상, 차라리 사업주의 인생관을 물어봐라

인재상이란 무엇일까? 우리나라 기업에서 말하는 인재상이란 말을 들으면 심한 거부감이 생긴다. 인재상이란 게 과연 정의될 수 있는 말인가? 우리는 누구나 어린 시절부터 부모님이나 주위 선생님들에게 "사회에 꼭 필요한 사람이 되라"는 말을 한 번쯤은 듣고 자랐고, 자녀가 있는 사람들은 자신의 자녀가 꼭 그런 사람이 되기를 간절히 바랄 것이다. 한국의 지나친 교육열도 알고 보면 사회가 필요로 하는 사람을 양성하는 데 최종 목적이 있는 것이다. 사회가 필요로 하는 사람은 과연 어떤 사람을 말하는 것일까? 여러 기업의 홍보 광고나 홈페이지를 보면 '인재상'이 많이 등장한다. 대부분 글로벌, 국제화, 창의력이 있는 인재 등 천편일률적이고 뭔가 내용을 이해하기 어려운 관념적인 용어들이 많고 별로 지원자들이 이해하기가 쉽지 않은 용어로 포장되어 있다.

아마 많은 기업이 홈페이지를 새로 만들거나, 인사정책을 세우면서 인재상이란 것을 만들다 보니 제대로 된 철학이나 이념 없이 다른 회사의 좋아 보이는 인재상을 따라 하거나, 조금 변형하여 사용한 결과이기도 할 것이다. 결론적으로 한국 기업들의 인재상은 별로 볼만한 게 없다. 인재상에 따라 해당 기업에 맞는 인재를 채용한다고 홍보하지만, 허울 좋은 명목상의 추상적 용어인 인재상을 어떤 방법으로, 누가 어떻게 검증하여 채용하겠다는 것인가? 이젠 한국기업들이 이런 쓸데없는 인재상에 관심을 버릴 때가 되었다고 생각한다. 아무 의미 없는 인재상보다는 차라리 기업, 경영자의 철학을 명확히 하는 것이 좋겠다.

애플사의 광고는 사람들의 마음을 움직인다. "Think different", 애플이 포르쉐나 페라리와 같은 브랜드가 되기를 소망한 스티브 잡스의 생각을 바탕으로 한 것이기도 하지만, 항상 다르게 생각하고, 다른 것을 생각하기 때문에, 제품 또한 창의적 노력의 결과물이라는 메시지를 전달하고 있다. 이는 간단하지만 애플의 모든 것을 보여주는 말이다. 한국 기업 같으면 창의력이 있는 인재 운운하며 별의별 용어를 동원하여 인재상을 표현했을 것이다. 직원들이 자신이 만드는 제품에 대한 자부심이 있는 경우 자발적으로 야근을 해서라도 뭔가 작품을 만들려고 할 테지만, 회사나 상사의 지시에 따라 막연한 창의성을 찾으려고 하면서 맹목적으로 야근을 해봐야 그저 그런 제품밖에는 만들지 못할 것이다.

한국 자동차 회사들이 BMW나 벤츠의 디자인을 아무리 베끼려고 해봐야 유사한 짝퉁 소리나 듣고, 기본기 탄탄한 제품보다는 겉보기만 번지르르한 제품으로만 승부한다면 미래가 없다. 정말 창의력이 뛰어난 프로라면 자신이 만든 제품에 하자를 용납하지 않을 것이고, 행여 흠이 발견되면 자존심이 상해 밤새 고민할 정도로 품질에 대한 애착이 있어야 하는데 우리 기업에는 솔직히 그런 명장들이 별로 보이지 않는다. 창의력이 뛰어난 인재를 찾는 것은 모든 기업의 소망이지만 정작 기업에 들어오면 이들에게 모난 돌이 정 맞는다는 식의 취급을 받기 딱 좋기 때문이다.

이미 정착화된 제도, 규정 내에서 층층시하의 상사 눈치를 보아가며 지시와

순종을 반복해야 하는 한국의 직장생활에서 과연 창의력을 기대할 수 있을까? 불가능한 일이다. 이젠 연례행사처럼 취업시즌에 하는 인터뷰에서 그 기업의 '인재상'을 묻는 유치한 질문은 하지 않았으면 좋겠다. 차라리 그 기업 경영자의 인생관이나 철학을 물어보라. 그게 더 중요하다.

(2) 인재혁명

최근 인재상에 관한 글 중에서 동국대 석좌교수인 조벽 교수의 인재상에 관련된 강연내용을 알게 되었고, 매우 적절한 지적이라 생각되어 인용하고자 한다.

글로벌 시대가 요구하는 인재를 양성하려면 인재에 대한 개념부터 다시 생각해야 한다. 인재에 대한 시각은 크게 '삼불(3不)'과 '삼재(3才)'가 필요하다.

삼불은 세 가지 갖추지 말아야 할 것, 즉 학생과 학부모가 부러워하지 말아야 할 것을 의미한다.

1不은 '영재 또는 천재'다. 요즘은 IQ가 뛰어난 영재보다는 누구나 갖고 있는 나름의 특수한 재능을 부각해야 한다. 이는 자신이 무한한 가능성을 자진 존재라는 것을 아는 것에서 출발한다.

2不은 '암기력'이다. 사람들은 도전골든벨 우승자처럼 암기력이 뛰어난 학생을 부러워하지만, 인생은 단순암기지식보다는 소용이 되는 지식을 배우는 것이 더 의미가 있다. 다시 말해 '안다'라는 것보다 '할 수 있다'라는 것이 더욱 중요한 시대이다. 예를 들어, 구시대 신입사원 이력서는 명사형 이력서(=지식소비영수증)이고 새 시대 신입사원 이력서는 동사형 이력서(무엇을 할 수 있다고 동사로 표현함)이다.

3不은 '안정성'이다. 포스텍이나 카이스트를 졸업한 학생이 의대로 편입하는 현상이나, 중고등학생들의 장래희망이 공무원인 나라는 우리나라가 유일하다.

한국에서 일류 인재가 나오지 않는 이유는 '인재상'이 왜곡되어 있기 때문이다. 이에 대한 대안으로 삼재(3才)를 언급했는데 이는 '전문성', '창의성', '인성'을 들었다.

1才는 '전문성'이다. 일에 대한 실력, 앎으로 땅같이 단단한 전문적 기반을 의미한다. 과거에는 적당히 공부해서 대학에 진학하면 미래가 어느 정도 보장되었던 시대였지만 현재 이후에는 관심 분야에 대한 장기적인 목표에 따라 그 분야를 깊이 파고들 수 있는 능력이 없으면 전문성을 인정받기 어려운 시대이다.

2才는 '창의성'이다. 일을 주도할 수 있는 실력, 삶이다. 조직은 창의력을 요구하지 말고 허락해야 한다. 그들의 장점을 발휘할 수 있는 환경을 마련해주어야 창의적 인재가 양성된다.

3才는 '인성'이다. 일을 할 수 있게끔 해주는 실력, 베풂이다. 인성은 머리로 안다고 되는 것이 아니고 오랜 학습의 결과로 몸에 배어 있는 것이다. 인성도 실력이다. 현대는 정신적 빈곤의 시대로 이 시대 글로벌 인재를 양성하려면 자녀들이 꿈을 지니도록 도와야 한다. 꿈은 머리로 생각하는 것이 아니고 가슴에 뜨겁게 품는 것이다.

(출처: 동국대 조벽 석좌교수 강의)

얼마 전 한국을 방문한 빌 게이츠에게 한 학생이 질문했다. "당신처럼 성공하기 위해서는 먼저 지금 다니고 있는 학교를 그만두어야 하는가?" 많은 이들이 빌 게이츠가 마이크로소프트사를 설립하기 위해 하버드를 2년 만에 중퇴한 것이 지금 성공의 주요 요인 중 하나로 알고 있기에 그런 질문을 한 것 같은데, 그의 대답은 "대학 중퇴를 추천하지는 않는다"면서 "창업을 위한 대학 중퇴라는 게 성공을 위한 하나의 과정처럼 여겨지는 것보다는 정말 예외적인 사례로 인식되는 게 낫다고 생각한다"고 덧붙였다. 만약 빌 게이츠가 한국에 태어났다면, 대학 중퇴생으로 기업의 비정규직을 전전하고 있었을 것이라는 말도 나온다. 보다 안정적인 직업, 남들에게 번듯해 보이는 직장을 갖기 원하는 한국적인 정서가 쉽게 바뀔 것 같지는 않다. 스티브 잡스도 말했듯이 사람들은 그 사람의 내면보다는 타고 다니는 차를 보고 그 사람을 판단할지도 모르기 때문이다.

(3) 인성을 중요시하는 사회와 지도자의 역할

3재 중 가장 우선시되어야 하는 재능이 '인성'이라고 생각한다. 아무리 전문성과 창의성을 갖추더라도 기본적인 소양이 되어 있지 않으면 그 재능은 선한 곳에 사용되는 것이 아니라 악한 곳에 사용될 수도 있다. 나쁜 인성을 가진 자가 중요 포지션에 있는 경우, 그 조직은 아무리 우수한 전문성, 능력을 갖춘 사람들이 많더라도 와해될 수밖에 없다. 차라리 다소 능력은 부족하지만 직원들에게 희망을 줄 수 있는 긍정적인 리더십을 가진 이가 오히려 조직의 성공을 이끌 수 있다고 본다.

국내 재벌 중 1세대 오너인 고(故) 이병철, 정주영 회장이 별다른 학력이 없었어도 대단한 리더십을 발휘할 수 있었던 것은 사람을 보고 잘 판단할 수 있는 혜안이 있었기 때문이다. 이들의 성격은 매우 강했지만 사람을 믿고 일할 수 있도록 만드는 추진력과 리더십이 있었기에 오늘의 삼성과 현대가 있는 것이다. 하지만 최근 2, 3세대 후계자들 중 유학, 해외 MBA 등을 거친 고학력 경영자들이 경영의 전면에 나서고 있으나, 중요한 인성이 제대로 갖추어지지 않은 경우가 많아 여러 실패 사례가 드러나고 있다. 최근 언론만 보더라도 이루 말할 수 없는 부도덕한 후계자들이 넘쳐나지 않는가?

지금 당장은 별 영향이 없는 것처럼 보일지 몰라도 이들이 자신들의 약점을 찾아 빨리 개선하지 않는 한 기업은 어려운 상황에 처할 수밖에 없다. 뛰어난 능력이나 전문성을 갖추었을지 몰라도 사람을 판단하는 능력이나 주변에 좋은 사람을 모으는 친화력은 바로 '인성'에서 나온다는 기본적인 생각이 없기 때문에 주변에 쉽게 적을 만드는 것이다.

좋은 기업은 좋은 인성을 갖춘 사람들이 필요하다. 그런 이들을 채용하여 비전을 심어주고 더 잘할 수 있도록 여건을 만들어주는 게 경영자들이 해야 할 일이다. 사람은 자신을 믿고 일을 맡기는 사람을 신뢰하는 것이지, 항상 의심하면서 얄팍한 꼼수를 쓰는 사람을 리더로 인정하지 않는다. 삼성의 고 이병철 회장이 항상 강조했다는 말, "사람을 채용하기 전에는 여러 번 심사숙고하라. 그러나 일단 채용한 뒤에는 믿고 일을 맡기되, 결코 의심하지 말라." 이는 오늘날 한국기업의 수많은 경영자에게 던지는 가장 적절한 최고의 인재상이라고 필자는 생각한다.

2) 낙하산과 총대

(1) 배경이 통하는 사회에 대한 유감

'낙하산'이나 '총대'라는 말의 어감이 별로 좋지는 않지만, 실제 은유적으로 많이 사용되는 용어이다. 낙하산은 어떤 기관의 주요 보직에 정상적인 공개 채용 절차를 거치지 않고 누군가의 지시에 의해 특정인을 채용하는 것을 말한다. 총대는 주로 항공사에서 사용하는 표현이다. 항공사 채용 시 각종 채용 청탁이 많은데 누군가 나서서 총대를 맨다는 의미로 총대라는 표현을 사용한다.

만일 대학입시에서 어떤 특권층 자녀를 서울대에 무시험 특례입학시킨다면 어떨까? 아마 엄청난 사회적 파장이 있을 것이다. 로스쿨이 생겨 사법고시를 통하지 않고도 법률가의 길을 걸을 수 있는 길이 생겼지만 이를 바라보는 많은 이들의 시선은 곱지 않다. 좋은 학교, 괜찮은 직장에 대한 경쟁이 워낙 치열하다 보니 이를 단순히 면접으로 결정한다는 것은 쉬운 일이 아니다. 지금은 많이 달라졌을 것으로 정말 믿고 싶지만, 필자가 군 생활을 하던 1988년에 배경 (background, 속칭 '빽')의 유무에 따른 차이는 엄청났다. 그 당시까지만 해도 주변에 행세깨나 한다는 집안의 아들을 현역으로 보내 최전방, 훈련사단 등에서 근무한 사례를 필자는 거의 알지 못한다. 면제는 신의 자식들, 방위는 사람의 자식들, 현역은 어둠의 자식들이라는 말까지 유행했으니 말이다. 5공화국 시절 6개월 석사장교, 6개월 방위제도가 생긴 것이 일부 권력층 자제의 병역문제를 해결하기 위해 급조된 것이라는 사실을 알 만한 사람은 다 알고 있다. 배경을 사용하는 것이 부끄러운 일이 아니라, 집안의 세를 과시하는 능력으로 간주되는 사회이다 보니 많은 한국인은 가능하면 스스로 썩은 동아줄이라도 잡아보려는 마음과 한편으로 자신이 아닌 다른 사람들이 이를 사용하는 것에 대한 거부감의 이율배반적 감정을 갖게 되었다. 때로는 평등의식이 상당히 높다고 생각하다가도 어떤 경우 주변 배경을 잘 이용하는 것을 매우 당연하게 생각하는 현상이 이런 배경에서 나온 것 같다.

언젠가 필자가 들었던 한 교수의 말이 기억난다. "한국은 역사적으로 이전부터 부정부패가 만연한 나라였고, 지금도 그렇다. 하지만 그럼에도 불구하고 가장 공정한 게임이 있다면 그것은 바로 대학입시와 국가고시 제도이다." 무척 공감되는 말이다. 가난하지만 우수한 집안의 아이들이 그나마 사회적 신분상승을 할 수 있었던 통로가 바로 대입전형과 국가고시제도였다. 하지만 지금은 이조차도 입학사정관제, 로스쿨 등이 생기면서 부유한 계층에 그 자리를 내주게 되었다. 한국은 미국이 아니다. 기득권층이 줄기차게 주장하는 기부금 입학제도가 과연 한국에서 가능할까? 입학사정관제가 과연 한국의 현실에 맞는 제도일까?

사법고시는 고 노무현 대통령 같은 가난한 시골의 고졸 출신도 꿈꿀 수 있었던 공정한 시험이었다. 엄청난 교육비용이 필요한 로스쿨을 만든 것은 일부 기득권층만을 위한 것이다. 과연 가난한 서민의 자녀들이 법조인의 꿈을 가질 수 있을까? 이 같은 한국의 신귀족주의 경향은 역사를 거꾸로 돌리는 일이다. 비록 가난하지만 우수하고 실력 있는 인재들에게 기회를 주고, 이들이 희망을 가질 수 있도록 하는 것이 한국 사회의 역동성이고, 발전의 원동력이었다. 과거 이런 수혜를 받아 성공한 기득권층이 이제 사다리를 걷어차는 비열한 짓(?)을 하는 것은 자가당착이다.

(2) 일부 기업들의 세습시도와 도덕적 해이

일부 공기업의 도덕적 해이는 심각한 수준이다. 공기업, 국가기관의 주인은 정부, 국민이다. 이들의 엄청난 적자는 사기업이라면 몇 번이나 뒤집어질 정도이고, 구조조정의 매서운 광풍이 휘몰아칠 정도인데 이들은 철면피하게도 혈세를 받아 손실을 메우고 있음에도 임직원 공히 성과급 잔치를 벌이는 등 그 방만한 경영이 도를 넘었다. 더구나 채용에 있어서도 사기업에 비해 더욱 공정성이 요구됨에도 일부 공기업의 경우 자신의 자녀나 친인척을 마음대로 채용한 사례가 보도되고 있다. 이는 개인이 사업주인 사기업과는 다르게 상당히 파렴치한 행위이다.

대주주인 개인은 해당 기업 경영에 있어 무한책임을 진다는 의미다. 경영이 악화되어 직원 급여를 지급하기 어려울 때, 사업주는 개인 사재를 처분해서라도 급여를 지급해야 하고, 회사가 망하면 오너는 모든 것을 내놓고 운명을 함께해야 한다. 이런 부담을 안고 있기에 사기업은 오너의 재량하에 가족, 친인척을 고용할 수 있다. 결코, 바람직한 현상은 아니지만 이를 사회적으로 용인하는 것은 그런 이유 때문이다. 또한, 사기업에서 사내 임직원들의 추천으로 하는 채용이 있다. 이런 채용을 '낙하산', '총대'라고 비아냥거리면서 무조건 색안경을 쓰고만 볼 필요는 없지만, 분별없이 주변 가족, 친인척을 주요 자리에 앉히는 경우 다른 직원들과 불협화음이 생기는 경우가 적지 않고, 합리적인 경영에도 결코 도움이 되지 않기에 바람직한 것만은 아니다.

한국의 대학들이 국제 경쟁력을 갖추기 어려운 가장 큰 이유 중 하나가 최상위 대학일수록 자신의 학교 출신만 임용하는 '순혈주의'에 빠져 있기에 좋은 학문적 성과를 낼 수 없다는 사실은 널리 알려져 있다. 이 같은 한국의 세습 관행이 너무 일반화되어 가는 것 같아 우려되기도 한다. 기업뿐만 아니라 이제는 일부 대형교회 목사들도 자녀세습을 하고, 노조가 있는 대기업 정규직 생산근로자들도 자신들의 좋은 일자리를 자녀에게 물려줄 수 있도록 세습을 단체교섭의 주요 이슈로 한다니 참으로 답답하다. 이런 현상들은 현재 내가 가진 기득권을 결코 다른 사람에게 쉽게 줄 수 없다는 것이고, 좋은 자리는 대대로 가지고 가겠다는 이기적인 생각이 사회에 만연해 있는 것이다. 이런 현상이 얼마나 경쟁력을 떨어뜨리는 몰염치한 일인지 한 번쯤 생각해보았으면 좋겠다.

3) 기업이 선호하는 인재유형

(1) 일반적인 선호 직원의 유형

일부 계약관계에서나 언급되던 '갑을관계'라는 용어가 요즘 광범위하게 사용되고 있다. 아직 사회생활 경험이 없는 청년들은 크게 공감할 수 없겠지만 '갑을관계'는 대단히 중요하다. 보통 '을'은 '갑'을 만족시켜야 뭔가 유의미한 성과를 만들어낼 수 있다. 갑의 성향을 잘 모르거나 무시하는 행동은 거래관계에 있어 매우 무모한 일이다. 지원자들은 '을'이고, 채용 결정권을 가진 회사는 '갑'이다. 근로계약서상에도 그렇게 표시되어 있다. 지원자들은 자신이 가고 싶은 회사의 특징을 파악하고, 선호하는 유형을 알아두어야 할 필요가 있다. 하지만 문제는 그런 특성을 알 수 있는 방법이 별로 없다는 것이다. 단편적으로 해당 회사 직원들을 통해 대략 파악할 수도 있겠지만 쉽지 않은 일이기 때문이다. 그렇다고 해도 많은 회사가 공통적으로 원하는 직원의 특징적 유형이 분명 있다고 생각한다. 그런 차원에서 도움이 될 만한 몇 가지를 언급하고자 한다.

첫째, 해당 기업의 분위기나 문화를 이해하고, 이에 적응하려고 노력하는 사람을 선호한다. 당연한 말이겠지만 서로 생각하는 바가 천차만별이기 때문에 회사, 상사의 지시가 옳지 않을 수도 있고, 그 회사 문화가 이해가 되지 않을 수도 있다. 그렇다고 갑자기 오랜 관행이 한순간 바뀌지는 않는다. 더구나 회사라는 조직은 설사 잘못된 결정이라고 해도 최선이라고 판단되면 그대로 해야 하는 조직이다. 간혹 그런 면이 자신과 맞지 않아 회사를 그만두는 경우를 보게 된다. 안타까운 일이지만 각 개인의 의견을 모두 반영할 수 있는 조직은 어떤 곳에도 없다. 경영자들은 항상 직원들에게 솔직한 의견을 달라고 하지만 언제나 결정은 자신이 해야 한다는 것을 알고 있다. 그 때문에 직원들은 항상 그 회사의 문화를 존중하고, 적응을 위한 노력을 하겠다는 각오를 해야 한다. 불만을 가질 수는 있지만, 자꾸 외부로 표출하게 되면 별로 득이 되지 못한다.

둘째, 용모가 단정하고, 언행이 명확한 사람을 원한다. 용모가 단정하다는 것은 단순히 옷을 잘 입거나, 잘생긴 것을 의미하는 것이 아니다. 삼성직원은 삼성의 이미지가, 현대직원은 현대의 이미지가 있다. 부부도 함께 오래 살면 닮아간다고 한다. 해당 기업에 근무하면서 그 이미지에 맞추다 보면 자연스럽게 그 회사의 선호유형에 맞게 된다. 이젠 학생 시절의 자유로운 스타일이 아닌 조직의 규정에 맞는 복장규칙(dress code)을 갖추어야 한다. 최근에는 정장 외 비즈니스 캐주얼이나 자유복장을 착용하는 직장이 많이 늘어났지만, 오히려 정장보다 자유복장이 더 갖추어 입기 까다롭다. 단정해 보이는 정장에 비해 자유복장은 더욱 단정함과 청결에 신경을 써야 하기 때문이다. 복장만큼 중요한 것이 언행인데, 가장 피해야 할 것은 '말끝을 흐리는 것'이다. 회사에서 업무 얘기를 하는데 말끝을 흐리거나 대답을 하는 데 있어 좋지 않은 버릇을 보인다면 신뢰감이 생길 수가 없다. 이는 면접에서도 마찬가지로 적용되는데 아래 취업포털 '사람인'의 설문조사 결과를 참조하면 좋을 것 같다.

온라인 취업포털 '사람인'은 기업 인사담당자 276명을 대상으로 '면접에서 지원자의 무의식적인 버릇이 평가에 부정적인 영향을 미칩니까'라고 질문한 결과, 81.2%가 '그렇다'라고 답했다고 27일 밝혔다. 부정적인 영향을 미치는 버릇 1위는 '말끝 흐리기'(54%)였다. 다음으로 '시선 회피'(33.9%), '다리 떨기'(33.9%), '한숨 쉬기'(25.4%), '네? 하고 반문하기'(24.1%), '불필요한 추임새 넣기'(21%), '얼굴, 머리 만지기'(14.7%), '몸 비틀기'(14.7%), '다리 꼬기'(14.3%), '손톱 뜯기'(12.5%)가 10위 안에 들었다. 이러한 버릇이 평가에 부정적인 영향을 미치는 이유로는 '집중력, 주의력이 부족해 보여서'(44.2%)를 첫 번째로 꼽았다. 이어 '진실성이 결여

되어 보여서'(36.2%), '심리적으로 불안정해 보여서'(34.8%), '자기 통제력이 약해 보여서'(23.2%), '성격이 원만하지 않을 것 같아서'(21.4%), '자신감이 없어 보여서'(21%) 등의 응답이 이어졌다. 인사담당자의 62.5%는 지원자의 버릇을 지적하고 있었으며, '그냥 넘어간다'는 응답은 37.5%였다(출처: 온라인 취업포털 '사람인').

셋째, 일 처리 마무리가 깔끔하고 야무진 사람을 선호한다. 직원들에게 같은 일을 지시해도 그 결과나 마무리는 많이 다르다는 것을 경험 많은 상사들은 알고 있다는 말이다. 일 처리를 할 때 가장 중요한 두 가지가 있는데, 우선 일을 받아들이는 태도이다. "왜 이런 일을 나에게 시키는 거지?"라는 부정적인 생각보다는 "조금 어려운 일 같지만 한 번 도전해보자"라는 긍정적인 생각을 가지는 것이 좋다. 더 중요한 것은 마무리이다. 대강 일 처리를 마치는 것과 누가 보아도 깔끔하고 야무지게 마무리를 하는 것은 크게 다르다. 가장 최악의 경우가 자신이 다 할 것처럼 일만 벌여놓고, 종국에는 어찌하오리까 하는 것이다. 모든 지식의 기본은 "자신이 무엇을 모르는가를 아는 데서 출발한다." 아는 것은 안다, 모르는 것은 모른다는 것을 분명히 인식하고 솔직하게 접근하는 것이 중요하다. 가장 나쁜 것은 모르면서 마치 아는 것처럼 일을 벌여만 놓고 뒷감당을 하지 못하는 것처럼 어리석은 일은 없다.

(2) 신입직원에 대한 투자

기업이 신규직원을 채용하여 어느 정도 일을 추진할 수 있는 역량을 갖추려면 통상 3년 이상이 소요된다. 직무에 따라서는 그 기간이 길거나 짧을 수도 있다. 회사는 신입들에게 교육 등을 통해 직무 숙련도를 높이기 위한 많은 노력을 하고 있다. 그 기간 당연히 비용이 투자됨은 물론이다. 경영자 입장에서는 투자의 시기가 될 것이고, 직원 입장에서는 해당 기간 가장 많은 일을 배우고 경험할 수 있는 중요한 시기가 되는 것이다. 이 기간 중 이직률이 높은 회사의 가장 큰 문제는 애써 가르친 직원을 다른 회사에 빼앗기는 꼴이 되기 때문이다. 가끔 업종별로 인재사관학교라는 별칭을 가진 회사가 있는데 그런 회사는 결코 좋은 회사가 아니다. 인재사관학교는 신규직원을 어렵게 채용하여, 잘 교육해 놓고도 내부 경쟁력이 떨어지고, 사내문화와 분위기가 좋지 않아 회사 비전을 찾지 못하는 핵심인력들을 타 회사로 이직하게 만든다는 의미이기 때문이다.

아무리 선호하는 유형에 맞는 직원을 채용하였다고 하더라도 관리가 되지 않으면 소용이 없다. 사람을 진심으로 대하고, 인정해주며, 바람직한 방향으로 이끌어주는 리더가 있는 회사와 단순한 꼼수로 점철된 회사는 누가 알려주지 않아도 그 내부 구성원들이 잘 파악하고 있다는 것을 경영자들은 알아야 할 것이다. 인재를 소중히 한다는 말은 굳이 대외적으로 광고할 필요가 없다. 현재 있는 직원을 소중히 관리한다면 더 좋은 성과를 만들어낼 것이지만, 부품을 갈아치우듯 직원들을 생각하는 회사의 미래는 불을 보듯 뻔할 것이기 때문이다. 우리가 자녀를 교육할 때도 '믿는 만큼 자라는 아이들'이라는 말이 있다. 경영자가 직원들에 대한 무한한 신뢰를 갖고, 자신과 회사의 성장을 위해 부단한 노력을 기울이는 회사가 이른바 '좋은 회사'일 것이기 때문이다.

4) 불편한 화두 '학벌'

(1) 비효율적·소모적 경쟁과 순위 매기기

한국이 매우 피곤한 사회라는 반증이 어떤 분야든 서열화시키는 것을 자연스럽게 받아들인다는 것이다. 우리는 살다 보면 부지불식간 순위를 매기는 경우가 얼마나 많은지 모른다. 최근 오디션 프로그램이 많은 인기를 얻고 있는 것도 기본적으로는 순위 결정을 통해 짜릿한 긴장감을 극적으로 불러일으키는 것이고, 인기 게임일수록 주변 사람들과 점수 비교를 통해 순위를 매기는 독특한 방식 때문이라고 하니, 한국인이 순위 매기기를 좋아하는 성향은 가히 못 말리는 수준이다.

어떤 중학교에서 반, 전교 석차를 성적표에 표시하지 않도록 했더니, 학부모들의 석차 관련 문의가 빗발쳤다는 얘기도 들린다. 한국인들은 다른 이들과의 비교를 통해 자신을 보는 것을 좋아하고 이를 확인하지 않고는 견디기 힘든 유전자가 자리 잡고 있는 것 같다. 이런 뜨거운 교육열을 고려하면 한국 대학들은 벌써 세계적 수준에 도달했어야 할 것이지만, 현실이 전혀 그렇지 못한 것은 국내 대학들이 국제경쟁보다는 내부경쟁에만 열을 올리고 있기 때문이다. 선진국들도 경쟁이 치열하지만, 그 과정이 투명하고, 진취적이다. 한국사회의 경쟁은 학문적 성과의 질 향상을 위한 것 등의 발전적인 것이 아니라 대부분 일부 집단의 이해를 충족시키기 위한 소모적·국수적인 경쟁이 대부분이다.

일단 국내에서 상위 1~2%에 해당하는 직장의 진입에 성공하면 1차적인 기득권이 보장되는 구조이고, 실력이든 운이든 일단 이를 차지하면 더 이상 추가적인 노력을 하지 않아도 평생이 보장되는 구조가 된다. 이는 국가고시합격자, 공기업, 공공기관, 강한 노조가 있는 일부 대기업의 정규직들도 마찬가지이다. 교사, 공무원들도 어려운 시험을 통과한 엘리트 집단임에도 불구하고 합격 후 임용이 되면 거기까지가 끝이다. 현실에 안주하여 가급적 책임지지 않는 편안한 선택만을 할 뿐이다. 특별한 사고만 없으면 평생의 안정된 소득이 보장되기 때문이다. 이처럼 우수 인재들이 기득권을 성취하게 되면 더 이상 추가적인 노력을 별로 하지 않는다. 미국 박사학위 취득자가 대부분인 똑똑한 한국 교수들이 이제껏 제대로 된 노벨상 하나 받지 못하는 가장 큰 이유라고 생각한다. 더구나 불필요한 소모적 내부경쟁이 많다. 문제는 선의의 경쟁이 아닌 몇 개의 중요한 자리를 두고 진흙탕에서 발목 잡기 경쟁인 경우가 많다는 것이다. 이런 경향을 빗대어 '섬진강 참게의 생태'와 비교하는 글을 재미있게 읽은 적이 있어 잠깐 소개하고자 한다.

섬진강 참게는 아주 귀한 음식재료로서 게장이나 참게탕 등으로 요리하면 맛있기로 유명한 별미 음식이다. 이 참게를 잡아 항아리에 보관하게 되면 매우 특이한 현상을 보인다고 한다. 참게는 섬진강을 거슬러 올라올 정도로 힘이 세기 때문에, 항아리 속에서 스스로의 힘으로 충분히 밖으로 빠져나올 수가 있다고 한다. 그러나 여러 마리를 한 항아리에 넣어두게 되면 절대 아무도 나올 수가 없는데, 이는 한 마리가 나오려고 하면 다른 놈이 나오려는 참게의 다리를 잡고 절대 놓아주지 않기 때문이라고 한다. 계속 그러다 보니 항아리의 어떤 참게 한 마리도 밖으로 나올 수가 없다는 것이다. 결국, 이 참게들은 밖으로 탈출하지 못하고, 간장게장이나 매운탕 재료로 모두 죽게 될 것이다. 이를 두고 한국인들이 치열한 경쟁 속에서 서로 발목을 잡는 것에 빗대어 표현하였는데, 이런 사다리 걷어차기와 발목잡기식의 경쟁은 서로 파멸할 수밖에 없다는 매우 씁쓸한 비유이기도 하다.

(2) 학벌 콤플렉스

최근 일부 유명 인사들의 학위논문이 표절이나 대필로 드러나 문제가 되고 있는데, "국내 대학 석·박사 학위를 선진국에서 인정받기 어렵다"는 말이 실제 사실로 드러나는 셈이다. 더구나 신문 지면 광고를 통해 표시된 일부 대형교회 목회자의 학력을 보면 전혀 알지 못하는 해외학위를 나열하는데 참 대단하다는 생각이 든다. 어떤 이는 친목회 수준의 대학원 최고경영자 과정을 마치 정식 석사과정을 한 듯 명함에 넣어 뿌리고 다니기도 한다.

한국인들은 취업, 결혼 등 인생의 중요한 일에 '학벌'을 각자의 '프리즘'을 통해 보고 성급한 판단을 하곤 한다. 어릴 때부터 그토록 공부를 강조하며 많은 시간, 노력, 비용을 들였던 큰 이유 중 하나가 바로 "인정받는 좋은 학교를 가고 싶다"는 것이 아니었을까? 물론 학력, 학벌이 중요한 팩트임은 분명하고, 전혀 무시되어야 한다고 생각하지 않는다. 사회적 인정을 받는 좋은 학교 출신들에 대해 긍정적인 생각을 하게 되는 것은 매우 자연스러운 일이다. 좋은 학교 출신자들 대부분은 어린 시절부터 성실하게 열심히 공부했을 것이다. "다른 사람들이 놀 때 남모르는 노력을 얼마나 했을까?"라는 면에서 그들은 충분히 인정받을 만하다. 재미있는 것은 이런 학벌 콤플렉스에 있어 일류 명문대 출신들도 예외가 아니라는 점이다. 연고대 출신들이 서울대에 대한 미련을 버리지 못하거나 집착하는 사례도 많이 보인다.

채용현장에서 일부 기업들의 꼼수는 많은 지원자를 낙담하게 한다. 차별은 공개적으로 하는 것보다 은근히 하는 것이 더 뼈아픈 법이다. 이런 기업들은 속으로는 학벌을 채용의 주요 조건으로 하면서 대외적으로는 전혀 차별을 두지 않는다고 언론플레이를 한다. 일부 기업이 내부적으로 학벌에 대한 방침을 만들고 합격선을 정한다는 것은 이미 공공연한 사실이다. 이런 부분은 해당 기업들이 좀 더 솔직해야 한다고 생각한다. 그렇다고 그런 기업들을 비난만 할 수는 없다. 사기업에서 그들이 원하는 유형의 지원자들을 채용하는 것은 당연하다. 하지만 기업의 사회적 책임 측면에서 선의의 지원자들에게 솔직해야 하고 최소한 예의를 갖추어야 한다. 기업이 사회적으로 호감을 주는 좋은 이미지를 갖고 싶어 하면서 속내는 전혀 다른 것을 보면 실망스럽기도 하고, 안타까운 마음이 들기도 한다.

최근 일부 기업에서 조금 변화되는 조짐이 있기는 하다. 최근 L그룹의 한 인사담당은 "이젠 기업들도 '학벌과 업무수행능력이 늘 정비례하지는 않는다'는 사실에 조금씩 눈뜨고 있다"며 "우리 회사에도 같은 대학 서울캠퍼스와 지방캠퍼스 졸업생이 동시에 지원했다가 지방캠퍼스 출신만 합격한 사례가 있다"고 말하며, "출신 대학에 따른 능력 차이는 갈수록 줄어드는 추세"라고 한다. 일부 사례를 전체적인 현상으로 판단할 수는 없겠지만 조금씩 유의미한 변화들이 있다는 것은 사실인 것 같다. 또한, 일부 금융기관과 대기업 등에서 고졸 채용을 조금씩 다시 시작하려는 움직임들이 있는 것 같다. 학력, 학벌 위주의 사회 분위기를 바꾸어보려는 대단히 바람직한 시도이다. 하지만 이런 시도가 단지 일시적으로 기업의 이미지를 좋게 만들려는 의도나, 정부의 정책요구에 따라 마지못해 시늉만 내는 식이라면 거의 효과를 기대할 수 없을 것이다.

이 시도가 성공하려면 고졸 출신들에게도 승진의 동등한 기회를 제공하여야 하고 인사, 급여 등 처우 면에서 차별이 발생하지 않도록 공정한 능력주의 인사 제도를 시현하여야 한다. '차별'과 '차등'은 전혀 다른 개념이다. 일부 기업 중에는 '차별'을 '차등'이라고 주장하며 사업주의 생각만으로 인사를 시행하는 경우가 많이 있는데, 이는 스스로 발등을 찍는 일임을 알아야 한다.

(3) 변화의 조짐

최근 사회적인 트렌드는 직장에서 학력, 학벌이 크게 중요하지 않다는 것이다. 직원의 능력, 수준을 판별하는 방법은 이미 많은 툴이 개발되어 있다. 특히 대기업에서 바로 시행할 수 있는 제도들이 많다. 내부적인 장애요소들이 있겠지만, 삼성 등 선도적인 회사에서 한 번 적극적으로 시행하여 보았으면 좋겠다. 삼성이 한다면 따라 할 기업이 한국에는 줄을 세울 정도로 많은 게 현실이기 때문이다. 앞으로 사회 분위기가 어떻게 바뀔지는 모르나 일부 변화의 조짐도 보인다. 그 한 예로 공무원이나 특정 직종의 경우 굳이 대학을 나오지 않더라도 상관없다는 사람들이 늘고 있다고 한다. 물론 아직은 공무원 등 일부 직종에 한정된 사례일 수 있으나 역사적으로 뿌리 깊은 한국 사회의 학력, 학벌 중시 풍조에 염증을 내는 사람들이 점점 늘어나고 있는 것은 분명한 것 같다.

최근의 이런 한국 사회의 분위기는 우리가 선망하는 미국에서 사상 최연소로 LA커뮤니티칼리지협회(LACCD) 이사로 선출된 티나 박(한국명: 박다희) 씨가 한 말을 통해 되새겨 볼 필요가 있을 것 같다. 그녀는 4년간 LACCD 이사로 일하면서 미국이 왜 선진국인가를 깨닫게 됐는데, 바로 "커뮤니티칼리지같이 모든 사람에게 **'두 번째 기회(second chance)'**를 주는 교육 시스템 덕분"이라고 말한다. 미국에서 커뮤니티칼리지(community college)는 누구든 배우고자 하는 사람은 정부 예산으로 2년제 대학 교육을 받을 수 있는 곳이다. 가정 형편이 어려운 경우에도 고교 졸업 후 커뮤니티칼리지에 갔다가 4년제 대학으로 편입하는 경우가 매우 많다고 한다. 반면, 우리 한국의 교육은 '두 번째 기회'를 주지 않는 것이 가장 큰 문제이다. 이런 패러다임이 바뀌지 않고 한국 사회가 한 번 취득한 기득권을 평생 누리는 기형적인 구조가 바뀌지 않는 이상 우리의 미래는 기대하기 어렵다. 누구든 '두 번째 기회'를 가질 수 있고, 학력, 학벌이 높지 않아도 능력에 따라 평가받는 사회가 되어야 우리 사회가 조금은 변화될 수 있을 것 같다.

5) 기업 간 연봉 격차

(1) 연봉의 중요성

우리가 열심히 일하는 중요한 이유 중 하나가 돈을 벌기 위해서라는 점을 누구도 부인하기 어렵다. 간혹 '돈' 얘기를 하면 마치 '품격'이 떨어지는 것처럼 이중적 태도를 취하는 이들이 있는데, 인간다운 삶과 안정된 경제생활을 영위한다는 측면에서 금전은 매우 중요하다. 아무리 인정받는 좋은 직장도 급여지급이 중단된다면 과연 그곳에 남아 계속 일을 할 수 있는 사람들이 몇이나 될까?

기업은 동호회, 교회 같은 조직이 아니다. 교회에서 매주 일하는 사람들이 있다. 이들은 악천후에도 관계없이 주차안내를 하고, 교회식당의 주방 일을 하기도 한다. 하지만 이들은 순전히 봉사일 뿐 임금을 받지 않는다. 동호회의 회장, 총무가 자신의 시간을 내어 회원들을 위한 일을 하는 것도 마찬가지다. 이처럼 대가 없이 봉사하는 경우도 있지만, 일반적으로 일을 시키면서 정당한 임금을 지불하지 않으면 아마 큰 문제가 발생할 것이다.

임금은 많을수록 좋을 것이다. 많은 돈을 버는데 싫은 사람은 없다. 똑같은 학교를 졸업해도 사회에 나와 보면 현실은 다르다. 많은 기업의 연봉수준이 천차만별이기 때문이다. 기업 규모에 따라 대기업이 중소기업에 비해 연봉수준이 높은 것은 사실이다. 업종별로도 큰 차이가 있다. 업종별 차이는 기업의 지급 여력(기업의 각 재무지표에 따라 인건비에 지출 가능한 수준)과 관련이 있고, 업종의 특성이 반영될 수도 있다.

(2) 각 기업의 연봉 차이

각 기업의 연봉수준에 대한 정보는 많은 기업이 공개를 꺼리기 때문에 정확하게 확인하기 쉽지는 않지만 여러 기관의 각종 조사를 통해 대략 추정은 가능하다. 높은 연봉수준인 기업들이 인건비 수준을 알리기 꺼리는 것은 대부분 언론을 통해 사회적 비난을 받게 될 것을 우려하기에 그렇다. 현대차 생산직 연봉이 언론의 도마에 오른 후 얼마나 많은 비난을 받고 있는지 많이 알려진 일이다. 반면, 연봉이 매우 낮은 중소규모의 회사들은 그리 자랑할 만한 수준이 아니기 때문에 공개를 꺼린다. 간신히 최저임금 수준을 주는 회사가 어떻게 떳떳하게 공개할 수 있겠는가? 과거에 비해 기업 간 연봉 차이가 극심하므로 지원자들은 이 문제에 매우 민감하다. 우수 지원자들일수록 처우가 맞지 않으면 지원을 포기하는 경향도 있다. 입사 후 이런 처우 문제로 이직하는 것이 그리 쉬운 일이 아니기에 충분히 알아보고 결정하려는 것이다. 지극히 당연한 일이다.

문제는 현재 대기업과 중소기업, 업종 간 차이가 너무도 현격하기 때문에 과연 이를 어떻게 해야 할지 사회적으로 고민할 필요가 있다는 것이다. 일부 공기업이나 대기업의 경우 신입사원 연봉이 5천만 원을 넘어서는 경우도 있다. 거의 중소기업 부장, 임원급에 해당하는 금액이다. 부장급 이상이 되려면 적어도 15년 이상의 직장 커리어가 있을 터인데 이 현상을 어떻게 이해해야 할지 모르겠다. 안정된 사회일수록 계층별 연봉 격차는 심하지 않다고 한다. 일부 특수 직종을 제외하고 일반 회사 업무를 하는 입장에서 이런 큰 차이는 전혀 바람직하지 않다. 노조가 있는 대기업과 노조가 없는 하청 중소기업의 연봉 격차는 지금도 점점 벌어지고 있는 게 현실이다. 정부의 정책적 판단이나 각 개별기업의 노력이 필요하다고 생각한다.

6) 카르텔과 Over Qualification

(1) 공고한 한국의 기득권유지 카르텔

중고등학교에서 역사를 공부하지 않는다는 말을 듣고 깜짝 놀란 적이 있다. 실제 고등학교 과정 중 국사가 필수과목이 아니라고 한다. 서울대를 지망하는 학생을 제외하고 별도로 국사를 공부하지 않는다고 하니 기가 막힐 일이다. 최근 정부에서 이런 문제점을 깨닫고 현재 중학생들부터는 국사를 필수과목으로 하겠다고 하는데 일부 사회과목 교사들의 반발도 만만치 않은 모양이다. "역사를 잊은 민족은 미래가 없다"는 신채호 선생의 말을 떠올리지 않더라도 식민 지배를 겪은 우리가 바른 역사를 가르치지 않으면 같은 일이 반복될 수도 있다는 엄혹한 사회적 성찰이 필요할 것이다.

공고한 기득권유지 카르텔 때문에 좌절했던 경험을 누구나 한 번쯤은 가지고 있을 것이다. 어떤 조직·모임에 들어가든 '텃세'라는 게 있다. 텃세는 그곳에 오래 있었던 사람들이 만들어왔던 문화나 조직특성을 새로 온 이들이 잘 적응하지 못했을 때, 기존 사람들이 경원하거나 배척하는 경향을 말한다. 대부분 이런 텃세는 어느 정도 시간이 흐르면 해결된다. 신참들이 그 문화에 동화되는 수가 많기 때문이다. 하지만 어떤 곳에서 특정 출신(학교, 지역)이 아니면 안 된다는 내부방침이 있는 경우 문제는 심각해진다. 진골, 성골을 따지는 문화가 되면 그 출신이 아닌 한 아무리 노력을 해도 해당 조직에 흡수되기 어렵기 때문이다. 이쯤 되면 패거리문화라는 말이 나오게 된다. 역사적으로 한국은 문신들이 우대받고 지배하는 나라였다. 현재에도 많은 파워 엘리트들 중에는 문과 출신이 대부분이다. 정치권의 꽃인 국회의원 중 율사(律士) 출신이 차지하는 비중은 압도적이다. 법을 공부한 고시 출신 관료들이 정치에 입문하고, 장·차관을 거쳐 고위직을 역임하는 것이 너무도 자연스러운 출세코스가 되었다. 물론 최근에는 의사 등 의료인이나 일부 이공계 출신도 있지만 아직은 소수이다.

이런 문과 출신 엘리트들은 대개 높은 학벌 외에는 별로 자랑할 것이 없다. 그나마 이공계 출신은 과학적 검증을 통한 논문이나 전문지식을 토대로 학문적 성취감을 말할 수 있지만, 문과 출신들은 고시 합격 후 판검사나 정부고위관료로 자리 잡는 것이 최고의 목표이고, 오로지 더 높은 자리로의 권력, 승진 욕구 외 다른 목표가 별로 없다. 이런 열망을 달성하기 위한 가장 쉬운 길이 특정 학벌이나 지연을 이용하는 방법이었다. 같은 학교 출신 선후배들이 서로 밀어주고, 끌어주는 식의 인사를 해왔고, 정권이 바뀔 때마다 영남과 호남 출신이 번갈아가며 주요 요직을 독식하다시피 하였다. 이런 카르텔을 공고히 하는 것이 그들이 기득권을 유지하는 데 필수적이었다. 더구나 이런 구조가 사회 전반에 걸쳐 만연한다는 데 더 깊은 우려를 하게 한다. 정치인, 관료조직뿐만 아니라 다음과 같은 유사한 예들이 한국 사회 곳곳에 넘쳐난다.

① 어떤 지방자치단체에서는 그 지역 국립대 출신들이 모든 핵심요직을 싹쓸이하기에 타 대학이나 다른 지역 출신들은 도저히 그 지역 사회에 발을 붙이기가 어렵다고 한다.
② 어떤 대학병원은 그 대학 의대 출신이 아니면 절대 그 병원에 남을 수가 없고, 다른 학교 출신들은 왕따를 당하거나 항상 마이너로 살 수밖에는 없다고 한다.
③ 심지어 종교계조차 어떤 교단은 특정 신학대학 출신들이 장악하고 있어, 수많은 신학교 중 다른 학교 출신들은 주요 자리에서 배제당한다고 한다.

뜨거운 교육열과 좋은 머리에도 불구하고 한국의 경쟁력이 떨어지는 중요한 이유가 바로 여기에 있다. 학연, 지연 등을 이용하여 편안하게 기득권을 유지하여 살아가려는 사람들이 너무 많다는 것이다. 그들은 자신들만의 영역을 구축하여 놓고, 외부에는 높은 장벽을 쌓고 있다. 참으로 답답한 일이다.

(2) Over Qualification

'Over Qualification'이란 직무에 비해 자격조건이 충분할 정도로 넘친다는 의미이다. 즉, 고졸이 해도 되는 일을 대학원졸이 하는 것을 말한다. 최근 우리 사회의 학력, 학벌 인플레이션이 이제 정도를 넘은 것 같다는 데 공감하는 이들이 점점 많아지고 있다. 사회적으로 인정받는 좋은 직장들의 수는 매우 제한되어 있고, 그런 직장에 들어가려는 고학력자들은 넘치다 보니 수요-공급의 불균형이 발생하게 된다. 즉, 공급자인 기업들이 진입장벽을 높게 쌓아놓고 지원자의 요건을 매우 까다롭게 적용하는 것이다.

과거 실업고등학교만 졸업해도 얼마든지 취업이 가능했던 금융권을 비롯한 기업들이 지금은 미공인회계사(AICPA), 공인회계사, 세무사, MBA 등 단순업무임에도 자격이 과다한 이들이 지원하는 기현상이 벌어지고 있다. 어떤 기업의 경우 대졸 직무에 석·박사급들이 지원하거나, 전문대졸을 채용하는 직종에 대졸이 몰리기도 한다. 이는 심각한 사회문제임에도 불구하고 정부에서는 큰 관심이 없는 것 같다. 일반 기업에서도 고졸 출신 신입을 찾기란 쉽지 않다. 과거 1980~90년대만 하더라도 고졸 출신들은 주요 부서에서 많은 활약을 하였다. 과거에 비해 실제 업무가 달라진 것은 거의 없다고 생각해도 무방하다.

이런 현상은 사회 전반에 걸쳐 비정상적 교육인플레이션이 매우 심각한 상황임을 반증하고 있으며, 조속히 이를 개선하지 않을 경우 사회적 비용 낭비는 물론 많은 이들이 그 고통을 겪을 수밖에 없다. 독일처럼 굳이 대학 진학을 하지 않더라도 특성화 고등학교 출신들이 기업에서 당당히 인정받고 다닐 수 있도록 제도적 뒷받침이 만들어져야 할 것이다. 기업에서 학문할 것도 아니면서 일반 사무직에 왜 석·박사가 필요한지에 대하여 기업들부터 스스로 자문해보아야 할 것이다.

이공계의 경우는 각 연구 개발 분야(R&D 분야)에서 일정 규모 이상의 석·박사 출신 고학력자들을 필요로 한다. 이런 고급인력의 수요 예측은 국가 정책적인 틀에서 고민해야 할 것이다. 만일 삼성에서 반도체 분야 비중을 줄이고 다른 신규 사업을 시작한다고 할 때 반도체 관련 인력의 수요는 줄고, 새로운 사업 분야에 대한 인력수요가 생길 터인데, 이런 부분을 각 대학에서 적절히, 신속하게 대응을 하고 있는지, 정부에서는 앞으로 미래 산업에 대한 정책적 접근을 얼마나 잘하고 있는지 정말 의문이다.

7) 채용과정에서의 씁쓸한 기억

(1) 입사지원서 표준화

우리나라의 채용전형 과정은 너무 비생산적·비효율적 요소가 많다. 기업마다 크게 다르지도 않은 입사지원서, 자기소개서의 양식을 얼마든지 통일하여 사용할 수 있는데 기업들이 지원자들로 하여금 같은 과정을 계속 반복하게 하는 등 시간 낭비를 하고 있다. 지원서 내용은 경력, 자격, 어학성적 등 일부 업데이트가 필요한 항목을 제외하고는 평생 거의 달라질 게 없다. 학력사항이 자주 바뀔 일도 없고, 자기소개서 내용도 한결같은데 매번 해당 회사에 맞게 다시 써야 한다는 게 오히려 이상하지 않은가? 지원자가 대한항공이든, 아시아나든 회사명만 바꾸면 별다른 차이가 없는 같은 지원서가 된다. 실제로 어떤 지원자는 회사명을 착각하여 엉뚱한 회사명을 표기하는 바람에 불이익을 당하기도 한다.

고시준비 등 다른 진로가 아닌 어차피 기업에 입사를 희망하는 사람들은 삼성을 지원하는 사람이든, 엘지를 지원하는 사람이든 지원동기가 특별히 다를 이유가 없다. 지원자에 따라 굳이 삼성을 꼭 다니고 싶은 이유가 있을 수는 있지만 그런 이유라면 추후 면접에서 확인해도 되기 때문에 굳이 소개서 질문을 다르게 할 필요가 없다. 회사 지원동기를 물어보는 것 자체가 난센스라고 생각한다. 당연히 그 회사에 입사하고 싶어 지원하는 거지 무슨 다른 이유가 있겠는가? 왜 입사하기를 원하냐고? 좋은 직장에 취직하여 돈을 벌기 원하니까 그런 거지 무슨 다른 특별한 이유가 있겠는가? 회사를 취미로 다니는 사람도 있을까? 이렇게 하나마나 한 자소서의 질문들을 간소화할 필요가 있다. 구태의연하고, 가식적, 상투적 질문들은 이젠 누구나 식상하다고 생각한다.

전 세계를 통틀어 한국 같은 IT 강국은 없다. 얼마든지 정부에서 개인의 입사지원서, 자소서를 표준화하여 공인인증 방식으로 저장하여 놓고(물론 경력사항 등 변동이 있을 때마다 수정할 수 있도록 하면 됨), 지원 시마다 그 인증된 내용을 필요한 기업에 제출할 수 있게 한다면 지원자의 입장에서는 상당한 시간과 노력을 줄일 수 있고, 기업의 입장에서도 정부의 공적인 인증센터를 통해 접수된 지원서에 대한 신뢰성을 가질 수 있음은 물론 별도 채용시스템을 구축하지 않아도 되는 많은 장점이 있다. 그럼에도 해당 기업의 문화나 철학이 담긴 별도의 질문을 원한다면 그런 질문은 추후 별도로 작성하도록 해도 무방하고 면접 시에도 충분히 확인할 수 있다.

수십만의 구직자가 취직을 위해 하루에도 몇 번씩 입사지원서, 자소서를 쓰고 또 쓰고 하는 이런 비효율을 반복하는 게 IT 선진국인 한국에서 도대체 이해가 되는 일인가? 공인인증서처럼 인증시스템을 이용하여 입사지원서, 자소서를 작성하고 업데이트해 놓은 자료를 수시로 이용할 수 있게 한다면 얼마나 효율적인가? 최종학교 졸업증명서, 성적증명 같은 것도 이런 식으로 한 번 인증을 거치면 다시 확인하지 않아도 되는 시스템으로 가야 한다. 이런 증명서들을 발급받기 위해 직접 학교로 찾아가거나 동사무소 팩스민원 등을 통해 비용을 지불하고 발급받는 행정상의 비효율을 지금도 계속 반복하고 있다. 얼마든지 개선이 가능한 부분인데도 말이다.

어떤 회사는 자기소개서에 나오는 질문을 복잡하게 만들어야 뭔가 제대로 선별할 수 있다는 생각을 가진 경우도 있는데 별로 효과가 있는 것 같지 않다. 보통 "조직의 리더로 활동한 경험이 있다면 서술하고, 조직 내에서 문제가 발생할 경우 어떻게 해결했는지 서술하시오" 이런 식의 질문이다. 하지만 이런 질문에 대한 대답으로 얼마든지 조금만 인터넷을 뒤져봐도 이미 많은 표준 답변이 나와 있고, 지원자마다 특별한 내용이 없기에 변별력을 찾기엔 무리가 있다는 것을 알아야 한다. 차라리 실제 면접에서 의표를 찌르는 질문 한두 개를 준비하는 것이 오히려 더 효과적이다.

(2) 자가당착에 빠진 일부 기업들

채용은 결코 최고 인재를 뽑는 것이 아니다. 실제로 최고 인재들에게 국내 기업은 별로 인기가 없다. 미국에서 학위를 받은 이들 중 미국 학교에 남거나 외국 기업에 들어가지 못한 사람을 제외하고 한국 기업에 입사하려는 사람들은 별로 없다. 중소기업은 더 말할 것도 없고 글로벌 대기업들도 이런 최고 수준의 인재를 포용할 만한 회사가 별로 많지 않다. 그 이유는 분명하다. 미 명문대 석·박사 학위를 받은 좋은 인재들도 한국 기업에 입사한 후에는 대부분 조직의 지시에 충실하고 순응하는 부속품 역할만을 수행하기 때문이다. 그런 경직된 기업문화 속에서 과연 최고의 인재가 입사하려고 할 리도 없고, 설령 입사한다고 해도 과연 제대로 적응할 수 있겠는가? 좋은 처우를 하는 공기업, 대기업들도 그러한데 중소기업으로 가면 현실은 더 심하다. 최저임금에 가까운 형편없는 처우의 중소기업이 채용하면서 명문대 출신, 뛰어난 스펙 등의 조건을 강조한다면 스스로 주제 파악이 안 된 것이다.

회사는 자신들의 수준에 맞는 지원자를 채용하도록 노력하여야 한다. 단지 대외적으로 명문대 출신을 많이 채용했다는 과시를 하거나, 전문자격사를 채용하여 내심 뿌듯해하고 있을 일부 한국 기업들은 정신 차려야 한다. 기업은 분명 사람이 만드는 것이다. 성공적인 기업을 만들기 위해서는 그 기업의 경영자들이 가진 사람에 대한 기본적인 생각에 따라 달라진다.

(3) 일부 지원자들, 예의를 갖추어야

간혹 예의가 없는 지원자들을 보면 눈살이 찌푸려진다. 합격이 된다고 해도 다닐 생각이 전혀 없는 회사에 왜 굳이 지원하는지 그 이유를 모르겠다. 일부 좋은 스펙을 가진 지원자 중에 그런 사람들이 많다. 이들은 단지 면접 경험을 쌓기 위해, 심지어는 면접교통비를 챙기기 위해 지원을 하는 경우도 있는 것 같다. 약간의 이익(?)이 있는지는 모르겠으나 매우 불필요한 시간 낭비다. 항공 예약을 해놓고 정작 제시간에 나타나지 않으면 그 피해는 표가 꼭 필요한 다른 승객에게 돌아가게 된다. 자신에게는 별로인 회사일지 모르나 그 회사에 꼭 입사하고 싶은 다른 선의의 지원자가 피해를 볼 수 있다는 생각은 해보지 않았는지 모르겠다. 물론 고민 끝에 그 회사의 입사 결정을 번복할 수도 있다. 하지만 이 경우 반드시 회사로 전화를 하거나, 이메일이라도 보내서 알려주어야 하는데 그 정도의 수고도 하지 않는 이들이 많다.

특히 면접에 아무런 사전 통보 없이 나타나지 않는(no show) 지원자들은 인사 담당을 당황하게 하는 사람들이다. 이는 면접의 기회를 가질 수 있었던 다른 지원자들의 소중한 기회를 박탈하는 짓이다. 면접에 가지 않을 거라면 얼마든지 사전에 알려줄 기회가 있었고, 그 흔한 문자 한 통, 메일 한 통 하면 되는 쉬운 일 아닌가? 이처럼 '다른 사람은 안중에도 없고 자신만 피해가 없으면 된다'라는 이기적인 생각의 소유자가 과연 나중에 어떤 모습의 직장인이 되어 있을까? 심지어 최종 합격 통지를 받아 출근 일자를 확정하여 놓고도 그런 경우가 있다. 전화를 꺼놓고 며칠 동안 잠적하는 사람도 있는데, 도저히 이해가 가지 않는 일이다. '세상엔 정말 별난 사람이 많구나'라는 생각도 들지만, 이런 불쾌한 경험을 한두 번 하게 되면 기본적인 신뢰가 무너지는 느낌도 받게 된다.

한국은 몇 단계만 거치면 서로 알고 지내는 관계가 될 수 있는 좁은 사회이다. 언제, 어디서 다시 만날 수 있다는 사실을 항상 명심해야 한다. 마치 한 번 보고 다시는 안 볼 것처럼 예의 없게 행동하는 사람은 기본적으로 자신의 인성을 되돌아보아야 한다. 기본예의를 지켜 뺨을 맞는 일은 없다. 주변에 항상 좋은 인연을 만들어야 성공이 가까워진다는 건 변함없는 진리이다.

8) 스펙과 성과의 상관관계

(1) 스펙 만능사회 유감

주변에서 '스펙(spec)'이라는 용어를 본격적으로 사용하게 된 것은 그리 오래되지 않았다. 이 용어를 많은 사람이 흔하게 사용하지만 원래 의미는 '물건의 각종 기능을 설명할 때 쓰는 용어'이다. 가령 노트북 같은 전자제품의 '스펙'으로 여러 사양, 기능, 성능 등이 표시되는데 구매예정자들에게는 이런 스펙이 매우 유용한 정보가 된다. 하지만 물건이 아닌 사람을 놓고 '스펙'을 따지는 것은 그리 좋은 표현이 아니다. 제품, 상품 등의 물건이야 좋은 스펙을 가진 것이 기능상 뛰어난 점이 많고 가격도 더 비쌀 테지만 채용시장에서 말하는 사람의 스펙이 좋다고 해서 실제로 더 탁월한 능력을 발휘하고, 조직생활을 성공적으로 할 것이라고 예단하기는 쉽지 않다.

경쟁이 치열한 한국 사회에서 스펙을 논하는 것은 남보다 한 발이라도 더 앞서야 하는 현실이 만들어낸 산물일 뿐이다. 대학의 경우만 해도 그렇다. 과거에 비해 지원자별 대학의 수준이 예전보다 많이 평준화되었다는 느낌을 받는다. 특히 서울 시내 주요 대학들은 거의 차이를 느낄 수 없을 정도로 좋은 지원자들이 많다. 실제로 서울 시내 대학 간 순위, 서열 차이가 많이 줄어들었다고 한다. 반면, 지방대와의 격차는 더 심화되었다는 의견도 있다. 이렇게 단순 비교를 하는 것이 무리일 수 있으나 과거 우수한 역량을 가졌던 지방 국립대 출신들이 많았던 것을 생각할 때 많은 격세지감을 느끼게 된다. 요즘은 대학편입이 빈번하고, 해외대학 출신도 많이 늘고 있기에 앞으로 어떻게 달라질지 알 수 없다. 최근 주목할 것은 어린 시절 해외 경험을 가진 지원자들이 급격히 늘고 있다는 점이다.

영어권, 중화권을 중심으로 그런 예가 많다. 이런 점들이 앞으로 채용시장에서 어떤 변수가 될지 좀 더 지켜봐야 할 것 같다.

(2) 스펙보다는 제대로 된 직업관

좋은 스펙을 갖추었다고 해도 조직에 들어온 이후에는 스펙보다는 더 중요한 역량이 있다는 사실을 깨닫게 된다. 어떤 직장이든 조직의 일은 대부분 '협업'으로 이루어지는 게 현실이고, 개인의 역량도 중요하지만 여러 사람의 역량을 잘 아우르고, 조율하여 작품을 만들어가는 것이 더 좋은 평가를 받기 때문이다. 축구선수가 아무리 좋은 클럽에서 화려한 기술을 익혔다고 해도 실제 경기에서 동료들과 협력 플레이 없이 독자적 행동만을 한다면 그 팀이 경기에서 승리하기란 어렵다. 그 선수가 몇 골을 넣든지 간에 소속팀이 경기에서 진다면 의미 없는 일이다. 계속 지기만 하는 팀의 스타플레이어가 무슨 소용이 있겠는가?

무엇보다 핵심은 태도와 적응의 문제이다. 자신의 진로에 대한 명확한 계획이 필요하다. 앞으로 "취업을 할 것인지?", "고시준비를 할 것인지?", "유학을 갈 것인지?" 등의 큰 방향은 빨리 정할수록 좋다. 가장 곤란한 것은 "이것저것 시도해 보았는데, 할 게 없으니 취업이라도 해야겠다"고 한다면 정말 난처한 상황이 될 수 있기 때문이다.

우리나라는 중고등학교 때부터 앞으로 가질 직업에 대한 깊은 고민이나 사전준비가 부족하다. 대부분의 학교에서 오직 대학입시에만 '올인'하다 보니 정작 대학에 가서 "자신이 무엇을 해야 하는지?", "어떤 직업을 가져야 하는지?"에 대한 방향을 찾지 못하는 것이다. 좋은 성적을 받기 위해 치열한 노력을 하는 사람들은 많지만 정작 자신의 진로에 대한 체계적인 계획을 세워본 적은 별로 없는 것 같다.

'T자형 인재'라는 말이 있다. 직장인의 경력개발(CDP)을 언급할 때 전문가형 (specialist)과 일반형(generalist)의 두 가지 인재유형을 구분할 수가 있다. 일반형은 여러 가지 다양한 직무 경험을 통해 리더십 역량을 키워 상위 직책으로 승진하는 리더를 양성하기 위한 것이다. 중역이 되기 위해서는 한두 가지 직무 경험만 가지고는 곤란한 경우가 많다. 신입으로 입사한 직원이 재무부서에 배치를 받더라도, 그 직원이 장차 경영을 책임지는 위치의 중역으로 성장하기 위해서는 재무는 물론 영업, 인사 등 다양한 직군에서의 직무경험이 필요하다. 이를 충족시키기 위해 해당 직무를 경험할 수 있도록 순환근무도 필요하고, 관리, 리더십 역량을 키워 관리자로서 성장할 수 있는 교육도 필요한 것이다.

반면에 전문가형의 경우는 한 가지 직무에서 숙련도를 높여 그 직무의 장인 수준까지 전문성을 키우는 직무형태를 의미한다. 대개 기술연구직이 이에 해당한다. 이 경우에도 새로운 기술이 나오면 이를 습득하기 위해 많은 노력을 기울여야 경쟁에 뒤처지지 않고 생존할 수 있을 것이다. 이렇게 입사해서도 앞으로 진로에 대한 다양한 선택의 상황에 부딪히게 된다. 지원자들은 막연한 꿈, 비전을 말하는 것보다는 더욱 정교하게 어떤 길을 걸을지에 대한 많은 고민이 필요하고, 구체적인 계획을 잘 세워야 시행착오를 줄일 수 있을 것이다.

많은 생명보험회사에서는 고객들에게 맞춤형으로 '평생 재무설계'를 해주고 있다. 이런 재무설계도 중요하지만, 사회생활을 시작하기 전이나 입사 후라도 반드시 이런 경력설계가 필요하다. 개인의 진로문제를 "당신의 인생이니 알아서 하라"는 것은 너무 무책임한 말이다. '스펙'도 중요하지만 먼저 자신의 '진로'에 대한 많은 고민과 계획이 필요하다는 것을 말하고 싶다. 인생은 길다. 잘못된 길을 선택했을 때 다시 돌아와서 새로운 길을 걷기에는 너무 많은 시간과 비용이 든다. 나이 40에 의사가 되겠다고 의학전문대학원을 진학하는 사람을 본 적이 있다. 평생의 꿈을 이루기 위해 그 나이에 조카뻘 되는 사람들과 함께 공부하는 것이 대단해 보이기도 했지만, 온갖 시행착오를 거치며 새로운 길을 걷는 것이 그리 녹록지는 않을 것이다. 청년들에게 정말 무엇을 하고 싶은가에 대한 고민과 실질적 계획을 계속 강조하는 이유가 바로 여기에 있다.

한국기업의
채용 특징

1) 기업이 지원자를 파악하는 관점

(1) 항목별 주요 확인사항

　기업은 수많은 지원자 가운데 가장 최선이라 생각되는 사람을 선별하여 채용하고자 한다. 기업마다 차이가 있겠지만 대체로 이런 인식을 가지고 있다고 생각한다. 문제는 "매우 짧은 시간에 이러한 '선별(screening)'을 효과적으로 할 수 있는가?"라는 데 있고, 여러 항목을 비교하여 구분하는 기준을 마련하게 되었는데 이를 소위 '스펙'이라고 할 수도 있을 것이다. 특히 서류전형에서는 얼굴을 직접 보지 못한 상태에서 단지 서류상으로만 확인하는 절차를 거칠 수밖에 없으므로 지원자들이 꼼꼼히 작성하지 않으면 생각지 못한 불이익을 받을 수도 있다. 서류를 잘 작성하는 것은 모든 업무의 첫 단계이기도 하다.

　다음은 입사지원자들을 파악하는 요소 중 주요 확인사항이라고 생각되는 항목들을 정리해 보았다. 물론 개별 기업별로 그 특성을 모두 반영하는 것은 불가능하다. 최대한 일반화할 수 있는 내용을 정리하여 구성하였음을 미리 밝힌다.

① 학벌 educational background

'학벌(educational background)'과 '학력(academic ability)'의 차이는 구분하는 것이 좋을 것 같다. '학력'은 고졸, 전졸, 대졸, 대학원졸 등 '상급학교 과정의 졸업 여부에 따른 차이'이고, '학벌'은 같은 학력 안에서도 더 세분화된 의미를 가진다. 각 입시전형에서 점수 등에 따라 대학을 서열화하는 것이 학벌의 한 예가 되겠다. 한국처럼 '학벌'을 사회생활에서 때로는 유리하게 이용하고, 어떤 이에게는 사회적 장애가 되기 쉬운 사회에서는 개인의 능력보다 외부로 표시되는 '학벌'을 통해 이를 평가하고 가늠하는 척도로 삼기도 한다. 개인 평가에 있어 이보다 더 손쉬운 방법이 별로 없기 때문에 주요 기업들이 '학벌'을 채용에 있어 의미 있는 판단 요소 중 하나로 사용하고 있는 것은 사실이다.

물론 이는 해당 회사의 역량이나 여건에 따라 다를 수 있다. 인기 있는 대기업일수록 '학벌'을 중요시하는 경향이 있는 것 같고, 상대적으로 처우가 낮은 중소기업의 경우 오히려 높은 학벌을 부담스러워하는 회사들도 있다. 이는 높은 학벌 취득자를 채용해도 쉽게 이직을 하게 될 것을 우려하기 때문이다. 하지만 일반적으로 높은 학벌을 선호하는 풍토는 분명 존재하고, 심지어 일부 기업은 상위권 대학별 쿼터를 운용하는 회사도 있다는 사실까지 부인하기는 어렵다.

이처럼 뿌리 깊은 학벌주의가 남아 있기는 하지만 최근 일부 기업들이 '고졸채용'이나 지방대 출신들을 별도로 채용하는 등 '학력파괴', '학벌파괴'의 여러 시도를 하는 것으로 알고 있다. 쉽게 많은 것들이 바뀌지는 않겠지만, 이런 '학벌주의'가 결코 바람직한 현상만은 아니기 때문에 '사람을 보고, 능력에 맞게 채용하는 바람직한 채용 문화'가 만들어지길 기대해본다.

② 태도(성격)

'모난 돌이 정 맞는다'라는 속담은 국내 기업들의 행태에서는 적절한 표현이다. 간혹 기업 광고 속에서는 튀는 사람을 선호한다는 경우도 있지만(대부분의 광고는 튀어야 하므로 자극적 문구를 사용하기 마련이다), 속내를 들여다보면 대체로 지나치게 나서는 사람보다 조직 내 다른 사람들과 잘 융화할 수 있는 사람을 선호하는 경향이 있다. 어디서건 자신의 의견을 똑 부러지게 말할 수 있는 사람이 매우 스마트하고, 똑똑해 보이기는 하나, 지나치게 그런 성향이 강한 경우 조직 내 인화(人和) 단결에 문제를 발생시키거나, 전체적인 회사 분위기를 해칠 수 있다고 생각하기 때문에 그런 것 같다.

물론 업종에 따라 다를 것이다. 광고, 엔터테인먼트 같이 창조력이 필요한 직종의 경우 개성적이고 튀는 성격이 맞을 수도 있다. 하지만 어떤 업종이든 회사는 개인보다는 조직, 시스템이 일을 하는 곳이기에 아무리 실적이 좋은 직원이라도 그 사람의 성향 때문에 문제가 생겨 많은 직원이 어려움을 겪는 것을 회사가 지켜보지만은 않는다. 물론 태도를 바꾸도록 권고할 수는 있으나 타고난 성격을 바꾸기에는 불가능한 것 같다. 조직문화를 만드는 것은 매우 어렵지만, 망치는 것은 한순간이라는 것을 많은 경영자는 알고 있다.

국내 기업들의 최대 약점 중 하나는 조직 내 의사소통과 유연성의 부족이다. 직원들이 자신의 의견을 잘 표현하지 못하고, 상사 의견에 막연히 동조하는 경향은 회사에도 별로 도움이 되지 않는다. 많은 국내 기업들에서 이런 현상이 생기는 것은 과거 이런 상황에서 자신의 의견을 말하다 득보다는 손해를 많이 경험했던 '학습효과' 때문이라고 생각한다.

경영자들은 누구나 의견이 있으면 언제든지 말하라고 하지만 이런 말이 대부분 '립서비스'임을 직원들은 잘 알고 있다. 아무 눈치를 보지 않고 언제나 자신의 의견을 말할 수 있는 조직은 그리 많지 않다. 외국 영화를 보면 상사 책상에 걸터앉아 업무 얘기를 자연스럽게 하는 광경이 아직 우리에겐 낯설다. 이런 기업문화는 직원들에게 강조하는 창의성, 적극성과는 별개로 아직 한국은 눈치껏 분위기나 상황에 맞게 행동해야 손해를 보지 않는 사회인 것 같다.

③ 비전 vision 일치

"사람은 누구나 꿈을 가져야 하고, 그 꿈을 이루기 위해 노력해야 한다"는 명제에 동의하지 않을 사람은 없을 것이다. 회사원이라는 직업은 개인의 꿈과 비전을 이루기 쉽지 않은 직종이다. 자유직업이나 교수 등의 경우 모든 역량을 자신의 성장을 위해 집중할 수 있는 여건이 되지만, 일반 회사원들이 항상 조직에 얽매여 살다 보면 개인적 성취를 이루기 쉽지 않기 때문이다. 대학교수들은 종일 자신의 연구에만 몰두해도 아무런 문제가 없고, 실력 있는 학자라는 말을 듣지만, 회사원들은 온종일 오롯이 시간을 회사에 바쳐야 한다.

어떤 개업한 피부과의사가 15년 동안 하루도 쉬지 않고 일요일에도 진료했고, 동료 의사들에 비해서 5억 이상은 더 벌었을 것으로 확신한다는 말을 들으면서 난 당연하다는 생각을 하였다. 일한 만큼 자신의 수입이 된다면 휴일 없이 일하는 것도 즐거운(?) 마음으로 할 수 있지 않을까?

만일 평범한 회사원이라면 그럴 수 있을까? 필자는 불가능하다고 본다. 회사에 따라 휴일근무수당을 주는 회사도 있지만, 그 금액이 얼마 되지도 않고, 그마저 제대로 주지 않는 회사가 널린 마당에 개인 시간을 희생해가면서 휴일근무도 마다치 않기는 쉽지 않은 일이다. 전문직이 아니라면 개인의 꿈과 조직 이해가 상충될 소지가 많다. 일부는 자기 계발을 위해 대학원을 다니기도 하지만(복지가 좋은 기업의 경우 MBA 등의 교육기회를 주는 경우도 있기는 하다) 이는 극히 일부이고 대부분 조직에서 회사 일과 개인 학업을 병행하는 것은 매우 어렵다.

이렇게 회사 입사 후에도 학업이나 국가고시에 미련을 버리지 못한 경우 조직에 적응하기 쉽지 않은 것 같다. 우수한 역량을 가지고 있지만, 마음속에 다른 생각을 하고 있기 때문에 조기 퇴사로 이어질 가능성이 크다. 가장 좋은 것은 회사업무와 연관된 일이 개인의 꿈과 연계되는 것이다. 방송인들이 언론대학원에 진학한다든지, 인사노무담당이 공인노무사 자격을 취득한다든지 하는 것은 회사 일과 개인의 꿈이 연결되는 매우 바람직한 사례이다.

회사는 사업을 하는 곳이다. 쉽게 말해 사업은 장사이고 장사꾼은 이익에 집착하기 마련이다. 이익을 내려면 비용을 줄여야 한다. 수익을 내는 것은 시장 환경이 녹록지 않기 때문에 쉽지 않다. 이 경우 비용을 줄이는 선택을 하는 회사들이 많다. 중소기업으로 갈수록 자린고비 구두쇠형 사업주들이 많은 이유이다.

개인적으로 반드시 꿈은 가져야 한다. 하지만 회사 일도 열심히 해야 한다. 개인과 회사 간 비전, 꿈의 연관성을 찾기 어려운 경우에도 일단은 "업무를 열심히 배워 회사에 기여할 수 있는 사람", "해당 분야의 일인자가 되어 회사와 비전을 공유하는 전문가"가 되겠다는 각오가 필요하다.

개인적 성취를 위해서라도 회사, 주변 사람들과 좋은 관계를 유지하고, 불필요한 갈등을 피하는 게 좋다. 혹시 아는가? 자신의 꿈을 이루는 데 도움을 줄 사람들이 생기기도 하기 때문이다. 살다 보면 언제, 누구에게 도움을 받게 될지 모른다.

④ 용모 appearance

"회사가 용모를 전혀 보지 않는다"는 말을 그대로 믿을 사람은 아무도 없다. 관상쟁이가 아니더라도 경험적으로 그 사람의 얼굴을 보면 많은 것을 느끼게 된다. 특히 나이가 든 사람의 얼굴은 더 그렇다. '나이 40살이면 자신의 얼굴에 책임을 져야 한다'는 말은 얼굴에 나타난 개인 이미지가 얼마나 중요한지를 강조하는 것이다. 그 때문에 회사가 직원을 채용할 때 고객에게 호감을 주는 인상을 선호하는 것은 자연스럽다. 특히 서비스 직종에서 더욱 그런 경향이 있는 것 같다.

서구사회는 직업을 보는 관점이 '직무 중심'이다. 단지 외모로 사람을 판단하거나 차별하는 일은 상상하기 어렵다고 한다. 하지만 한국은 외모가 중요한 역량 중 하나로 인식되고 있는 듯 보인다. 즉, 차별까지는 아니지만 뭔가 같은 조건이라면 더 선택하고 싶은 조건으로 외모를 인식하고 있는 것 같기 때문이다. 이런 사회 분위기 속에서 세계적인 기술 수준을 자랑하는 한국의 성형외과 의사들이 '어머니 날 낳으시고, 원장님 날 만드셨네'라는 광고까지 내세우며 많은 여성을 성형의 세계로 안내하고 있는 현실은 씁쓸하지만 나름의 충분한 이유가 있다고 본다.

용모를 중시하는 경향이 여성에게만 해당하는 것은 아니다. 얼마 전 외식사업에서 성공한 방송인 홍석천 씨가 자신의 성공비결로 '젊고 잘생긴 남자 종업원'을 고용한 것이 주효했다는 말이 단순한 방송용의 농담만은 아닌 것 같다. 변두리 국밥집이 아닌 많은 젊은 여성이 찾는 레스토랑의 종업원을 채용하는데 주변에 흔히 볼 수 있는 후줄근한 등산복 차림의 중년 아저씨를 고용한다면 과연 장사가 잘 될까?

이렇게 용모를 따지는 것은 사업을 잘하기 위한 현실적인 부분도 있는 것 같다. 물론 용모가 뛰어나다고 일을 잘하는 것은 아니다. 단지 사업주 입장에서 특별한 비용을 들이지 않고도 고객에게 좋은 인상을 주는 수단으로 용모를 보는 것이다. 물론 그런 경향에 대하여 반발하는 이들도 많고 앞으로 그런 인식이 개선되어야 한다. 용모보다 인성을 보는 사회가 되도록 노력해야 함은 당연하다. 단정하고 깨끗한 이미지를 가지고 자신감이 넘치는 청년이라면 굳이 그런 사회적 인식에 구애받지 말고, 성형에 의지하지 않아도 항상 당당하기를 기대해본다.

⑤ 가족사항 family background

입사지원서상 지원자 본인 외 가족 이력사항 등 개인정보를 입력하도록 하는 부분에 대하여 많은 논란이 있다. 심지어는 가족의 재산상황까지도 기재하도록 하는 등 불필요하고 과다한 정보를 요구하는 경우가 있다. 영문 이력서(resume)에는 가족사항에 대한 언급이 전혀 없는 것은 물론 지원자 사진도 붙이지 않는 것과는 다르게 한국 기업들의 입사지원서는 지나치게 많은 개인 정보를 요구하고 있는 것이 사실이다. 더구나 요즘처럼 개인정보의 유출에 민감한 사회 분위기에서 입사지원서는 개인정보의 보고(?)이다. 지원서 관리를 허술하게 하는 회사의 경우 그 개인정보의 안전성을 장담하기 어려운 실정이다.

회사에서는 서류전형을 위해 여러 부서장이나 직원에 이르기까지 입사지원자 정보를 공유하는 경우가 많다. 인사부서에서 그런 이력서의 안전한 파기를 요청하고 있지만 일일이 확인하기엔 무리가 있다. 문제는 가족사항, 그것도 부모·형제의 직업, 주민등록번호, 근무처, 재산상황 등의 정보까지 과연 회사가 참고할 만한 정당한 사유가 있는가이다. 물론 세세한 가족정보를 통해 다소 도움이 되는 경우도 있다. 온 가족이 모두 외국에 거주하는 경우 한국 직장에서 적응 문제가 발생하기도 하고, 회사업종이 부모 직업과 연관성이 있는 경우 호감을 주는 경우도 있다. 하지만 대부분 불필요한 정보가 많다. 입사 후 제출하게 될 입사구비서류(주민등록등본, 가족관계증명서 등)로 충분히 확인 가능한 것을 굳이 채용도 확정되지 않은 지원자에게 여러 구비서류와 함께 개인정보를 요구하는 것은 분명 '갑'의 편의만 생각하기 때문이다.

발상을 전환하여 차라리 온라인 입사지원서에 가족사진을 업로드하게 한다면, 그 지원자를 파악하는 데 많은 도움이 될 수 있을 것으로 생각한다. 과거 그런 경험이 있었는데 가족사진, 친구사진을 보면 그 사람을 파악하는 데는 아주 유용하다고 생각한다. 허수지원을 방지하는 효과가 있음은 물론이고 특히 가족사진은 그 사람의 일생에 대한 매우 특별한 느낌을 준다는 것을 알게 되었다. 최근에는 굳이 하드카피로 받을 이유도 없고, 사진파일을 업로드만 하면 되기 때문에 비용도 들지 않는다.

가장 답답한 조직들은 공공기관, 대학 등 관료적 색채가 강한 조직들이다. 대학직원 채용요강을 보면 아주 가관이다. 최종학교 졸업증명서, 성적증명서는 물론 고교 생활기록부까지 요구하는 곳을 보았다. 알다시피 이런 증명서류를 발급받으려면 꽤 비용이 든다. 고교 생활기록부를 발급받기 위해 직접 방문을 하거나, 팩스 신청을 하는 등 비용은 물론 그 불편함은 이루 말할 수 없다. 이런 대학직원 채용에는 보통 수천 명 이상 지원할 터인데 과연 그 많은 사람이 이런 불편함을 감수하도록 하여 대학 당국이 얻는 이익이 과연 무엇일까?

추후 입사가 확정된 사람에게만 요구해도 될 각종 서류를 굳이 최초 서류전형 단계에서 보겠다는 그 심보를 이해하기 어렵다. 서류위조, 부정시비 등을 방지하기 위함일 것으로 추측은 되나, 채용담당 입장에서 그런 사유는 전혀 이해되지 않는다. 물론 서류위조를 방지하기 위한 노력은 당연히 해야 하겠지만, 이는 대학 당국이 할 일이지, 모든 부담을 지원자에게 전가하는 것은 무책임한 일이기 때문이다.

이처럼 한국의 기업, 공공기관들이 회사 입장만 생각하여 지원자에게 무리한 정보를 요구하는 것은 이제는 반드시 시정되어야 한다. 최근 일부에서 '학력사항'을 표시하지 않고 '블라인드 면접(blind interview)'을 하는 사례는 바람직한 시도라고 생각한다. 앞으로 더 많은 개선, 변화가 있기를 바란다.

⑥ 병역 military service

병역문제는 국민 감정상 매우 민감한 사항이다. 인기 절정의 가수였던 유승준, 엠씨몽 씨의 사례와 같이 최근 연예인들도 정상적으로 병역을 마치지 않으면 치명적인 불이익을 받는 사례가 많아졌다. 물론 지극히 당연한 일이다. 많이 알려진 문제지만 재력, 권력이 있는 경우 현역으로 군 복무를 한 사례가 거의 없었다는 점이고, 이는 기득권층이 당연히 해야 할 의무를 제대로 하지 않고 있다는 점에서 사회적 지탄을 받고 있는 것이다. 최근 조금은 달라졌다고 하지만 그래도 잊을 만하면 병역비리문제가 터져 나오는 것을 보면 아직도 그런 특혜를 받는 계층이 존재하는 것 같다. 병역문제는 한국이 가진 특수한 상황에서 모든 국민이 평등하게 나누어 가져야 할 의무이므로 특혜가 있으면 안 될 것이다.

문제는 정부가 의무를 성실히 수행한 사람들에게 충분한 보상을 해주지 않고 있다는 것이다. 보상은커녕 오히려 역차별까지 받는 억울함이 있다. 한국의 상류층이 항상 롤모델로 하고 있는 미국만 해도 모병제이기는 하지만 입대와 동시에 대학진학, 생활비지급은 물론 누구나 바라는 미국 시민권까지 취득할 수 있는 다양한 혜택을 부여하고 있다.

반면, 한국은 눈부신 20대 초반 2년이라는 결코 적지 않은 기간을 갖은 고생을 하며 복무한 것에 대한 보상, 혜택은 없고 일부 여성 운동가들의 왜곡된 시각이 그대로 언론에 보도되어 수많은 복무자의 분노를 불러일으킨 상황도 있었다. 지금도 많은 이들의 마음속에는 "현역 군 복무를 하면 손해다"는 정서가 분명히 있다. 과거에는 공무원시험에 군 복무 가산점이 있었으나 위헌판결을 받아 폐지되었다. 이후 한국처럼 치열한 경쟁사회에서 많은 시간을 거의 무상으로 나라에 바친 이들에 대한 보상이 거의 전무한 상태이다.

최근 숙명여대, 성신여대 등 일부 여대에서도 여성 ROTC제도가 생겨 장교를 배출할 예정이고, 이미 각 사관학교에서는 오래전부터 여성들이 우수한 성적으로 졸업 후 각 부대에 배치받아 직업군인으로 활약하고 있다고 한다. 그렇다면 남자, 여자를 가리지 말고 나라를 위해 봉사하거나, 군 복무를 한 경우 이에 합당한 대우를 당연히 해주어야 할 것이다.

기업에서도 과거 군 복무자에 대한 가호봉 부여 등 우대 제도가 없어진 것은 대단히 잘못된 일이다. 사업주 입장에서는 비용절감이 되기에 마다치 않겠지만, 그나마 있던 작은 혜택조차 사라지는 것을 보면 한국이 얼마나 형편없는 나라인지 알 수 있다(최근 일부 공익근무요원들이 소를 제기하여 군 복무 기간에 호봉분 인정을 받게 되었다는 기사를 본 적이 있다. 당연한 결과라고 생각한다).

개인적으로 한국은 더 늦기 전에 빨리 모병제 전환을 검토해야 할 시점이라고 생각한다. 최근 교육 분야에서는 수월성 교육이 화제가 되고 있다. 수월성 교육은 어떤 특정 분야의 인재를 양성하기 위한 교육을 말하는 것인데 지금처럼 평균적인 학교, 평균적인 학생을 만들어내는 교육시스템에는 상당한 문제가 있다는 것이다. 영재교육과는 다른 차원이지만 특별 교육프로그램을 적용하여 차별화된 인재를 양성하자는 의미라고 한다.

수십 년 동안 남북이 대치한 휴전상태인 한국에서 국방은 무엇보다 중요하다. 하지만 언제까지 6·25 때나 쓰던 수통을 소총수 병사들에게 지급하며 육군 숫자로만 전쟁을 하겠다는 전근대적 사고방식을 가지고 있을 것인가? 지금 우리는 버튼만 누르면 반경 수십 킬로미터 내가 초토화되어 모든 생명을 전멸시킬 수 있는 엄청난 무기들이 배치된 시대에 살고 있다. 자위대가 북한처럼 수백만의 병력은 없지만, 일본이 북한과 전쟁을 하여 질 것으로 생각하는 군사전문가는 아무도 없다. 일본은 최첨단의 공군력, 해군력을 가진 세계 최고 수준의 군사대국 중 하나이다.

그런데 왜 유독 한국만은 징병제를 계속 고집하는지 그 이유를 알 수가 없다. 육군 숫자를 계속 유지해야 하는 일부 기득권층의 미묘한 이해관계가 연관되어 있을 것으로 추정할 뿐이다. 21세기에 군이 군 복무에 적합하지도 않은 사람들을 전과기록까지 만들어주며, 문제가 많은 징병제를 계속 유지하려는 것은 시대착오적이다. 모병제하에서도 군을 마친 이들에게 취업, 승진 등에 있어 다양한 인사상의 혜택을 준다면 결코 군을 기피하지 않고 우수 인재들이 군으로 모일 것이다. 얼마든지 포지티브한 좋은 방안이 있다는 말이다.

어쨌든 현실적으로 과거보다 병역이수 여부에 대해 기업이 까다롭게 하지는 않지만, 어찌 되었든 여러 사유로 면제를 받은 경우 사전에 지원자 본인이 근무에 전혀 지장이 없다는 것을 확인하는 것이 필요하다. 병역이수 여부가 당락까지 좌우하는 경우는 별로 없다고 보지만 일부 회사, 특수직종의 경우 면제사유가 분명치 않거나, 건강상 문제에 대하여는 그 사유를 꼼꼼하게 확인하는 경우도 있으니, 사전에 충분히 소명하는 것이 좋겠다.

⑦ 어학 foreign language

우리나라 학생들이 정규교육과정 중 어학에 투자하는 시간은 엄청나다. 누군가 서울대 도서관에서는 학생들이 주로 어떤 공부를 하고 있는지 유심히 보았는데 대부분 토익공부를 하고 있고, 심지어 예체능계열 학생들까지도 영어공부를 하고 있더라는 말이 들린다. 하지만 특별한 경우가 아니면 졸업 후 회사에 들어와서 영어를 쓸 일은 거의 없다. 기업이 영어로 논문을 쓰는 학교, 연구소도 아니고, 업무 성격에 따라 이메일, 전화통화, 상담 등에 큰 지장이 없는 수준이면 충분하다. 그럼에도 학생들이 주로 외국어 학습에만 열을 올리고 있으니 참으로 난감하다.

근본적인 문제는 채용 시 기업에서 외국어능력을 주요한 스펙으로 보기 때문이다. 특히 '토익' 같은 시험은 선별을 쉽게 할 수 있는 객관적 척도가 된다. 한국의 채용 경쟁시장에서 토익이 의미 있는 스펙이 된 지는 꽤 오래되었다. 물론 토익 등 어학성적이 상향평준화되어 변별력은 많이 떨어졌다. 기업에 따라 다르겠지만, 토익으로 합격이 좌우되지는 않는 것 같고, 내부기준만 통과한다면 별문제 없으리라 본다.

오히려 실제 회화를 좀 더 연마하기를 권하고 싶다. 굳이 해외연수를 다녀오지 않더라도 국내에서 얼마든지 회화를 잘하는 사람들이 있고, 실제 면접에서도 영어회화를 잘하면 좋은 인상을 주기 때문이다. 제2외국어는 무역 등 관련 분야에서 꼭 필요한 경우에 유효하다. 전공을 했더라도 전혀 업무와 관련 없는 경우 별다른 장점이 되지 못하기 때문이다. 그 때문에 제2외국어를 효과적으로 활용하고 싶은 사람은 사전에 지원업종의 특성을 잘 파악하는 것이 좋겠다. 잘 모르겠으면 지원회사로 문의하는 것도 좋은 방법이다. 이를 부담스러워할 필요는 전혀 없다. 어쩌면 의외로 좋은 정보를 얻게 될 수도 있기 때문이다.

이상 중요하다고 판단되는 몇 가지 항목을 언급하였다. 물론 다른 많은 확인사항이 있겠지만, 기업마다 문화, 분위기 등이 다르고, 시대에 맞게 변화되는 부분도 있기 때문에 '정답'은 없다. 요구되는 것 중 부당하다고 생각되는 것도 있고, 잘못된 관행도 있지만, 대부분 오랫동안의 기업관행이고 한국적 현실에서 당장은 바꾸기 어려운 부분도 많다. 채용시장은 엄연한 '시장(market)'이다. 시장 중에서도 완전경쟁시장이다. 다수의 기업과 다수의 구직자가 치열하게 구인, 구직 활동을 하고 있다. 그런 의미에서 개인이 자신의 상품가치를 높이기 위해 노력하는 것은 당연한 일이고, 기업이 좋은 지원자를 찾는 것도 마찬가지다.

어쩌면 '정글의 법칙(jungle's law)'과도 같은 시장에서 어떤 계획을 세워, 효율적으로 준비하는 게 좋을지 고민해보았으면 좋겠다.

2) 대기업을 선호하는 이유

(1) 대기업과 중소기업의 차이

> 많은 청년이 유망한 중소기업에 가서 성공신화를 만들었으면 좋겠다. 중소기업도 나름대로 전망이 있고, 본인만 열심히 노력하면 오히려 대기업보다 더 승진도 빠르고, 장점이 많다.

가끔 언론에서 볼 수 있는 이런 무책임한 말을 할 자신이 내게는 전혀 없다. 간혹 정치인이나 사회 지도층(?)에 계신 분들이 비슷한 말을 하는 것을 들어본 적은 있는 것 같은데 나부터도 전혀 공감이 되지 않는 말이다. 인사담당들은 보통 감당하지 못할 말을 쉽게 하지 못한다. 영업은 조금 다른 것 같다. 장사를 잘하려면 없는 말도 만들어 하고, 때때로 립서비스도 하겠지만 필자는 그 필요성을 별로 느끼지 못하겠다. 상식적으로 우수한 학생이 일류 명문대를 가지 않고 하위권 대학을 가려고 하겠는가? 간혹 전액 장학금을 받고 가는 경우도 있겠지만, 극히 일부이다. 취업도 그렇다. 초봉 4~5천만 원을 주는 대기업, 공기업을 마다하고 그 반도 안 되거나 2천만 원밖에 주지 않는 중소기업에 갈 이유가 없다. 연봉뿐만이 아니다. 평생 직장생활 잘하려면 커리어 관리를 잘해야 한다. 그런 측면에서 대기업 경력과 중소기업 경력은 비교가 되지 않는다.

어떤 이들은 중소기업에 가면 여러 다양한 업무들을 경험할 수도 있고, 종합적 업무추진도 해볼 수 있기 때문에 오히려 대기업보다 배울 점이 더 많을 수도 있다고 하는 이들도 있으나, 중소기업에서는 직무이동이 쉽지 않다. 입사 후 이동 자체가 없는 부서가 많은 현실에서 무슨 다양하고 종합적 업무경험을 할 수 있다는 것인지 잘 모르겠다. 실제로 대기업 출신의 중소기업 이직은 흔한 일이지만, 그 반대의 경우는 거의 드물지 않은가?

첫째, 중소기업은 직원 교육이 매우 부족하다. 대기업들은 사내교육을 정해진 교육체계에 따라 철저하게 시키는 편이다. 특히 계층교육(차상위직급으로 승격 시 받는 교육)의 경우 관리자, 리더로서의 자질을 높이기 위해 꼭 필요한 교육인데, 중소기업들은 이런 교육을 제대로 하지 못하는 회사들이 많다. 이런 여러 이유로 중소기업은 관리자급의 좋은 인재를 찾기가 매우 어렵다. 이직률이 높은 까닭도 있겠지만, 삼성처럼 체계적으로 잘 양성된 두터운 관리자계층이 없기 때문에 내부 발탁이 어렵고 외부 영입을 할 수밖에 없다.

둘째, 업무 프로세스나 체계적 업무추진을 해본 직원들이 별로 없다.

"이런 업무는 해본 적이 없는데요?"

"이거 제가 꼭 해야 하는 일인가요?"

"글쎄 잘 모르겠는데요."

"솔직히 자신이 없습니다."

이런 대화는 대기업보다는 중소기업의 부하직원들에게 흔히 듣는 말이다. 대기업은 업무 의욕이 높고, 적극적인 경우가 많다. 힘들지만 한 프로젝트를 맡아 성공적으로 이끌게 되면 충분한 보상도 있고, 다양한 업무 경험도 축적할 수 있기에 서로 나서서 하려는 경우도 생긴다. 하지만 중소기업은 이런 규모가 있는 프로젝트성 업무도 많지 않고, 있다고 해도 잘해야 본전이고, 보상조차 없기 때문에 굳이 새로운 업무에 도전할 이유가 별로 없다. 보상도 없는 추가 업무를 누가 나서서 하겠는가?

대기업은 분야별로 섹션(section)이 세분화되어, 경우에 따라 외부전문컨설팅의 도움을 받기도 하지만 중소기업은 그런 여건조차 되지 못한다. 신입사원 때부터 계획을 세워 추진력을 갖고 체계적인 프로젝트를 해본 경험이 거의 없기에 업무에 대한 자신감도 부족하다. 이는 전적으로 직원들의 잘못이 아니다. 회사가 교육훈련도 해주지 않고, 보상도 없는 조직에서 누가 선뜻 그런 업무를 하겠는가? 비단 중소기업뿐 아니라 일부 대기업에서도 곱씹어볼 필요가 있다.

(2) 중소기업 경영자들이 알아야 할 것

중소기업이라도 직원 교육에 관심이 없지는 않겠지만, 여건상 시간과 비용을 투자할 여유가 별로 없는 회사가 많을 것으로 생각한다. 이 경우 내부직원들이 업무를 체계적으로 배우거나, 규정, 업무프로세스에 따라 일을 하는 것을 경험해보지 못하게 된다. 정황상 충분히 이해는 하지만 일단 이 모든 것은 중소기업 경영자들의 잘못이고 책임이다.

국내 기업들이 유독 삼성 출신 경력직을 선호하는 것은 분명한 이유가 있다. 무엇보다 삼성 출신들은 절차나 프로세스를 지키는 데 매우 익숙해 있다. 대충 절차를 무시하고 사업을 해도 무방하다는 잘못된 인식을 갖고 있는 회사일수록 조직문화가 왜곡되고 굴절되어 있다는 사실을 알고 있는가? 이들이 특별히 우수해서라기보다는 지나칠 정도로 세심하고, 꼼꼼하게 직원을 관리해온 삼성의 기업문화에 대하여 많은 경영자가 호감을 갖고 있는 것이다. 기업은 누구나가 알다시피 이윤을 만들기 위한 조직이지만 다소 시간이 걸리더라도 프로세스와 절차를 준수하려고 하는 노력을 중소기업 경영자 자신부터 노력해야 직원들도 따라올 것이다.

특히 채용의 중요성을 간과하지 말아야 한다. 그 누구보다 바쁜 대기업 경영자들도 절대 빠지지 않는 자리가 바로 신입사원 면접이다. 과거 삼성의 고 이병철 회장은 신입사원을 채용할 때 반드시 면접에 참석했다고 한다. 삼성뿐 아니라 많은 기업의 최고경영자가 면접에 참여하는 사례는 드물지 않다. 바쁜 경영자들이 직접 면접에 참여한다는 것이 결코 쉬운 일이 아님에도 사람에 대한 가치를 우선으로 하고 있다는 방증이다. 바쁘다는 핑계로 면접을 다른 사람에게 미루어놓고, 나중에는 왜 이런 사람을 채용했냐고 힐난하는 사람은 경영자로서 최악이다. 좋은 인재를 채용하고 싶은 것은 이해하지만, 회사의 역량은 생각지도 않고 무리한 요구를 하는 사례도 있다.

중소기업에 맞지 않는 어설픈 스펙보다 올바른 인성을 보고 성실한 사람을 채용하는 게 훨씬 바람직하다는 것을 진심으로 충고하고 싶다. 경영자가 진심으로 사람을 대하는지에 대하여 당신의 직원들은 이미 알고 있다. 좋지 않은 불신이 쌓이면 서로에게 좋지 않다.

(3) 보상의 종류

대기업은 연봉, 복리후생 등 제반 처우가 중소기업에 비해 월등하다. 물론 어떤 중소기업은 대기업 못지않은 처우를 하는 회사도 있겠지만, 일반적인 현상은 아니다. 회사가 직원들에게 해줄 수 있는 보상(compensation)에는 어떤 것들이 있을까? 물론 대표적인 보상은 임금이다. 임금은 매월 정해진 날에 나오는 월급이라고 부르는 급여를 말하는데 기본급과 제 수당 등이 그것이다.

 임금의 구성 ··

1. 월정급여
    기본급(Base Pay) + 제 수당(Allowances) + 초과근로수당

2. 특별급여
    상여금(고정상여/변동상여), 퇴직금

3. 부가급여
    제 복리후생제도(Benefits)

··

임금의 정의는 사용자가 근로의 대상으로 근로자에게 지급하는 일체의 금품을 의미하는데 기본급은 말 그대로 기본이 되는 임금이다. 기본급을 정하는 방식은 호봉제, 연봉제 등 급여체계에 따라 다르고, 회사마다 차이가 있다. 제 수당의 경우에도 직종, 회사에 따라 천차만별이고 그 종류도 많다. 공무원들의 수당체계가 매우 복잡한 것으로 알려져 있는데, 일반적으로 직무수당, 근속수당, 직책수당, 가족수당 등이 있고 연봉제인 회사의 경우 수당을 축소하거나 폐지하는 경우도 있다. 초과근로수당은 법정수당이며 시간 외, 야간, 휴일 등에 근로를 하게 되면 법적인 요건에 따라 부여되는 수당을 말한다.

상여금(보너스)도 회사에 따라 다르다. 고정상여는 명절이나 정기적인 시점을 정하여 고정적으로 지급하는 상여를 말하고, 변동상여는 일종의 성과급제이다. 회사의 이익 수준에 따라 개인에게 지급하는 개인성과급이 있고 팀, 조직 등 집단에게 지급하는 집단성과급이 있다. 매년 일부 대기업들이 성과급 잔치를 벌이기도 한다는 기사를 본 적이 있을 것이다.

부가급여는 일종의 복리후생이고 많은 제도가 있다. 복지가 잘되어 있는 회사는 다양한 혜택을 직원들에게 부여한다. 회사에서 가입하는 4대 보험도 중요한 복리후생제도의 하나이다. 물론 정부에서 가입을 강제하기 때문에 법정 복리후생이라고도 한다.

복리후생제도는 회사마다 다양하지만, 주요 사항을 참고하기 바란다.

 주요 복리후생제도 ··

1. 주택 지원(사택지원, 주택자금대출 지원 등)
2. 의료 지원(임직원 단체보험, 건강진단, 입원, 수술 등 제 의료비 지원)
3. 문화생활 지원(회사콘도 지원, 사내동호회 지원, 클럽회원권 지원, 체력단련 지원)
4. 특정일 선물 지원(명절선물, 생일선물, 근로자의 날 선물, 창립기념선물 등)
5. 학자금 지원(초, 중, 고, 대학 자녀학자금 지원 등)

6. 경조사 지원(임직원 경조사 시 지원)
7. 교통비 지원(법인차량 지원, 차량유지비, 유류비, 주차비 등 지원)
8. 통신비 지원(핸드폰 지원, 핸드폰사용료 지원 등)
9. 자기 계발 지원(직원 개인 교육비 지원 등)
10. 기타 지원(사내 스트레스관리프로그램 지원 등)

(4) 대기업과 중소기업의 극심한 임금 격차

아무리 보상의 종류가 많다고 해도 대기업, 공기업이 아닌 중소기업, 특히 최저임금 수준의 급여만을 간신히 주는 기업의 직원들에겐 이 같은 보상제도는 꿈같은 얘기이다. 보상, 처우는 약간의 차이만 나더라도 상대적 박탈감을 느끼기 쉬운 민감한 부분이다. 같은 조건인 경우 주변 사람과 단돈 만 원의 차이가 나더라도 기분이 달라진다. 하지만 이미 대기업, 중소기업의 격차는 상상을 초월할 정도로 현격한 차이를 보여주고 있다. 특히 노조가 있는 대기업들은 단체교섭을 통해 최고 수준의 처우를 받는 회사가 늘어난 반면, 일부 중소기업들은 회사의 일방적인 처우 결정으로 열악한 입장이다. 극단적으로는 중소기업 부장, 임원급이 대기업 신입 초봉보다 못한 경우도 많은데 이는 사실이다.

갓 대학을 나온 신입이 대기업에서 4~5천만 원의 초봉을 받는데, 경력 20년이 넘는 부장, 임원급이 중소기업이라고 해도 4천만 원 내외를 받는다면 상당히 비정상적인 구조이다. 기업별 손익 규모가 다르다고 해도 지나친 차이라고 본다. 같은 대학을 나왔어도 졸업 후 어떤 회사를 들어갔는지에 따라 20~30년을 근속했을 때 임금격차는 엄청난 차이를 보여준다. 한국사회처럼 많은 이들이 자녀의 교육에 전념하는 사회구조 속에서 그 자녀들의 직장선택에 따라 경제적 수준이 크게 달라지는 것은 중요한 의미를 갖는다.

대기업과 중소기업의 임금격차 시뮬레이션

각각 대학을 졸업하고 대기업과 중소기업에 입사한 사람들이 20년을 근속했을 경우 얼마나 많은 소득격차가 날지를 추정하는 것은 많은 변수 때문에 정확한 측정이 불가능하다. 개별기업마다 임금수준이 천차만별이고, 중간에 승진, 직장이동 등의 사유로 보상수준이 얼마든지 달라질 수 있으며 그 외에도 개인에 따라 많은 변수가 존재하기 때문이다. 하지만 여기서 추정코자 함은 이제 막 직장생활을 시작할 예비 직장인들이 대기업과 중소기업에서 직장생활을 지속하는 경우 얼마나 많은 임금격차가 날 수 있는지를 추정하여 실감 나는 현실을 전달하기 위함이다.

추정 전제조건

대기업 입사자 A(27)와 중소기업 입사자 B(27)는 동갑으로 같은 대학, 같은 과를 졸업하였다. A는 졸업 후 대기업 C에 입사하여 만 20년을 근속하였고, B는 중소기업 D에 입사 후 마찬가지로 같은 회사에서만 20년을 근속하였다. 두 사람 모두 같은 해 승진을 동시에 한 것으로 가정하였다. 단, 매년 연봉인상률은 대기업 C는 연간 6%, 중소기업 D는 3% 인상으로 가정하였다. 직급별 임금수준은 필자가 일반적이라고 생각하는 수준을 임의대로 설정하였다.

대기업과 중소기업의 연봉 차이(예시)

● 참 고

1. 같은 대학을 나와, 같은 시기에 입사하고, 같은 시점에 승진한 경우로 예상함.
2. 급여인상률은 대기업은 연 6%, 중소기업은 연 3%로 가정함.
3. 단순 연봉만 비교했으며, 성과급, 간접비, 복리후생 등을 감안 시 격차는 훨씬 벌어질 수 있음.
4. 각 개별기업의 임금수준에 따라 차이가 있을 수 있음.

직 급	급 수	근속연수	승 진	대기업 연봉	중소기업 연봉	차 이
부장	11					
	10					
	9					
	8					
	7	20년		11,222	5,027	6,196
	6					
	5	19년		10,587	4,880	5,707
	4					
	3	18년		9,988	4,738	5,250
	2					
	1	17년	부장 승진	9,423	4,600	4,823
차장	9	16년		8,923	4,502	4,420
	8					
	7	15년		8,417	4,371	4,047
	6					
	5	14년		7,941	4,244	3,697
	4					
	3	13년		7,492	4,120	3,372
	2					
	1	11년	차장 승진	7,067	4,000	3,067

과장/대리/사원						
과장	7	10년		6,567	3,715	2,852
	6					
	5	9년		6,196	3,607	2,589
	4					
	3	8년		5,845	3,502	2,343
	2					
	1	7년	과장 승진	5,514	3,400	2,114
대리	7	6년		5,014	3,060	1,955
	6					
	5	5년		4,730	2,971	1,760
	4					
	3	4년		4,463	2,884	1,579
	2					
	1	3년	대리 승진	4,210	2,800	1,410
사원	5	2년		3,710	2,369	1,341
	4					
	3	1년		3,500	2,300	1,200
	2					
	1	입사				
계				130,809	71,089	59,721

앞의 예시에 따르면 입사 20년 후 A와 B가 만 47세가 될 때까지 대기업 출신 A는 B보다 6억 원 이상의 소득을 추가로 올릴 것으로 예상된다. 6억 원이면 현재 수도권의 아파트 1~2채에 해당하는 큰 금액이다. 더 큰 문제는 여기서의 단순 임금비교 외 복리후생의 격차가 매우 심하다는 것이다. A는 위에서 언급한 다양한 복리후생제도의 수혜를 받을 수 있지만, B는 그럴 가능성이 거의 없다.

단순한 예를 들어도 대기업 출신 A는 자녀학자금, 주택비 지원만 감안해도 B보다 연간 수백만 원 이상의 수혜를 받게 될 것이다. 더구나 기업에 따라서 차량구입비 지원 등을 받는 회사의 경우 눈에 잘 보이지 않는 복지 혜택의 차이는 한도 끝도 없는 큰 차이가 난다. 이렇게 큰 차이가 나는 것은 한국의 경제 구조적인 문제이기도 하다. 공기업, 대기업 정규직의 경우 지속적으로 큰 수혜를 받는 구조이고, 중소기업 근로자는 적은 임금 외 별다른 혜택을 기대할 수 없기 때문이다. 더구나 이런 격차는 해마다 벌어지고 있다.

이 문제를 조금이라도 해소하려는 의지가 있다면, 정부에서 방만한 공기업은 물론 수출대기업 위주의 정책을 지양하고, 중소기업 근로자들에게 실질적 혜택이 더 돌아갈 수 있는 복지정책을 고민해야 할 것이다. 퍼주기식의 무상복지정책은 양날의 칼이다. 이미 기업 등에서 비슷한 복지혜택을 수혜받고 있는 사람들에게까지 세금으로 지원해줄 필요가 있을까? 오히려 사각지대에 있는 중소기업 근로자들에게 실질적인 혜택을 주는 것이 더 효과가 있을 것이다. 대기업, 중소기업 간 격차는 이미 사회적 문제가 되고 있고, 앞으로도 더 심화할 것이며, 갈등의 골까지도 깊어질 것으로 예상된다.

3) 중소기업의 구조적 문제

이런 현격한 차이를 보면 중소기업 종사자들은 사기가 많이 떨어질 것으로 생각한다. 사실 언급한 것보다 이들의 실상은 더 힘들고 어렵다. 우리 주변에 대기업들만 있는 것 같지만, 실제는 대부분의 기업이 중소기업이고, 고용도 중소기업 위주의 채용이 이루어지는 것이 현실이다. 중소기업이 한 단계 도약하지 못하면 곤란하다는 말이고, 정부도 강조하지만 중소기업이 잘되어야 나라가 잘된다는 당위성은 충분하다. 어떤 정권을 막론하고 기본적인 정부의 정책기조가 수출대기업 위주이기 때문에, 중소기업은 대기업의 하청구조로 실적을 뒷받침하고 올려주기 위한 보조역할에 국한되어 있었다. 대기업들이 자신들이 잘해서 성장한 줄로만 알고 중소기업 위에 군림하는 '갑'으로서 마른 수건을 쥐어짜는 식의 이윤축적을 해온 것도 사실이다.

중소기업은 업종별 상시 근로자 수, 자본금 또는 매출액의 규모 등에 따라 제조업, 건설업, 운수업 등은 상시근로자 수 300인 미만, 서비스업 등은 50인 미만을 중소기업으로 규정한다. 실제 중소기업은 대부분 50~100인 미만의 직원들로 구성되어 있다. 50인 미만은 소기업, 100인 이상은 어느 정도 규모를 갖춘 회사라고 볼 수 있다.

경영에 있어서도 대기업 집단의 경우 오너가 지주회사나 컨트롤타워 역할을 하는 조직의 장을 맡고, 계열사별 경영은 주로 내·외부 전문경영인에게 맡기는 것과 다르게 중소기업은 모든 경영을 오너일가가 직접 하는 경우가 많다. 특히 중소기업에 가면 오너가족, 친인척들이 주요 보직을 차지하고 있는 경우가 더욱 두드러진다. 그 이유는 외부 전문경영인에 대한 비용부담이나 신뢰성 문제로 인해 그래도 믿을 건 가족밖에 없다는 인식을 가지고 있기 때문이다.

공기업, 공공기관은 대주주가 정부이고, 주인이 없는 회사이다 보니 경영자를 정부에서 임명, 추천한 인물이 맡는 경우가 대부분이다. 이들은 임기가 정해져 있기 때문에 임기 내 해당 공기업의 손익구조보다는 임직원들의 처우, 복지 등을 방만하게 운영할 수밖에 없는 구조. 중소기업들이 오너들이 비용절감을 강조하며 짠물경영을 하는 것과는 매우 대조적이라고 할 수 있다.

대기업 전문경영인들이 오너의 인정을 받기 위해서 단기 실적에 집착하는 경향이 있기는 하지만 직원 보상은 적정 수준 이상을 주려고 하고, 특히 노조가 있는 대기업의 경우 노조의 협상, 투쟁력에 따라 상당히 높은 처우를 주기도 한다. 주인 없는 공기업은 적자투성이임에도 불구하고 해마다 성과급 잔치를 벌여 여론의 질타를 받기도 한다. 하지만 중소기업 오너들은 대체로 초창기 밑바닥부터 시작해 자수성가한 이들이 많다. 항상 자금난에 시달리며 금융기관에 아쉬운 소리를 하는 입장이기에 직원보상은 가장 뒷전이다. 이런 습성이 남아 어느 정도 회사가 성장하여 이익이 나더라도 직원들에게 혜택을 주는 것보다는 항상 어려움만 강조하는 회사들이 대부분이다.

한국의 중소기업들은 독자적 기술력이나 영업망을 갖고 홀로서기를 하는 회사보다, 대기업의 벤더들인 경우가 많아 구조적으로도 영업이익을 올리기가 쉽지 않다. 최근 부당한 '갑을관계'에 관한 논란이 있지만, 오래전부터 대기업들은 항상 '갑'의 입장에서 자신들의 부담을 다양한 방법으로 '을'인 중소업체에 전가하여 왔다. 현실이 그렇다 보니 많은 중소기업이 직원에게 간신히 최저임금 수준의 급여만 지급하고 다른 복리후생은 꿈도 꾸지 못하는 회사들이 많은 것이다. 이는 대기업의 먹이사슬구조에서 가장 최하위단으로 내려갈수록 더욱 심해진다.

더욱 문제는 일부 중소기업 오너들의 비양심적 행태다. 이들은 직원들과 동고동락하는 바람직한 조직문화를 만들기보다 항상 "인건비를 줄여 이익을 낼 수 있을까?", "정부의 각종 지원금을 더 받아낼 수 있을까?" 등에만 관심을 가진 경우가 많다. 더구나 중소기업은 노조가 거의 없기 때문에('노사협의회'조차 운용하지 않고 형식만 갖춘 회사들도 많다) 직원들의 열악한 처우에도 직원 의사를 대변할 아무런 장치가 없는 경우가 대부분이다. 특히 사회여론, 언론감시 등에서 자유롭다는 장점을 이용해(대기업은 형식적으로라도 언론, 사외이사, 소액주주 등의 견제, 감시를 항상 받고 있다) 일부 사업주들은 회사 경영상황과는 무관하게 호화생활을 하고, 업무상 용도로 사용해야 할 법인카드를 사적으로 유용하는 등 탈세, 횡령, 배임 등에 해당하는 일탈행위를 하는 이들이 많다.

리더가 솔선수범하지 않으면 부하직원들이 따라올 리 만무하다. 이런 분위기에서 직원들이 소속감, 로열티가 생길 리 만무하고, 기회만 생기면 다른 회사로 이직하려는 직원이 생기게 되는 것이다. 이직이 많아지면 업무인수인계를 체계적으로 할 수 없게 되어 충원이 되더라도 업무의 질이 떨어지는 나쁜 근로환경의 악순환이 반복된다. 부정적인 면만 들여다보는 것 같지만 많은 중소기업 사업주들이 좀 더 상식이 통하는 조직을 만들기 위한 변화와 노력이 수반되지 않는 이상, 정부가 아무리 중소기업을 도와야 나라가 산다고 외쳐 봐야 현실은 공허할 뿐이다.

기업은 자신이 자수성가하여 만들었다고 해도, 성장하여 직원들을 두게 되면 자신의 소유물이 아니다. 대주주로서 직원들이 만족하는 회사를 만들기 위해 노력할 책임이 있다. 내 회사에 불만이 있으면 나가면 될 거 아닌가 하는 사업주가 존재하는 한 강한 중소기업은 요원한 얘기이다. 처우가 대기업에 비해 다소 떨어지더라도, 회사가 매뉴얼에 따라 정상적 시스템이 돌아가고, 사업주가 내부 직원들을 위해 다양한 노력을 기울이는 회사라면 굳이 정부가 나서지 않아도 많은 우수한 지원자들이 중소기업으로 몰릴 것이라 확신한다. 부디 한국이 강한 중소기업-강소기업의 천국이 되길 간절히 소망한다.

4) 전문성으로 승부하라

(1) 인생은 새옹지마, 길고 긴 마라톤이다

공기업, 대기업에만 가면 행복이 보장되고, 중소기업에 가면 낮은 처우에 시달리며 우울한 인생을 살아야 할 것 같지만, 반드시 그런 것은 아니다. 인생은 새옹지마(塞翁之馬)이고, 끝까지 살아봐야 한다. 아무리 훌륭한 기록을 가진 선수도 마라톤경기 중간에 낙오하거나 포기하면 소용없다. 별로 좋은 기록은 아니지만 완주한 사람에게 사람들은 더 큰 박수를 보내게 된다.

필자가 직장생활을 시작한 1990년대 초의 일이다. 필자가 대학을 졸업하던 당시에도 지금만큼은 아니지만 대기업에 들어가는 것이 그리 쉬운 것은 아니었다. 공대나 경영대의 경우는 조금 사정이 나았지만, 문과대의 경우 좋은 직장 취업이 그리 녹록지는 않았다. 이미 은행 등 금융권이나 대기업에 취업이 확정된 녀석들은 새로 산 양복에 반짝이는 회사 배지를 달고 폼 잡으며 캠퍼스를 다니고 있었다. 함께 도서관에서 공부하며 불확실한 미래에 대하여 고민하던 이들이 이제 어엿한 사회인으로서 출발하는 것이었다.

졸업식을 앞두고 사은회 모임이 있었다. 번듯한 직장에 취업이 확정된 친구들은 안도감을, 아직 하지 못한 친구들은 진로 걱정을 하며 모이는 자리였다. 먹고 마시며 떠들썩한 가운데 우울한 표정으로 한구석에 앉아 있던 두 명의 친구가 있었다. 아직 취직이 안 되어 그런가 보다고 생각했는데 알고 보니 그건 아니었다. 한 친구는 당당히 행정직 9급 공무원 시험에 합격하여 동사무소에 출근하고 있던 친구였다. 지금은 9급 공무원 합격이 정말 어렵고 사회적으로 인정도 받지만, 그 시절만 해도 주로 고졸이 보는 시험이라 9급 공무원이 되었다고 하면 별로 쳐주지 않던 시절이다. 또 다른 한 친구는 제약사 신약개발사업을 관리하는 한 작은 조합에 취업한 친구였는데, 사실 그 친구는 과 수석으로 졸업할 정도로 우수한 성적을 가지고 있었다. 당연히 대기업에 갈 것으로 생각했던 친구였는데 작은 조직에 간다고 했을 때 누구나 의외라고 생각했다.

번듯한 대기업, 금융권에 취업된 친구들이 새로 시작한 회사 이야기들을 하고 있을 때 두 친구는 말없이 소주만 마시고 있었다. 아마 속으로 마음이 조금 상해 있었을 거로 생각한다. 누구는 번듯한 회사에 입사하여 화려하게 보이는데, 칙칙한 동사무소(지금은 주민센터 건물이 아주 좋아졌지만 그때는 시설이 형편없었다)에서 등본이나 발급하는 단순한 일을 하는 자신이 초라해 보일 수도 있었을 것이다.

이제 이십여 년이 지났다. 과연 그때의 대학 동기들은 어떻게 살고 있을까? 조용히 소주만 마시던 그 공무원 친구는 비록 동사무소부터 시작했으나 지금은 구청의 핵심부서에서 제대로 보직을 잡았다. 물론 승진을 거듭하여 구청의 주요 보직자로 전문성을 쌓아 누구보다 안정된 생활을 하고 있다. 대기업에 간 동기들이 구조조정이 될 때 그는 그런 걱정이 전혀 없다. 60세까지 정년보장은 물론이고 퇴직 후에는 공무원연금이 노후를 보장해줄 것이다. 현재 급여 수준도 웬만한 중견기업보다 나은 수준이다. 무엇보다 정신적으로 현재에 매우 만족하며 생활하고 있다고 한다.

과 수석이면서 작은 조합에 간 친구는 현재 우리나라 신약개발을 총괄 지휘, 관리하는 책임자로 승진했다. 연중 많은 시간을 미국 등 해외로 출장을 다니고 있고, 전문성을 인정받아 이제는 그 분야에서 그 친구를 빼고 얘기할 수 없을 정도로 유명한 사람이 되었다. 무엇보다 전문성을 바탕으로 책까지 출판하는 등 전문가가 되었고 언론사에서 신약사업에 관련해서는 반드시 이 친구와 인터뷰를 하고 있고, 제약회사 임원들이 가장 만나고 싶어 하는 인물이 되었다.

반면, 대기업, 금융권에 취직했던 친구들 대부분은 IMF 이후 회사의 부침에 따라 흔들리게 되었다. 구조조정이 되어 현재 어렵게 자영업을 하거나, 회사에 붙어 있더라도 다가올 희망퇴직을 기다리는 경우가 대부분이다. 물론 일부 임원 승진한 사람도 있으나, 이 역시 언제 나갈지 모르는 처지는 마찬가지다. 다소 극단적인 예를 든 것 같으나, 확실히 인생은 새옹지마이다. 현재 잘나간다는 직종이 앞으로 어떻게 될지는 아무도 모른다. 지금 잘되고 있다고 교만할 필요도 없고, 혹시 어려운 처지에 있다고 절망할 필요도 없다.

(2) 관련 분야의 전문성을 쌓는 것이 최선

한국경영자총협회가 전국 392개 기업을 대상으로 '실시한 신입, 경력사원 채용실태 특징조사'에 따르면 신입사원 채용자 100명 기준으로 1년 뒤 재직하고 있는 근로자는 70.6명에 그쳤다. 이런 퇴사율은 중소기업으로 갈수록 더 심각해서 중소기업의 1년 뒤 잔류인원은 52명에 불과했다. 즉, 대기업은 거의 30%, 중소기업은 50%에 해당하는 직원들이 입사 1년 이내에 그만둔다는 말이 되겠다. 대기업과 중소기업의 이직률의 성격은 차이가 있는데 대기업 출신자들의 이직사유는 주로 공무원시험, 진학 등 자기계발이나 더 전망이 있는 분야로 진출하기 위해서가 다수였고, 중소기업 이직자들의 경우 46.6%가 급여, 근무환경 불만이 이직사유였다. 다시 말해 열악한 중소기업의 처우를 견디기 힘들고, 특히 신입직원의 경우에는 먼 미래를 내다볼 때 그런 처우를 계속 받게 될 경우 미래의 불확실성이 높기에 연봉 등 조건을 이유로 퇴사하는 것이다.

이처럼 대기업에 입사했다고 해도 평생을 보장할 수는 없다. 지금 50~60대 이상의 경우에는 다소 전문성이 떨어져도 그나마 회사에서 버틸 수 있었는데, 현재의 30~40대는 절대 그렇지가 않다. 대기업, 중소기업을 막론하고 어떤 조직이든 나만의 전문성을 쌓지 않으면 어려운 상황이 닥칠 수 있다. 누구나 대체가능한 일반적인 업무만 하면서, 고유한 장점이 없다면 언제든 퇴출되어 하위 취업시장을 전전하거나, 정글 같은 자영업시장에 리스키하게 뛰어들 수밖에 없다.

혹시 지금 대기업에 입사하지 못했다고 해서 인생의 시작부터 단추를 잘못 채웠다고 자책하는 이가 있다면 전혀 그럴 필요가 없다고 말하고 싶다. 중소기업의 여러 부정적 측면에도 불구하고, 개중에는 좋은 커리어를 쌓을 수 있는 썩 괜찮은 기업도 있기 때문이다. 그런 '강소기업'에서 전문성을 키워보는 것도 나쁘지 않은 선택이다. 중요한 것은 대기업보다 차별화될 수 있는 전문지식을 개발하여야 한다는 것이다. 한계가 뻔히 보이는 일반 평이한 업무보다 남들이 잘 도전하지 않는 업무를 경험해보는 것도 좋겠다.

자동차부품을 만드는 중소기업에 들어갔다면 적어도 그 회사에서 만드는 부품에 관하여는 세계 누구와 견주어도 가장 많이 아는 사람이 되어야 한다. 삼성그룹의 경영을 총괄지휘하고 있는 최지성 실장이 이공대가 아닌 문과 출신이면서도 밤낮으로 반도체를 공부하여, 똑똑한 삼성의 수많은 이공계 박사들도 꼼짝 못 하게 만들었다는 일화가 있지 않은가?

자신이 다니는 회사의 제품이나 아이템에 대하여 무지한 것은 변명의 여지가 없는 일이다.

골프 관련 업종의 회사에 다니는 사람이 골프를 모른다는 건 회사 일에 별로 관심이 없다는 말과도 같다. 그들은 반드시 골프를 공부해야 한다. 비싼 돈을 주고 골프를 배우라는 말이 아니라, 책을 보든, 인터넷을 보든, 골프에 관하여는 누구보다 해박한 지식을 갖추도록 해야 한다는 것이다. 이 회사에 다니면서 누군가 골프에 관해 문의했을 때 잘 모르겠다는 응답은 정말 프로답지 않은 일이라는 것을 알았으면 좋겠다.

항공사 임원들 중 뛰어난 사람들은 설령 자신의 전문 분야가 아니더라도 이공계 지식이 필요한 항공기 특성에 대해 상당한 양의 자가 학습을 한다. 적어도 한 조직의 리더가 되려면 관련 분야에 대한 해박한 지식을 갖지 않고는 리더십을 발휘할 수 없다. 업무파악도 제대로 안 된 상사가 과연 어떤 지시를 할 수 있겠는가? 관련 전공을 하지 않았더라도 '업'에 해당하는 분야만큼은 어느 누구와도 1시간 이상 토론할 수 있을 정도의 내공을 쌓아야 한다. 그렇지 않고는 요즘 감히 전문가란 말을 꺼낼 수 없을 것이다. 이는 누구나 할 수 있지만 아무나 시도하지는 않는 일이다. 부디 시간을 아껴 여러분만의 '전문성'을 키우기를 당부하고 싶다.

5) 취업에서의 '궁합'

(1) 운칠기삼이라는 말

어떤 일이든 처음 시작은 매우 중요하다. 첫 단추를 잘못 채우면 옷매무새가 엉망이 된다는 말은 맞다. 사실 옷이야 단추를 풀고 다시 채우면 되겠지만, 직장생활의 첫 단추는 의미와 무게가 전혀 다르다. 학교 졸업 후 시작하는 첫 직장생활은 이제 막 데이트를 시작한 연인이나 결혼생활을 시작하는 것과 비슷하다고 생각한다. 배우자를 선택하는 것과 마찬가지로 직장을 선택하는 것도 중요하며, 무엇보다 주변 사람을 잘 만나야 한다. 그런 의미에서 '근묵자흑, 유유상종'이라는 말은 유념할 필요가 있다. 메스의 사용법을 의사가 수술장에서 배우면 환자를 살리지만, 흉악범에게 회칼 쓰는 법을 배우면 같은 범죄자가 된다.

어떤 사람을 만나는가에 따라 인생이 달라지는 예는 정말 많다. 때로는 사람을 잘 만나는 것이 '운'과 연결되어 있는 것 같다. '운칠기삼(運七技三)'이라는 말처럼 운이 7할이고, 재주가 3할이기 때문에 모든 일의 성패는 운에 달려 있다는 말이 있기도 하다. 인기가수였던 박진영은 이젠 굴지의 엔터테인먼트회사를 가진 오너가 되었다. 그가 방송에 나와 운에 대하여 한 말이 있다.

> "저는 운이 매우 좋은 사람입니다. 그런데 이 운이라는 게 내가 결정하는
> 게 아니잖아요? 누군가 내가 이런 성공을 할 수 있도록 도운 존재가 분명히
> 있는데, 그런 운을 가질 수 있도록 말이죠. 저는 그 누군가에게 매달릴 수
> 밖에는 없는 거예요. 정말 신기하죠?"

어떻게 보면 신앙체험적인 말처럼 들릴 수도 있지만, 그의 말대로 운은 개인이 어떻게 할 수 있는 것이 아니다. 물론 성공한 사람들은 기본적으로 치열하게 살았고, 자신이 열심히 노력한 결과이기는 하다. 하지만 비슷한 노력을 기울였는데 누구는 성공하고 누구는 실패하는 것을 도무지 이해하지 못하는 경우가 너무 많이 생긴다. 면접에서도 면접관의 순간적 판단에 따라 합격자를 결정하는 경우가 있다. 대개 면접이라는 게 길어야 30분이다. 그 짧은 시간 동안 지원자에 대한 이미지, 후광효과(halo effect) 등이 면접관 개인마다 천차만별일 것은 당연하다. 객관적인 수치로 표시하기는 어렵지만, 면접관의 평가로 합격자를 결정하는 것이 그 지원자의 '운'과 아예 무관하지 않다고 생각한다.

그래서 성공하려면 운이 따라주어야 한다. 그런데 그 '운'을 불러오는 게 가만

히 있다고 해서 생기는 것은 아니다. 뭔가 몰입을 하거나, 한곳에 집중하는 간절함이 있어야 생기는 것이지 아무런 관심도 없고 시도도 하지 않는 이들에게 운이 찾아오는 것 같지는 않다.

(2) 궁합, 나와 맞지 않는 사람

세상을 살면서 부딪치게 되는 일의 대부분은 '일' 자체 문제라기보다는 '인간관계의 갈등'에서 오는 일들이다. 알다시피 인간은 사회적 동물이므로 사회를 떠나서는 살기 어렵다. 최근 도시생활에 지치고 실망한 이들 중 귀농하는 인구가 많아졌다고 한다. 어떤 이는 속세를 떠나 수도자의 길을 걷기도 한다. 하지만 귀농자든, 수도자든 이들 역시 사람들과의 인간관계에서 죽을 때까지 떠날 수는 없다. 한때 병원에서 가장 기피하던 전공이었던 정신의학과 의사가 최근 가장 많은 주목을 받는 전공과목이 된 이유도 현대인들이 인간관계에서 오는 갈등을 제대로 해결하지 못하는 현상과 무관하지 않다고 본다. 과거와 달리 직장생활에서의 스트레스가 누적되면 그 정도에 따라 정신과 치료를 받아야 하는 경우도 많이 생기고 있다고 한다. 신기한 것은 세상에는 나를 좋아해 주는 사람(또는 나와 얘기가 잘 통하는 사람)이 있는 반면, 특별히 잘못한 일도 별로 없는 것 같은데 나를 싫어하는 사람(또는 무슨 말만 해도 쌍심지를 켜고 덤비는 사람)이 있다는 것이다. 요즘 청년들의 멘토로 유명한 혜민 스님은 이런 현상에 대해 다음과 같은 조언을 하고 있다.

> "사람 여덟, 아홉 명 모이는 모임에 가면 나를 이상하게도 좋아하는 사람이
> 두세 명 정도 있고, 나를 또 처음부터 괜히 싫어하는 사람이 한두 명 있습
> 니다. 이것이 자연의 이치니 너무 상처받지 말고 사시길……."

인간이라는 존재는 참으로 오묘한 것 같다. 아주 매력적인 조건의 여성이 형편없는 남자와 사랑에 빠지는 이유를 과학적으로 설명할 수 없듯이 어떤 이는 나를 좋아하고, 다른 이는 나를 싫어하는 것을 설명하기는 불가능하다. 이런 현상

은 왜 일어나는 것일까? 기본적으로 사람은 '느낌'이 통한다고 생각하는 사람을 좋아하게 되어 있고, 흔히 그것을 '궁합이 맞는다'고 이야기한다. "저 사람은 나와는 생각이 다른데?"라고 간주하게 되면 결코 그 사람과 가까워질 수가 없다.

기업에서도 이런 성향에 따른 차이를 분석하기 위해 MBTI 같은 검사를 하기도 한다. MBTI는 조직 내에서 상사, 부하, 동료 간 성향을 파악하여 서로 간의 궁합을 볼 수 있는 검사라고도 할 수가 있는데, 물론 여러 변수가 많아 신뢰도에 있어 절대적이라고는 할 수 없으나 직무이동 등에 부분적으로 활용하는 회사도 있다. 이처럼 직장 내에서 사람들이 인화와 협조가 잘 이루어지기를 바라는 것은 회사처럼 다양한 종류의 사람들이 모인 곳에서 그 성향이 서로 다름을 인정하는 것이다. 이직이 많은 직장일수록 직원들이 서로 맞지 않기 때문이다.

"궁합이 맞는 사람들과 일을 한다는 것은 매우 큰 축복이다." 성공한 이들의 주변에는 항상 그와 죽이 맞는 사람들이 있었다. 심지어 '도둑질도 손발이 맞아야 한다'는 말도 있듯, 마음이 맞지 않는 사람들이 모인 조직은 모래알과 같다. 최근 기업들이 조직 내 스트레스를 관리해야 할 필요성을 인지하고 이 문제에 대한 다양한 해결책을 찾는 노력을 시도하고 있는 것은 고무적이다. 업무 스트레스라면 세계에서 높기로 소문난 한국에서 하루빨리 이 분야에 대한 의미 있는 솔루션이 나오기를 기대한다.

6) 인사부서의 역할

(1) 누구나 다 한다는 인사관리, 과연 그럴까?

국내 정치 문제에 관해 한마디 하라고 하면 적어도 1시간가량은 끊이지 않고 토론할 수 있는 사람들이 많을 것이다(어떤 이는 온종일이라도 가능하리라). '인사'도 그렇다. 주변에 보면 인사 분야는 누구나 말을 거들 수 있는 분야라고 생각하는 이들이 많다. 특히 일부 경영자 중에는 인사부서를 지시하면 따라 하는 **대서**

방(문맹률이 높던 시절 민원 등 행정서류를 대행해주던 사무소를 말한다. 정해진 서식을 천편일률적으로 따라 적으면 되는 일이기 때문에 누군가 말한 것을 그런 식으로 일 처리하는 것을 빗대어 대서방에 비유하곤 한다) 수준 정도로 여기는 이들이 있다. 그 경우 인사담당의 의견보다 자신의 판단, 직관에 따라 결정하게 되는데, 이로 인해 수많은 시행착오를 겪기도 한다.

어떤 분야든 전문가 집단이 있다. 아무리 법을 잘 아는 변호사도 자신의 사적인 일에 송사가 걸린 경우 다른 전문 변호사에게 의뢰하게 되고, 자신의 전공 분야에서는 명의 소리를 듣는 의사도 비전공 분야나 가족의 치료는 다른 동료 의사에게 맡기는 경우가 많다. 그런데 왜 유독 인사 분야는 잘 알지도 못하면서 마치 자신이 전부를 다 아는 것처럼 교만한 행태를 보이는 지도자나 경영자들이 많은지 참 안타까운 일이다. 인사 분야에서 다양한 경험을 축적해왔던 숙련된 직원들의 의견을 참고해서 손해를 볼 일이 있을까?

정부 조직개편이 있을 때 언론에 단골로 등장하는 식상한 멘트가 '인사(人事)가 만사(萬事)다'라는 말이다. 하지만 말만 그렇지 실제로 인사부서, 인사담당이 어떤 일을 하고 있으며, 그 역할에 대하여 명확히 알지 못하는 이들이 대부분이라고 생각한다. 우선 어떤 조직이든 '인사업무'를 담당하는 부서나 직원은 반드시 있다. 청와대도 인사부서가 있을 것이고, 지방의 소규모 기업체에도 인사업무를 하는 사람이 있을 것이다. 규모에 따라 별도 부서로 구분되어 있지 않은 경우도 있겠지만, 누군가 그 업무 담당은 있을 것이다.

그렇다면 "인사는 어떤 업무이고, 인사담당은 어떤 일을 하는 사람들일까?" 인사는 한자 뜻 그대로 **'사람에 관련된 일'**을 말한다. 어떤 일이든 시작이 있으면 끝이 있기 마련이다. 작은 조직이라고 해도 들어오고 나가는 데 반드시 소정의 절차가 필요하다. 또한, 조직에서 구성원들이 지켜야 할 사항들이 있는데 이를 '규정', '제도'라고 한다. 사람에 관련된 일들은 복잡하고 민감한 사항들이 많다. 이렇게 조직에서 사람과 연관된 일련의 모든 직무를 **'인사'**라고 부른다. 채용부터 퇴직까지 일련의 모든 과정이 '인사'인 것이고, 이 업무를 담당하는 사람을 **'인사담당'**이라고 부른다.

(2) 시스템에 의한 인사관리의 중요성

직원이 한두 명 되는 작은 조직의 경우 사장이 모든 인사를 주관할 것이다. 문제는 아직까지 그런 관행이 남아서인지 꽤 규모가 되는 회사로 성장한 경우에도 사장이 직접 인사의 작은 일까지 관여하려고 하는 것을 보게 된다. 하지만 이는 매우 비효율적이고, 왜곡현상이 발생할 수 있다. 수백 명 직원이 있는 회사 사장이 그런 경우, 직원들이 사장이 아닌 대리라고 비아냥대며 수군거린다는 것을 과연 알고 있을까?

특히 독립된 인사부서가 있음에도 불구하고 사장이 직접 나서야만 직성이 풀리는 회사의 경우 인사부서가 제 역할을 못하고, 소위 대서방 역할에 국한될 수밖에 없다. 인사의 공정, 합리, 전문성은 그 권한과 책임을 위임해야 그 기능과 역할을 제대로 수행할 수 있다. 정권이 바뀔 때마다 청와대의 인사 난맥상을 질타하는 소리가 많다. 결국, 근본 문제는 최종 인사권자인 대통령이 모든 인사권한을 직접 행사하려고 하다 보니 수많은 임명직에 대하여 정상적인 프로세스에 따라 제대로 필터링이 되지 않은 채 이상한 인물(?)이 주요 보직을 맡게 되면서 끊임없는 사건, 사고가 생기는 것이다.

인사검증시스템이 잘 작동되는 미국처럼 인사심의위원회가 인재풀(pool) 중에서 철저하고, 정밀한 검증작업을 거쳐 최종적으로 유능한 인물을 결정하는 시스템을 따른다면 그런 문제가 많이 줄어들 것이다. 현재 청와대에도 그런 기능이 없지는 않을 것이나, 문제 인물도 인사권자인 대통령이 원하면 임용되는 구조에서는 권력자 주변에 해바라기들만이 득실거릴 것이다. 어떤 조직이든 인사시스템이 작동되지 않고, 대표의 즉흥적 생각, 느낌으로 결정하는 경우 실패 확률이 높은 것은 물론이고, 결과적으로 그 대가는 매우 크다. 최근 표준업무절차, SOP(Standard Operating Procedure)에 대한 관심이 많아지고 있다. 인사 분야는 그런 절차가 매우 중요한 부서이다. 매뉴얼에 따른 공정한 절차와 합리적 관리를 할 수 있는 시스템이 작동될 때 비로소 인사부서의 존재의미가 있다고 본다.

(3) 직무분석과 채용방식

조직의 각 부서가 수행해야 할 역할(권한과 책임)은 기본적으로 직무분석을 통해 설정되어야 함이 마땅하다. 어떤 조직이든 최소 2명 이상의 인원이 일을 하는 경우 반드시 직무분석(job analysis)이 필요하다. 직원을 채용하면서 어떤 직무를 부여할지에 대한 계획이 없다면 매우 혼란스럽고 비효율적일 것이다. 직무분석의 시작은 직무기술(job description)에서 시작한다. 해당 업무에 대한 기술을 구체적·정량적으로 표시하고 인시(man hour)를 결정하게 되는데, 흔히 말하는 'T/O'가 이런 직무분석을 통해 결정된다. 이런 직무분석 절차는 생각보다 많은 시간과 비용이 든다. 자체적으로 직무분석을 하는 경우도 있지만, 주로 직무분석 전문 컨설팅의 도움을 받기 때문이다.

대기업들은 이미 직무분석을 통해 인원관리를 하는 회사들이 많지만, 중소기업들은 이런 여건이 되지 않아 관행에 따르는 경우가 많고, 때때로 변화되는 환경을 자의적 판단으로 정원을 결정하고 있다. 행정 용어의 유래를 찾아보면 군대에서 온 말들이 많다. 'T/O'란 말도 'Table of Order'의 약자로서 '정원'을 T/O라고 한다. 군대는 직계식 조직의 대표적인 예로서 분대-소대-중대-대대-연대-사단 등 각 조직 단위로 정원을 설정하고, 각 조직 단위별로 계급, 직책에 따라 '장'을 선임하게 된다. 이런 형태의 직계조직이 사회에 전파되어 지금도 많은 기업조직의 기본 형태가 되었다.

최근에는 매트릭스조직 등 여러 다양한 형태의 조직구조가 생기기도 하였다. T/O와 P/O(Place of Order, 현재원)는 항상 같지는 않고 다를 수 있다. 정원 대비 인력이 부족하거나, 신규로 충원, 증원할 필요성이 있을 때 채용(recruiting), 모집을 시행하게 된다. 채용 전반의 권한과 책임(R&R)을 가진 부서가 바로 인사부서이다. 사전에 인사담당은 그 요구부서의 직무에 대한 자격조건과 그 인원수를 반드시 사전에 확인하고 공고, 채용방식, 모집기간 등의 세부채용계획을 세운다. 채용전략도 매우 중요한 부분으로 각 기업이 처한 상황, 역량에 따라 전략을 다르게 적용하여야 한다.

채용을 간단히 구분하면 공채(공개채용), 추천채용, 정기채용, 수채(수시채용), 상채(상시채용), 등이 있는데 일반적으로는 공채를 많이 하고 있다.

채용방식에 따른 구분

1. 공개채용

대외적으로 외부공고를 통해 채용을 실시하는 것을 '공개채용(공채)'이라고 하며 많은 회사가 이런 방식의 채용을 하고 있다. 채용공고는 온라인, 오프라인을 통해 하게 되는데 과거에는 신문, 잡지 등 오프라인 공고가 많았으나, 인터넷이 대중화되면서 주요 채용사이트를 통한 온라인 채용공고가 일반화되었다.

2. 추천채용

사내 또는 사외의 추천을 통해 지원자를 받아서 진행하는 채용방식이다. 회사에 따라 직원 사내추천채용의 경우 일정액의 포상액(referral fee)을 지급하기도 하며, 추천방식은 다양하다. 일부 추천채용방식 중에는 '낙하산'이나 '총대' 같은 용어가 사용되기도 하는데, 전자의 경우 비교적 공정한 추천을 통해 채용절차가 진행되는 반면, 후자는 특정인이 추천한 후보를 해당 포지션에 일방적으로 지명하여 채용하는 것으로 사회적으로는 형평성 등에서 부정적인 의미가 강하다.

채용시기에 따른 구분

1. 정기채용

기업이 채용의 특정 시기를 정하여 채용을 진행하는 것을 말한다. 과거에는 상반기(7

~8월경)–주로 장교공채(ROTC나 학사장교)–, 하반기(11~12월) 등으로 특정 시점을 정하여 채용하는 회사들이 많았다. 매년 1~2회 정기적으로 채용하게 되면 신입직원들의 기수관리가 쉽고 인력의 안정적 확보 차원에서는 분명히 장점이 있다. 하지만 인력 소요 예측이 빗나가는 경우 잉여인력이나 부족인력이 발생할 수 있기에 대기업 등을 제외하고 중소기업이 정기채용을 하기는 쉽지 않다고도 볼 수 있다.

2. 수시채용

정기채용과는 다르게 수시채용은 특정 시점을 정하지 않고, 부족인력 발생 시마다 수시로 채용하는 것을 말한다. 인력 충원의 필요성이 있으면 언제든 채용을 할 수 있는 장점이 있으나, 정기채용에 비해 우수인력을 확보하거나, 교육 등을 통해 인적 구성을 효율적으로 운용하는 부분은 단점이 있다. 중소기업 등 대부분의 기업은 수시채용을 선호하는 경향이 있고, 대기업들도 최근에는 이런 수시 채용이 상당히 많아졌다고 할 수 있다.

3. 상시채용

당초 취지는 우수인력에 대한 인재풀을 상시적으로 가지고 간다는 의미가 매우 강했다. 온라인 채용이 일반화되면서 입사지원서를 상시 기업이 받아 내부 데이터베이스로 인재풀을 만들어놓는 것을 말한다. 해당 회사에 입사를 희망하는 사람이 언제든지 이력서를 등록할 수 있고, 결원이 발생하면 채용을 진행한다는 개념인데, 별로 효과가 없는 경우가 많아 상시채용을 성공적으로 운영하는 회사는 많지 않다. 헤드헌팅 회사들이 상시 이력서를 접수하여 각 기업에 인재추천을 하는 것도 일종의 상시채용 방식이다.

(4) 인사부서의 일반적인 업무들

인사업무를 구분하여 이해하면 도움이 될 것 같아 간략하게 소개해본다. 보통 인사업무를 채용, 급여 등만 떠올리기 쉽지만, 최근에는 직원몰입, 아웃플레이스먼트(퇴직관리), 건강(wellness) 등 다양한 업무들도 발생하고 있고, 새로 요구되는 업무들이 있으나 여기서는 전통적 의미에서 식별되는 업무를 위주로 언급하였다. 인사부서는 회사규모에 따라 큰 조직의 경우 인적자원관리(HRM: Human Resource Management)를 담당하는 직원만 해도 여러 명이지만, 작은 회사는 한 명이 인사의 제반 업무를 포괄적으로 담당하는 경우도 많다. 이 경우 인사업무의 전문성 측면에서 대기업을 따라가기는 쉽지 않다고 보아야 한다. 노조와의 협상경험이 있는 노무 담당과 노사협의회조차 제대로 모르는 사람은 커리어 면에서 비교가 되지 않는다.

이에 중소규모 조직의 인사업무 담당은 인사전문 스태프라기보다는 급여를 포함한 제 관리업무를 수행하는 직원으로 볼 수 있다. 영업, 기술 파트 등과는 다르게 인사업무에 관한 커리어를 갖추기에 중소기업은 적절치 않다. 최근의 인사트렌드나 전문성을 쌓기에는 열악한 환경이고, 철저한 분석과 인큐베이팅 없이 사업주의 독단적 지시만으로 업무 처리를 하는 경우 인사의 전문성을 논하기는 어렵다. 이런 기업 간 차이를 염두에 두고 인사업무를 이해하면 좋겠다.

 인사부서의 일반적인 주요 업무구분 ·····························

1. HRM(인사관리)
인사기획, 채용관리, 인사평가, 인사 제 규정관리, 인사발령, 승진관리, 인력계획, 직무분석, 업무분장, 업무인수인계, 상벌관리 등

2. HRD(교육)
교육기획, 신입교육, 계층교육, 직무교육 등 사내외 제 교육 총괄

3. Pay-roll(급여)
급여관리, 복리후생관리, 입·퇴사관리, 제 증명발급, 건강진단, 4대 보험관리 등

4. 노무관리
취업규칙, 단체협약 등 규정관리, 노사협의회, 노조 관련 업무, 노무진단 등

··

채용관리는 HRM에서 가장 중요한 업무 중 하나이다. 채용절차는 대개 서류전형–필기전형(인적성검사 등 포함)–면접전형 등의 절차로 진행되며 회사마다 다양한 차이가 있다. 최종면접에 합격한 지원자는 채용내정자로서 규정에 따라 신

체검사 등을 거쳐 출근하게 된다. 출근 후 회사와 근로계약을 맺고 회사와 사용종속관계가 된다. 이는 정해진 소정근로시간에 부여받은 업무를 해야 하며, 업무에 관하여 사용자에게 종속되어 지휘·감독을 받아야 한다는 의미이다.

신규직원은 해당 회사에 대한 오리엔테이션이 필요할 것이므로 인사부서는 신규입문교육을 계획, 실시한다. 이 과정을 통해 회사의 제 현황 및 각 부문에 대한 정보를 접할 수 있다. 규모에 따라 대기업일수록 상당한 시간을 투입하여 합숙을 포함한 교육을 하며, 작은 회사는 간단한 오리엔테이션 또는 직장 내 교육훈련(OJT: On The Job Training)으로 가름하는 경우도 많다. 인사부서는 이런 교육에 관한 업무를 총괄하고 있다. 신규직원은 입문교육 후 각 현업에서 직무 OJT를 받으며, 숙련도가 업무를 수행하는 데 지장이 없다고 판단되면 직접 업무를 하게 된다. 6개월 정도 지나면 회사의 인사평가제도에 따라 정기적으로 평가를 받고, 그 결과에 따라 승진, 연봉조정, 인센티브 부여 등이 차별적으로 이루어진다. 이런 인사평가, 보상에 대한 사항도 인사부서의 매우 중요한 직무 중하나이다. 기본적으로 직원 급여, 4대 보험, 복리후생 등의 업무를 수행하며, 퇴사자가 발생하는 경우 퇴직면담, 퇴사절차까지도 담당한다.

노무적으로는 취업규칙을 비롯한 회사의 제 규정을 관리하고 노조가 있는 회사는 노조와 단체교섭을 통한 단체협약체결을 비롯한 다양한 노무업무를 수행한다. 노조의 유무에 따라 인사노무 담당의 업무량은 크게 다르다. 특히 강성노조가 있는 회사의 경우 노무 담당들이 받는 업무 스트레스는 만만치 않다.

사실 인사업무는 단순하게 정의하기 어려운 업무들이 많다. 일견 간단한 듯 보이지만 쉽게 결론이 나지 않는 일들이 대부분이기 때문이다. 사람을 상대한다는 것, 외부고객보다 내부고객인 직원들을 상대한다는 것이 그리 쉬운 일이 아니다. 노조가 있다고 해도 인사부서 직원들은 조합원이 될 수 없다. 노조원과 똑같은 회사직원 입장이지만 불만이 있거나, 항변하고 싶은 말이 있어도 벙어리 냉가슴이 되는 경우가 많다. 외부고객보다 내부직원들에게 마음의 상처를 받게 되면 그 스트레스는 정말 만만치 않다. 잔 업무들도 많아서 업무량도 만만치 않다. 인사부서는 어느 회사든 항상 야근이 많다. 이런 업무 고충, 스트레스가 많아 때로는 적응을 못하고 다른 부서로 전보를 원하는 경우도 많은 것이 현실이다.

인사담당은 무엇보다 현업과의 원활한 소통이 매우 중요하다. 특히 노무 문제에서는 협상 능력이 매우 중요한 직무자질이 된다. 인사담당으로 일을 오래 하거나 너무 열심히 일하면 머리카락이 빠지거나, 백발이 된다는 얘기가 있다. 그만큼 정신적 스트레스가 심하다는 말이다.

(5) 향후 인사관리의 방향

이런 스트레스를 받아도 회사에서 받는 보상, 처우는 그리 좋지 않다. 과거에는 인사부서 직원들이 특별한 문제가 없는 이상 승진이나 보상에서 나쁘지 않은 평가와 대우를 받았던 것이 사실이다. 하지만 지금은 그렇지 않은 것 같다. 특히 중소기업들은 인사담당 용어 자체가 큰 의미가 없는 경우가 많다. 인사담당이 별도로 없을 뿐 아니라 있더라도 단순히 사업주의 지시를 이행하는 역할로 취급하는 경우가 많다. 이런 기업일수록 영업 등 직접 수익을 내는 업무나 부서만을 중시하기 때문이다. 그런 사업주들은 연봉제나 정부지원금 등으로 사업주에게 직접 이익을 줄 수 있는 제도도입에는 매우 적극적이지만 정작 인사부서가 해야 할 중요한 역할에 대하여는 관심이 전혀 없는 경우가 많다.

대기업의 경우에도 과거보다 회사 경영층과 내부직원들로부터 압박을 많이 받으면서도 고생한 만큼 승진, 보상 측면에서 별다른 장점이 없어진 느낌이다. 오히려 상대적으로 타 부서에는 너그러운 조건을 인사부서에 솔선수범을 요구하는 경우도 많다. 심지어 구조조정 시 내부직원들의 반발을 누르기 위해 인사부서를 그 대상에 포함하는 회사들도 있다. 현실이 이렇다 보니 사실 많은 인사부서 직원들의 사기가 과거보다 많이 떨어지고, 앞으로 HR 전문영역에 대한 존재 이유를 분명히 할 수 있는 고민이 더욱 깊어진 것도 사실이다.

업무적으로는 IMF 이후 많은 대기업이 강조해온 신인사제도, 성과관리제도에 대하여 최근에는 일부 중소기업주들도 관심을 갖기 시작했는데 MBO(Management By Objectives), BSC(Balance Score Card: 재무적인 차원의 측정에만 치우쳤던 기존 성과측정시스템의 한계를 보완하기 위해 재무, 고객, 내부프로세스, 학습의 성장 등 4가지 관점에서 균형 있게 평가하는 새로운 '전략적 성과평가시스템') 등의 방법을 사용한 다양한 평가제도를 시행하면서 성과지표를 KPI 수립/분석 등을 통해 관리하는 회사들이 점점 늘어나고 있다.

이런 업무들은 인사평가의 핵심적 내용으로 이미 대기업들은 시행착오를 거치면서 시행을 하고 있고, 이제는 정착단계에 와 있는 듯하다. 중소기업들은 아직 제대로 된 평가제도를 운용하는 회사가 많지 않다. 국내 기업 인사관리의 중요한 특성 중 하나가 삼성을 비롯한 일부 대기업들이 선도적으로 제도를 시행하면 중소기업이 벤치마킹한다는 것이다. 자사에 맞는 제도를 시행하기보다는 막연히 따라 하는 중소기업이 많다. 최근 사회변화에 따라 정년연장에 따른 인사관리(예: 임금피크제), 내부소통(직원 communication), 저성과자관리(C-player 관리), 퇴직관리(outplacement), Wellness(직원 스트레스관리 등), 직원 몰입도 증진관리(engagement) 등 관련 인사업무들이 추가적으로 발생하는 추세이다.

인사업무는 여기서 언급한 것보다 실제 일들이 더 복잡하고 민감한 업무가 많은 편이다. 최근에는 여성 비율도 많이 늘어났는데, 특히 외국계회사의 경우 거의 여성들이 인사담당을 하고 있다. 아마 국내 기업도 그렇게 될 것 같다. 인사업무는 여성이 강점을 가질 수 있는 섬세한 부분이 많다. 업무 특성상 다른 부서 직원에 비해 인사부서 직원의 회사 충성도는 상당히 높다. 여러 어려움에도 경영자와 근로자, 부서 간에 원활한 가교 역할을 하고 있다. 인사담당들이 자부심을 갖고 일할 수 있도록 많은 관심, 격려가 있었으면 한다. 먼저 이들의 만족도가 높아야 직원 만족도가 올라간다는 간단한 사실을 간과하는 경영자들이 있다. 불만에 찬 직원이 어떻게 고객에게 좋은 서비스를 제공할 수 있겠는가?

PART 2

합격의 조건
– 서류에서
면접까지

서류전형과
필기전형

1) 입사지원서가 중요한 이유

(1) 이력서와 입사지원서의 차이

입사지원서는 입사 전 자신의 이력사항을 기술하는 매우 중요한 서식이다. 회사마다 다른 양식의 입사지원서를 사용하기 전에는 문방구에서 팔던 인사서식 1호 이력서 양식을 사용하였다. 이력서는 수십 년간 널리 채용의 기본양식으로 사용되었다. 1970~80년대까지만 하더라도 이 양식에 본인이 자필로 작성하여 지원하는 회사에 우편으로 발송하거나 직접 회사를 방문하여 제출하던 시절도 있었다.

이력서 양식은 단순하지만 요즘 각 기업의 입사지원서를 보면 정말 다양하다. 회사마다 뭔가 색다르게 보이고 싶은 부분도 분명 있는 것 같다. 더구나 요즘엔 온라인 입사지원이 일반화되어 문서를 자필로 작성하는 경우는 거의 없고, 인터넷상에서 작성하여 온라인 전산 제출하는 경우가 많다. 온라인 채용사이트가 구축되지 않은 기업의 경우에도 우편이나 방문접수보다는 간편하게 이메일로 제출토록 하는 게 일반적이다. 하지만 일부 대학, 공공기관 등에서는 아직도 온라인, 이메일 접수를 배제하고 우편이나 직접 방문접수를 하도록 할 뿐만 아니라 지나치게 많은 구비서류를 요구하는 관행이 있는 것도 사실이다. 물론 이는 매우 비효율적이고 다수의 지원자에게 불필요한 시간과 비용을 지출하도록 하는 나쁜 관행이다. 심지어 어떤 기관은 고등학교 생활기록부까지 요구하는 곳도 본 적이 있다. 이는 채용 결정권을 가진 조직의 횡포라고밖에 볼 수 없다. 면접이나 최종결정 단계에서 충분히 확인할 수 있는 것을 최초 서류전형 단계에서 요구하는 것은 지나친 점이 있다.

(2) 잘못된 채용

업·직종을 불문하고 사람을 채용한다는 것은 어렵고 중요한 일이다. 개인적으로도 집안에 사람을 새로 들이는 자녀의 결혼 같은 중대사들이 있다. 이 경우 새로 가족이 될 사람에 대한 많은 정보를 알고 싶어 하는 것은 당연하다. 어떤 직업을 가진 사람인지? 가족관계는? 수입은? 등등 세세한 개인의 신상정보부터 민감한 재정 상태까지 궁금한 사항이 한둘이 아닐 것이다. 잘 알지 못하는 사람을 집안에 들이게 되면 당연히 위험부담이 따르기 마련이다. 어떤 사람을 들이는가에 따라 집안이 흥하기도 하고 망하기도 한다는 말은 맞다. 상대 집안에 대한 주변의 평판은 매우 중요한 일이다. 경제적으로 풍족한 집안이라고 해도 기본적인 인성이 되어 있지 않은 이상한 사람들이 얼마나 많은가? 최근에는 서로 건강진단 결과를 교환하는 사례도 많은 것 같다. 특히 빚, 대출 같은 재정상태 역시 매우 중요하다. 신체적·정신적 건강이나 건전한 재정상태가 담보되지 않은 경우 결혼과 동시에 어려움을 겪는 일이 얼마나 많은가? 물론 이 모든 것을 각오한다면 모르지만, 전혀 알지 못한 상태에서 나중에 뒤통수를 맞게 된다면 사기당한 기분이 들지도 모른다.

사실 개인의 건강이나 재무적 상황 같은 정보들은 매우 민감한 내용이고, 공개하지 않는 비밀스러운 개인정보지만, 결혼 전에 서로 미리 공개하고 대처하지 않으면 나중에 큰 부담을 가질 수 있기에 매우 심사숙고해야 한다. 이런 사례와는 다를 수도 있지만, 기업의 입장에서도 중요한 것은 마찬가지다. 회사 일의 대부분은 사람이 하는 일이다. 회사에 따라서는 사업주의 재산까지도 직원이 관리하는 경우가 많다. 당연히 신뢰할 수 있는 사람을 채용하려고 할 것임은 분명하다. 인성에 문제가 있거나, 평판이 좋지 않은 사람을 잘못 채용하여 문제가 발생하는 것을 바라는 사람은 없다.

일반적으로 채용에 관한 사업주와 전문경영인의 시각은 조금 다르다. 전문경영인은 단기 실적이 매우 중요하므로 다른 부분이 부족하더라도 당장은 가시적인 실적을 낼 수 있는 사람을 선호하는 반면, 사업주인 오너의 경우 실적도 중요하지만 신뢰할 수 있는 사람을 선호하고, 채용에 있어 상당히 신중한 경향이 많다. 특히 재무부서 등의 경력직을 채용할 경우에 더욱 그렇다. 사업주들은 능력도 중요하지만 기본적인 인성이나 느낌을 중요시하는 것 같다. 때로는 직관적인 판단에 따라 채용하는 경우도 많다고 본다. 채용과 관련하여 곤란한 문제가 발생한 사례는 무척 많다. 『삼성을 생각한다』는 책을 쓴 사람의 경우도 내용의 진위와는 관계없이 삼성의 시각에서는 잘못된 채용이었다고 생각할 것이 분명하기 때문이다.

(3) 입사지원서의 중요성

개인에 대한 정보를 접할 수 있는 가장 기초 자료가 바로 입사지원서이기 때문에 그 중요성은 대단히 크다. 입사지원서는 자신의 얼굴이고 홍보물이다. 아무리 좋은 품질의 상품이라고 해도 포장이 허접하면 그 진가를 누구도 알아주지 않을 것이다. 입사지원서는 자신을 포장하는 매우 중요한 서류이기 때문에 무엇보다 깔끔하고 야무지게 작성할 일이다. 오타나 맞춤법이 틀려서는 안 될 것은 물론, 문장도 정확한 문법에 맞게 써야 한다. 이를 위해서는 상당한 노력을 기울여야 한다. 예전에 비해 아쉬운 점이 한 가지 있다면 자필 입사지원서가 사라진

점이다. 온라인 지원, 이메일 등으로 제출하기에 자필 작성을 요구하는 회사는 요즘 거의 없다. 예전에는 입사지원서 양식을 배포하여 지원자가 직접 자필로 작성하게 하는 회사들이 있었다. 물론 지원자 입장에서는 매우 불편하다. 전산파일이야 손쉽게 복사하여 여러 곳의 회사에 지원할 수 있고, 시간도 단축될 것이지만 여러 곳의 회사에 지원하면서 매번 직접 손으로 써야 하는 수고를 하게 되어 많은 불편함이 따를 것이다.

하지만 글씨는 그 사람에 대하여 여러 가지 느낌을 갖게 한다. 혹자는 "점쟁이도 아니고 어떻게 글씨로 사람을 판단할 수 있는가?"라고 할지도 모르겠다. 어떤 근거를 제시할 수는 없지만, 사람이 꼼꼼하게 정성 들여 작성한 지원서와 작성된 전산파일을 복사하여 제출하는 지원서는 차원이 다르다. 특히 한글 자체에 담긴 묘한 매력이 있어 글씨를 보면 사람을 알 수 있다는 말이 설득력 있게 들린다. 그렇다고 시대를 거슬러 자필 이력서를 쓰는 시대로 돌아갈 수는 없는 일이다. 하지만 어떤 회사의 경우 면접 등을 통해 자필로 자기소개 등을 다시 한 번 작성하도록 하여 전형의 판단 기준으로 삼는 곳을 알고 있다. 개인적으로 매우 현명한 방법이라고 생각하고 있다.

2) 입사지원서 작성 노하우

(1) 채용공고 확인요령

입사지원서 작성요령을 설명하는 자료들은 많다. 대형서점의 취업 관련 코너는 물론, 인터넷만 뒤져도 여러 자료를 찾을 수 있다. 그 자료들은 저마다 의미 있는 내용일 것이다.

'연애편지 작성요령'에 관련된 책이 있다고 하자. 마음에 드는 이성이 있어 그 책자를 참고로 하여 연애편지를 쓴다고 한들 과연 효과가 있을까? 과거 내 군대 시절 고참 중 한 사람이 좋아하는 여성에게 편지로 마음을 표현하겠다고 하여 필자가 연애편지를 대필해준 경험이 있었다. 하지만 전혀 그 속사정을 모르고 절절한 마음이 없는 상태에서 의무적으로 쓴 편지가 좋은 글이 나올 리 없다. 차라리 자신이 직접 진솔한 마음을 담은 편지를 보냈다면 마지못해 쓴 편지보다는 성공확률이 훨씬 높았을 것으로 생각한다. 이런 사적인 편지든, 중요한 입사지원서든 역지사지로 생각해보기를 권하고 싶다. 관점을 전환하지 않고 자신의 관점에서만 기술하면 오류에 빠지기 쉽다. 입사지원서를 제일 먼저 누가 보게 될지 생각해보자. 처음에는 채용담당이 볼 것이고, 다음으로 관리자, 임원 등 채용부서의 관계자들이 조회하게 될 것이다.

그렇다면 입사지원서를 어떤 관점에서 기술해야 하는지 명확해진다. 무엇보다 지원 회사의 요구사항에 맞추어야 한다. 이를 위해서는 그 회사의 채용공고를 확인, 분석할 필요가 있다. 한 회사의 채용공고를 살펴보자.

구 분	내 용
(1) 채용인원	0명
(2) 근무지	서울본사/인천지사 〈주소지〉 서울본사: 서울시 강서구 공항동 인천지사: 인천시 남구 남동공단
(3) 직종	영업/경영관리 인턴
(4) 자격조건	국내외 학사학위 이상 취득자(2013년 8월 졸업예정자 포함) 전공, 성별 및 연령 제한 없음. 병역필 또는 면제된 자, 해외여행, 신체검사 기준에 결격사유가 없는 자 영어구사능력 및 제2외국어 우수자 우대(공통) 중국어 전공자 또는 영어 능통자 및 현지 체류경험자 우대(영업인턴) 국가보훈대상자 및 장애인은 관련법에 의거 우대
(5) 접수기간	2013년 5월 23일(목)~5월 31일(금) 접수기간 내 면접전형이 이루어지며 적격자 채용 시 조기 마감될 수 있으므로 가능한 조기 지원 바랍니다.

흔히 볼 수 있는 채용공고지만 내용을 보면 여러 가지 의미를 갖고 있다. 간혹 채용공고를 자세하게 확인하지 않는 이들이 많은데 채용 모집요강은 여러 번 읽고 그 숨겨진 의미까지 유추할 수 있어야 한다.

① 채용인원

우선 채용인원을 보자. 기업이 채용할 인원수를 사전에 확정한 상태에서 공고를 내는 것이 일반적이지만 경우에 따라 추가 채용할 수도 있다는 것을 항상 염두에 둔다. 그 이유는 공고부터 면접까지 제 채용절차의 진행에 상당한 시간이 걸리기에 요구부서 외 다른 부서에 추가로 인원을 배정하는 경우도 있고, 전체 지원자 수준이 매우 우수한 경우, 회사에서 추가 인원을 확보하려고 할 때도 있다. 물론 반대의 경우도 생긴다. 지원자 수준이 기대에 미치지 못하는 경우 채용하지 않을 수도 있다(경력직 채용의 경우 특히 그렇다). 0명은 10명 미만, 한 자리 수를 채용한다는 의미다. 00명이면 100명 미만이 되겠다. 정확한 최종 채용인원은 언제든 변수가 있기에 달라질 수 있다. 확정 인원수를 대외적으로 알리기에는 부담이 있어 공개하지 않는 기업들이 많다. 추가채용의 여력은 역시 중소기업보다는 대기업이 여유가 있는 편이다. 경력보다는 신입이 채용인원의 여유를 두기에 유연성이 있다. 인건비 부담이 많은 경력직보다 상대적으로 신입 채용이 더 여유가 있는 것이다. 최근에는 인턴채용이 활성화되어 있어 더욱 그렇기도 하다.

② 근무지

공고상 이 회사의 근무지는 서울본사 또는 인천지사이다. 경력의 경우도 마찬가지겠지만 신입의 경우 근무지역은 매우 중요하다. 서울도 위치한 지역에 따라 출퇴근 소요시간이 천차만별이다. 회사가 시내 중심권이 아닌 특정 방향에 치우친 경우(강서구, 강동구 등)에는 출퇴근이 힘들어 이직이 발생하기도 하기 때문이다. 서울의 주거비용은 세계적 수준이다. 지방에서 올라온 구직자들은 대부분 원룸 등에서 자취하는 경우가 많아 그 주거비용이 만만치 않기 때문에 급여가 적은 중소기업들은 지원자들의 거주지에 민감해하는 경우가 많다. 물론 공기업, 대기업 등은 회사 근처에 집을 얻어서라도 근무할 지원자들이 줄을 서기 때문에 이런 걱정은 불필요하다. 하지만 정규직이 되어도 최저임금 수준밖에 되지 않는 중소기업의 경우 굳이 지방에서 상경한 지원자를 채용할 이유가 없다.

취업이 시급한 지원자 입장에서는 아무 문제가 없다고 할지도 모르지만, 오랫동안 회사에 다녀야 할 처지라면 출퇴근에 많은 시간을 버리는 것은 바람직하지 못하다. 개인적으로 다른 사정들이 있겠지만, 출근에 1시간 반, 하루 총 3시간 이상의 출퇴근 시간이 소요되는 직장이라면 심사숙고할 필요가 있다. 여건이 되면 회사소재지 반경 1시간 이내 거주지로 옮기는 것이 바람직하다. 시간은 돈이다. 하루 4시간 이상을 길바닥에 버린다면 얼마나 허망한 일인가?

③ 모집직종

정규직과 기간제(비정규) 직종을 구분해야 한다. 최근 많은 기업이 신입을 인턴으로 채용하고 있는데 인턴은 기간제 사원이다. 기간제의 의미는 기간의 정함이 있다는 의미이다. 즉, 계약기간이 정해져 있다는 말이고, 정규직은 기간의 정함이 없다. 기업이 인턴 채용을 하게 되면 노동부나 서울시 등 지자체에서 채용기업에 보조금을 지급하고 있기 때문에 많은 중소기업이 이를 활용하여 채용하고 있다. 소정 인턴 기간을 거쳐 정규직 채용 여부를 결정하고, 특별한 문제가 없으면 정규직으로 채용하는 회사도 있지만, 어떤 회사는 별다른 기회 부여 없이 종료하는 회사도 있다. 단지 짧은 기간 인턴을 이용하는 그런 회사는 신중하게 고려해야 한다.

많이 알려진 회사라고 해도 인턴을 단지 아르바이트 개념으로 사용하는 회사에 귀중한 시간을 투자할 것인지 판단해야 한다. 인턴 경험이라는 게 특별한 업무라기보다는 단순 업무의 반복일 터인데 계속 비정규직으로 전전할 수는 없다. 따라서 반드시 사전에 인턴기간 종료 후 정규직 전환 비율이 어떻게 되는지 확인할 필요가 있다. 그 회사의 인턴경험을 통해 자신의 커리어를 살릴 수 있는 자신이 있다면 별개의 문제이겠지만 단순 업무만 반복하다 인턴기간이 종료되는 식이라면 곤란하다.

다음으로 중요한 것이 직종의 선택이다. 회사 경험이 없는 지원자들이 자신이 어떤 업무에 적합한지 판단에 어려움이 있다. 직무적성검사 등을 통해 알아보는 방법도 있겠지만, 평소 여러 부서에 대한 관심을 갖고, 자신이 어떤 업무를 해보고 싶은지에 대한 생각을 한 번 정리해보는 것도 중요하다고 생각한다.

④ 자격조건

학력 등 자격사항은 필요충족을 해야 하는 사항인지, 선택적인 사항인지 분별해야 할 것이다. 학력, 어학점수는 일정기준을 요구하는데 충족되지 않은 경우 군이 지원할 필요가 있을까? 조건이 맞지 않는 곳에 지원해봐야 시간 낭비일 뿐이다. 졸업이 1년 이상 남은 지원자의 경우 신중한 판단이 요구된다. 공고에 몇 년도 졸업예정자 지원 가능이라고 표시를 하는 경우도 있으나 대학 4학년 재학 중인 지원자가 즉시 근무가 곤란한 경우도 있기 때문이다. 회사는 채용 결정 후 바로 근무가 가능한 사람을 선호하기 때문에 학사일정과 맞지 않는 경우 채용이 어려울 수 있다.

지원자들의 많은 지원을 원하는 회사 입장에서 혹시 '전공, 성별, 연령의 제한 없음'이라는 문구가 있다고 해도 내부적으로는 선호하는 전공이 있다. 전공이 그 회사의 업과 연관성이 있는 경우 더 장점이 있을 것은 당연하다. 무역회사 영업사원의 경우 이공대 출신보다 국제경영, 무역 등 관련 전공자를 더 선호할 것이고, 모집 직종에 따라 선호하는 전공이 다를 것이기 때문이다.

성별도 중요한 구분이다. 공고에서는 남녀차별금지 등 관련법의 저촉을 피하기 위해 성별에 따른 차별이 없음을 명시할 뿐, 실제는 채용인력의 성별에 대한 내부 방침을 가지고 있는 경우가 많다. 비서직은 남성을 채용할 수도 있겠지만 대부분 미혼 여성을 채용하는 것이 일반적일 것으로 생각한다. 하지만 공고에 용모 단정한 미혼여성을 채용한다고 표시할 수는 없다. 차라리 공고상 명확한 자격을 표시하는 것이 지원자들의 혼란을 막을 수 있다고 본다. 이미 기업에서는 내부적으로 원하는 자격요건을 갖고 있는데 굳이 모호한 법을 적용해야 하는지 답답하다.

연령도 마찬가지이다. 어떤 공기업들은 연령제한이 없다는 점을 강조하기도 한다. 그렇다면 40세가 넘은 부장급이 공기업 신입사원으로 입사하여 할 수 있는 일이 과연 어떤 일이 있을까? 입사가 가능하기는 한 것일까? 필자는 기업들이 왜 이렇게 가식적인 일을 하는지 도대체 이해 불가다. 내부적으로 연령조건의 방침이 분명 있음에도 단지 사회적으로 열린 채용을 한다는 이미지 홍보를 위해 이런 공고를 내는 것은 기만행위다. 최근 편입이 많고, 졸업유예로 나이가 많은 구직자들이 많은데 이런 늦깎이 지원자들의 취업이 쉽지 않은 형편이다. 조직마다 위계질서가 존재하고, 나이가 많은 후임이 들어오는 것을 꺼리기 때문이다. 연령도 매우 중요한 자격요소이다.

이 회사는 중국어 능통자나 해외체류경험자를 우대한다고 되어 있다. 이는 본 채용이 중국 관련 사업과 연관성이 있다는 방증이고, 해외업무가 있다는 의미이기 때문에 관련 전공자나 중국 등 해외체류 경험자의 경우 자신의 장점을 잘 어필한다면 좋은 기회가 될 것으로 생각한다.

⑤ 접수기간

접수기간 내 면접이 이루어지며, 적격자 채용 시 조기 마감될 수 있다는 언급은 주의 깊게 보아야 한다. 이 회사는 모집기간을 통해 원서를 모아 마감 후 일괄 서류심사를 하는 회사가 아니다. 수시로 지원서를 확인하여 면접을 진행하고 관심이 있는 지원자는 바로 면접을 진행하여 채용한다는 의미이기 때문에 이 회사를 지원한다면 공고기간에 관계없이 가급적 빨리 입사지원서를 제출하여야 한다.

간혹 습관적으로 마감일까지 기다렸다가 최종 제출하는 지원자들이 많은데 별로 좋은 생각이 아니다. 어떤 회사든 마감일까지 기다리지 않고 미리 서류를 확인하여 우수한 지원자들을 선별하는 경향이 있다. 마감일에 쫓겨 원서를 내면 불리한 점이 더 많다는 것을 알았으면 한다.

(2) 꼼꼼한 입사지원서 작성

이렇게 채용공고만 보더라도 많은 것을 알 수 있다. 중요한 것은 지원자 자신의 시각이 아닌 회사의 관점에서 판단해야 한다는 점이다. 어떤 방법을 사용하든 서류전형을 통과해야 다음 단계로 넘어갈 수 있다는 걸 항상 유념하자. 입사지원서의 각 항목을 살펴보면 회사별 큰 차이는 별로 없다. 다만 세부사항을 꼼꼼히 읽고 작성해야 하며, 될 수 있으면 빈칸이 없도록 한다. 간혹 취미나 특기가 없다고 해서 빈칸으로 두는 사람이 있는데 거짓말을 할 필요는 없지만 자신이 가장 좋아하는 것을 생각해서 반드시 작성하도록 한다. 지원서 특성상 빈칸이 많으면 성의가 없어 보인다. 다음은 주요 항목에 따른 작성요령을 적어보았다.

① 성명(한글, 한자, 영문)

정확히 기재한다. 간혹 한자를 쓰지 않는 경우가 있는데 한글 이름을 제외하고 반드시 기재하도록 한다.

② 주소, 본적

본적을 빠뜨리지 않도록 유의한다. 호주제 폐지, 호적등본이 없어짐에 따라 본적의 의미가 과거에 비해 퇴색된 것은 사실이지만 간혹 본적이 의미를 갖는 경우도 있다. 기업에 따라서 국내 특정지역을 연고로 하여 그 지역 출신을 우대하는 회사가 있다. 좋은 사례도 아니고, 대외적으로는 이를 부인하겠지만, 묵시적으로 이런 관행이 있는 것은 사실이다. 웃지 못할 얘기는 하지만 어떤 호남 연고기업의 경우 청소하는 분까지 그 지역 출신만을 채용한다고 한다. 절대 바람직하지 않은 것이지만 현실적으로 존재하는 것이라 언급을 한다. 이 지면을 통해 어떤 회사들이 지역 연고 기업인지 밝힐 수는 없지만 이미 많이 알려진 것을 토대로 지원자들이 판단했으면 좋겠다.

현주소의 경우 자신이 희망하는 근무지를 기준으로 하여 기재한다. 이는 부산 출신 지원자가 서울에 근무를 희망하는 경우 현재 서울에 거주하고 있는 주소지를 기재한다는 의미이다. 지원자들이 항상 회사의 입장에서 생각을 해보아야 하는 것이 부산에 살고 있는 사람을 서울에 근무시키려고 할 때 서울 거주지가 명확지 않은 경우 회사는 채용을 망설이게 된다. 서울 근무를 희망한다면 반드시 서울의 연고지나 현재 거주하는 곳을 주소지로 적도록 한다.

③ 이메일, 핸드폰, 자택 전화번호

자택 전화번호를 적지 않는 사람들이 꽤 많다. 이미 핸드폰이 대중화되었고, "요즘 누가 집전화를 사용하겠나?"는 생각에 그리하는 것 같다. 하지만 자택 전화번호가 있다면 반드시 기재하기를 권한다. 면접통보를 할 때 지원자 본인과 핸드폰 통화가 안 되는 경우가 상당히 많다는 것을 알고 있는가? 수차례 시도해도 계속 통화가 되지 않는 경우 회사에서는 집으로 연락하는 수밖에 없다. 혹시 자택 전화가 없는 경우에는 비상연락처로 부모님, 형제의 핸드폰 번호를 적어놓는 것도 아주 현명한 방법이다.

④ 학력사항

각 회사 양식에 따라 다르지만, 일반적으로는 고등학교부터 적는다. 중간에 대학 편입이 있었던 경우 상세히 적도록 한다. 학력이나 경력은 공백 기간이 있는 경우 이와 관련하여 나중에 불필요한 추가 질문을 받을 수 있다. 대학 분교 여부, 주·야간, 학점 등은 솔직하게 기재하는 것이 좋다. 간혹 분교를 본교로 표시하는 경우가 있는데, 추후 드러나면 허위기재로 불이익을 받을 수 있기 때문이다. 학력 등 중요 기재사항을 허위로 기재하는 것은 중대 결격사유로 불합격 처리될 수 있다.

⑤ 병역사항

영업직 등 일부 직종은 해병대, 특전사 출신을 선호하는 경우도 있지만, 일반적인 사례로 보기는 어려울 것 같다. 과거에는 학군(ROTC), 학사장교 출신을 우대하던 시절도 있었는데 이는 장교가 갖춘 리더십, 추진력 등을 높이 평가했기 때문이다. 해병대 같은 특수병과를 선호하는 이유는 어려운 환경에서의 도전정신, 패기 등을 기대하기 때문일 것이다. 군 면제자의 경우 면제 사유를 상세히 기술하는 게 좋겠다. 합당한 사유가 있다고 해도 군 문제에 관하여 민감하게 생각하는 경향이 있기에 면제사유를 정확히 기술하고 현재는 그 문제(주로 건강, 신체사항)가 해결되어 근무에 전혀 지장이 없다는 점을 알려줄 필요가 있다.

관련법상 일정 규모 이상의 회사는 장애인을 의무적으로 고용하게 되어 있다. 고용비율을 채우지 못한 회사들은 매년 장애인고용분담금을 부담하여야 한다. 다만 보훈대상자처럼 강제 고용명령 등을 할 수 있는 것이 아니므로 여러 회사가 실제 채용보다는 분담금 납부로 대체하고 있다. 선진국일수록 장애인에 대한 배려와 책임을 강조하고 있다. 한국도 점진적으로 이런 부분들이 개선되어 장애우들도 얼마든지 사회생활에 참여할 수 있도록 기회를 주는 것이 바람직할 것이다.

⑥ 외국어

자신의 영어, 제2외국어 성적을 정확히 기재한다. 체계를 갖춘 회사라면 어학점수를 원본과 대조, 확인하기 때문에 허위로 점수를 기재한 경우 중대한 결격사유가 된다. 이런 허위작성은 '도덕적 결함'을 의미하기 때문에 이 부분에 대한 신뢰가 깨지면 다음 단계로 진행이 불가능하다. 토익은 통상 2년이 유효기간이니 이를 확인하여 사전에 점수를 확인하는 것이 좋겠다. 간혹 점수가 없는 경우 앞으로 토익시험을 볼 예정이라는 등 불필요한 멘트를 다는 지원자들이 있는데 구차하기만 할 뿐 별 효과를 기대하기 어렵다. 준비되지 않았다는 부정적인 인상만 주기 때문이다.

⑦ 봉사, 서클활동

지원자의 봉사, 동호회 활동 등에 대하여 관심을 갖는 이유는 지원자의 성향이나 학교생활 경험 등을 알고자 함이다. 서류전형의 특성상 짧은 시간에 주관적 판단을 할 수밖에 없다. 재학 중 아무 활동이 없었다는 것은 무미건조할 뿐만 아니라 사람들과 어울리는 데 혹시 문제가 있는 것이 아닐까라는 불필요한 오해를 줄 수 있다. 굳이 거짓으로 작성할 필요까지는 없겠으나 이런 항목이야말로 조금은 과장되게 적어도 무방하다. 회사에서 봉사나 동호회 활동 관련 확인서를 요구하는 경우는 거의 없기 때문이다.

⑧ 자격면허

지원 직종이 필수적으로 요구하는 자격면허사항이 있다면 반드시 기재하여야 한다. 그런 직종이 아니더라도 관련 자격증이 있는 경우 충실히 기재하는 것이 좋겠다. 굳이 없는 자격증을 허위로 기재할 필요까지는 없다. 하지만 역발상으로 생각해볼 필요도 있는데 금융기관이 아닌 일반 회사의 지원자가 금융 관련 자격을 여러 개 가진 경우 혹시 금융사 취업에만 관심이 있지 않겠느냐는 오해를 살 수도 있다. 금융 분야에서야 쓸모 있는 자격이겠지만 다른 업종에서는 무용지물일 수도 있기 때문이다.

⑨ PC Skill

요즘은 대부분 지원자의 전산능력이 뛰어나기에 예전보다 그 중요성이 덜하기는 하지만 MS-Office 사용, 능력은 회사 업무에 매우 중요하다. 특히 워드, 엑셀, 파워포인트 등은 업무상 많이 사용하는 프로그램들이니 반드시 숙지해놓는 것이 좋겠다.

⑩ 가족사항

입사지원서 항목 중 세세한 가족사항까지 적는 부분에 대한 거부감을 가진

이가 적지 않다. 당연한 이의제기라고 생각한다. 요즘처럼 개인정보가 중요시되는 사회에서 회사가 왜 지원자의 가족사항까지 알아야 하는지에 대한 의문이 생기는 것은 당연하기 때문이다. 서구적인 관점에서는 매우 이상한(?) 관행일 것이다. 그 나라들의 이력서에는 가족사항은 물론 본인 사진도 붙이지 않는다는데 말이다. 하지만 아직은 관행적으로 기업들이 가족사항에 관한 정보를 요구하는 것 같다. 앞으로 어떻게 달라질지 모르겠으나 기업이 요구하는 항목인 만큼 충실하게 작성하기 바란다. 회사에 따라서는 가족의 직업이 지원 회사의 업종과 관련이 있는 경우 호감을 주는 경우도 있다.

⑪ 보훈대상/장애인 여부

보훈대상자의 경우 관련법에 따라 채용 시 우대하게 되어 있다. 국가보훈처에서는 각 기업/업종별로 고용의무할당비율을 정하여 보훈대상자를 채용하도록 하고 있는데, 각 기업에서는 고용의무비율을 맞추기 위해 노력해야 하고, 채용 시 소정의 가점을 부여한다. 하지만 현실은 우수한 다른 지원자를 배제하고 보훈대상자를 우선 채용하기란 쉽지 않다. 많은 기업이 고민하는 부분이기도 하다.

장애인의 경우 '장애인고용촉진법'에 따라 정부에서는 고용을 장려하고 있으나, 실제 보훈대상자처럼 고용명령을 하지는 않고 '장애인고용분담금'을 내면 되기에 각 기업에서는 실제 고용보다는 분담금을 내는 사례가 많다. 이렇게 장애인 채용이 쉽지 않은 상황이지만 주요 공공기관, 공기업, 대기업 등에서부터 장애인을 채용하는 분위기를 솔선수범하여 만들어가면 어떨까 생각한다.

⑫ 취미/특기

별로 중요하지 않은 항목이라고 생각하기 쉽지만, 의외로 관심을 끄는 항목이다. 취미, 특기가 전혀 없는 사람보다 꾸준한 관심을 갖고 지속적인 활동을 하는 사람에게 호감을 느끼게 된다. 실제로 특기에 '노래 부르기'라고 쓴 지원자에게 직접 노래를 시켜보는 경우도 있었다. 긴장된 승무원 면접에서 멋지게 '뽕짝(트로트)'을 부른 여성 지원자가 최종 합격한 사례가 실제 있었으니, 취미/특기란을 잘 적어 성공한 케이스가 되겠다. 물론 그 적극성과 성의껏 노력하는 자세가 평가를 받은 것이다.

⑬ 종교

종교 역시 항상 민감한 주제이다. 이상한 종교가 아닌 이상 특별히 문제가 될 것은 없으나, 개신교의 경우 일부 편향된 의견을 가진 면접관이 "일요일에 회사로 출근하라고 한다면 어떻게 할 것인가?"라는 질문을 던지는 경우가 있는데 독실한 신자들에겐 매우 곤혹스러운 질문이다. 사실 일부 업종의 경우 일요일 출근을 하는 회사들(유통업체 등)도 있기 때문에 이 문제와 관련된 지원자의 태도를 보기 위해 이런 질문을 던지는 경우가 많다. 이 경우 "일요일에는 출근하기 어렵다"고 대답하는 사람이 실제로 있다. 소신 있는 답변이지만 그 회사 채용전형에는 합격이 어려울 것이다. 회사는 지원자의 종교성향과 무관하게 이윤을 추구하는 곳이다. 중요한 업무가 있으면 일요일도 출근해야 한다. "만일 중요한 해외출장 일정에 일요일이 포함되어 있다면 그 출장을 거부할 것인가?", "응급실 의사가 일요일에는 당직 근무를 못하겠다고 한다면 과연 어떻게 될까?"를 생각해보면 쉽게 이해가 될 것이다.

⑭ 입사지원서 사진

지원서 사진은 매우 중요하다. 사람의 인상은 한 번 각인되면 그 잔상을 지우기에 상당히 많은 시간을 필요로 한다. 첫인상만을 보고 사람을 판단하는 것은 대단히 위험한 생각이지만 실제 서류전형에서 입사지원서상의 사진을 보고 판단하는 사례가 무척 많다. 개인적인 판단이겠지만 편한 캐주얼 복장에 재미있는 표정으로 찍은 사진을 입사지원서에 올리는 경우, 어떤 의도인지는 모르나 별로 좋은 결과를 기대할 수 없을 것이다.

반드시 사진은 단정한 정장 차림으로 제대로 찍어서 올려야 한다. 특히 이런 증명사진은 제대로 찍어야 한다. 전철역사 즉석사진의 질이 별로라는 것을 이미 찍어본 사람들은 알 것이다. 비용이 더 들더라도 좋은 사진관을 찾아 제대로 된 증명사진을 찍는 것이 좋겠다.

이상 중요하다고 생각되는 입사지원서 항목들에 대하여 정리해보았다. 여러 번 강조하지만, 항상 입사지원서가 누구에게 보이는가에 대해 생각하기를 바란다. 쉽게 말해 입사지원서는 사소한 트집 잡기 좋아하는 회사 사람들이 보는 서류이다.

그들은 생각만큼 개방적·합리적이지도, 시대 조류에 민감하지도 않다. 면접관들은 철저히 그 기업의 성격, 문화에 맞는 사람을 채용하고 싶어 한다. 더구나 그들은 그 많은 입사지원서를 충분히 읽고, 고민하여 결정할 시간이 매우 부족한 사람들이라는 점이다. 적어도 입사지원서에서 사소한 꼬투리를 잡히지 않으려는 노력이 필요한 이유이다.

3) 신뢰감을 주는 자기소개서

(1) 자소서 작성요령

자기소개서에 대하여 부담을 가지는 지원자들이 상당히 많은 것 같다. 지극히 당연한 일이다. 입사지원서는 정해진 질문사항에 대하여 단답식으로 작성하면 되지만, 자기소개서는 회사마다 다양한 유형의 질문이 있고, "자신의 실패한 경험을 작성해보시오"라는 식의 난이도 있는 질문도 있기 때문이다. 그러면 어떻게 해야 깔끔하고 잘 만들어진 자기소개서를 작성할 수 있을까? 몇 가지 사항을 언급하고자 한다.

① 회사에서 정한 분량을 지켜야 한다

회사마다 대부분 자기소개서 각 질문에 대한 분량기준을 정해 알려주고 있다. 기준이 500자일 경우 이를 초과할 필요도 없지만 대충 100~200자 정도만 쓰고 만다면 무성의한 것으로 간주되기 쉽다. 자기소개서 분량은 너무 길어도, 짧아도 좋지 않다. 채용담당이 모든 내용을 읽고 확인하기는 쉽지 않겠지만, 분량을 채우고 있는지에 대하여는 확실히 드러나기 때문에 정해진 분량을 맞추라는 것이다.

② 중언부언하지 마라

정해진 분량을 맞추겠다고 하여 질문 취지에도 맞지 않는 내용을 중언부언(重言復言) 설명해보았자 역효과만 날 뿐이다. 서류전형은 정답이 없다. 자소서는 백일장, 논술시험이 아니고, 문장력을 테스트하는 것도 아니므로 어려운 단어를 사용하여 뭔가 색다르게 보이려고 한다든지, 튀는 내용을 만들어보겠다고 요즘 세대가 사용하는 언어(?)를 과감히 쓰는 경우 별로 효과를 기대하기 어려울 것이다. 자소서는 무엇보다 진솔한 내용이 좋다. '진솔'이라는 말은 '진실하고 솔직하다'는 말이다. 진심은 어디에서나 통한다.

③ 남을 베끼는 것보다는 나만의 스토리를 만들라

인터넷상에 공개된 자소서를 모범 답안이라 생각하여 베끼는 것은 좋은 생각이 아니다. 저마다 살아온 인생, 경험이 다른데 어떻게 같은 내용이 반복될 수 있을 것인가? 차라리 이번 기회에 자신의 스토리를 한 번 만들어보기를 권한다. 화려한 글솜씨가 없어도 관계없다. 다시 강조하지만, 자기소개서는 논술시험이 아니다. 자신의 일생을 어린 시절부터 현재에 이르기까지 몇 가지 주제를 정하여 스토리를 만들어보자. 필요하면 표를 그려도 된다. 이 양식을 스스로 작성하다 보면 과연 자신이 어떻게 살아왔으며 앞으로 어떤 일을 하고 싶은지에 대한 나름의 생각과 주관이 생기게 된다.

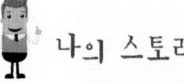 나의 스토리 ....

1. 성공과 실패경험

구 분	가장 좋았던 기억 (성공사례)	가장 안 좋았던 기억 (실패사례)
초등학교 이전		
초등학교		
중학교		
고등학교		
대학교(입대 전)		
대학교(군 제대 후)		
대학 졸업 전후		

2. 나의 성격변화

구 분	내 성격의 특징	변화 여부
초등학교 이전		
초등학교		
중학교		
고등학교		
대학교(입대 전)		
대학교(군 제대 후)		
대학 졸업 전후		

3. 내가 하고 싶었던 일들(꿈, 직업, 직장 등)

구 분	하고 싶었던 것들	좌 항이 바뀐 이유
초등학교 이전		
초등학교		
중학교		
고등학교		

대학교(군 입대 전)		
대학교(군 제대 후)		
대학 졸업 전후		

4. 앞으로 하고 싶은 일들(꿈, 비전, 희망사항 등)

구 분	하고 싶은 것	하고 싶은 이유
현재		
현재~1개월 뒤		
3개월 뒤		
6개월 뒤		
1년 뒤		
3년 뒤		
10년 뒤		

④ 어설픈 실수를 하지 않도록 할 것

글을 멋지게 쓰려고 노력하기보다는 차라리 실수를 줄이도록 하는 게 더 효과적이다. 흔한 자소서 질문 중 하나인 입사지원 동기를 보면 많은 지원자가 해당 회사의 업종, 비전에 대하여 관심을 갖게 되었고, 입사한다면 자신이 많은 역할을 할 수 있겠다는 적극적인 내용으로 접근하는 것까지는 나쁘지 않지만, 립서비스 차원이라도 해당 회사가 업계 최고의 회사이고 처우도 최고의 회사라는 등 제대로 알지도 못한 사실에 관한 어설픈 칭찬은 하지 않으니만 못하다.

채용담당은 지원자가 아직 근무도 하지 않은 회사에 대해 어떻게 그런 칭찬을 할 수 있는지 의아해하고, 가식적 느낌까지도 받게 되며, 그 회사에 대하여 정확한 인식을 하고 있는지 의심을 하게 된다. 면접에 가더라도 이런 내용으로 어설픈 말꼬투리를 잡힐 수 있기 때문에 전혀 실익이 없다.

맞춤법을 틀리게 쓰거나, 비속어, 유행어를 사용하는 것도 조심해야 한다. 채팅에서나 사용하는 용어, 기호를 사용하는 것도 좋지 않다. 그런 용어 사용은 아직 학생티를 벗지 못했다는 부정적 인식을 줄 뿐이다. 쉽지는 않겠지만 세련되고 진솔한 문장을 사용하는 연습을 열심히 하여 자신만의 색깔을 드러내는 것이 가장 최상의 자소서가 될 것이다.

최악의 자소서는 쉽게 드러나는 거짓말을 쓰거나, 지원회사를 오기하는 경우이다. 뻔히 드러나는 거짓된 내용을 쓰는 경우가 있다. 입사지원서와 자소서 내용이 일치하지 않는 경우도 있고, 이는 나중에 면접에서 드러나기도 한다. 특히 A항공 지원자가 K항공에 지원하게 되어 영광이라고 쓰는 아주 사소하지만 치명적인 실수를 하는 지원자들이 생각보다 많다. 단순한 실수로 보기에는 너무도 어이없는 일이다. 이는 사전에 꼼꼼히 확인하지 않고 자소서 내용을 무조건 복사하여 갖다 붙인 것으로 간주할 수밖에 없다.

지원회사에 관해 알고 있는 어설픈 지식을 나열하는 것도 좋지 않다. 막연히 해외근무가 가능할 것으로 생각하여 바로 해외근무를 하고 싶다는 등의 언급은 회사의 여건, 현실을 무시하는 것이다. 신입직원을 즉시 해외로 내보내는 회사는 그리 흔치 않다. 홈페이지, 인터넷 검색을 통해 얻은 단편적 정보나 기업현황을 나열하여 언급하는 것도 좋은 인상을 주기 어렵다.

그것보다는 과거 본인이 어려움을 겪어본 개인경험 등을 통해 앞으로도 어떤 일이든 해결해나갈 용기를 얻게 되었다는 등 청년답게 솔직하고 패기 넘치는 모습을 전달하는 것이 더 효과적이다. 순간을 모면하기 위해 꼼수를 부리게 되면 별로 좋은 평가를 받기 어렵다는 말을 꼭 해주고 싶다.

(2) 자소서의 주요 질문

많은 회사가 자소서에서 요구하는 주요 질문 3가지에 대하여 간단히 살펴보자.

① 성격의 장점과 단점에 대해

아무리 완벽한 사람이라도 성격의 장단점은 존재한다. 질문의 핵심은 자신의 장점보다 단점에 대하여 잘 인지하고 있는지, 그 단점을 극복하기 위해 어떤 노력을 했고, 그 결과는 어떤지가 중요한 것이다. 단순히 장점만을 나열한다든지, 단점의 보완이나 극복을 위한 과정이 없는 경우 좋은 내용이 되기 어렵다. 기업은 여러 성격을 가진 이들이 함께 모여 일하는 곳이다. 다름은 인정할 수 있어도, 오직 자신만이 옳다고 고집하는 경우 화합, 협업에 문제가 될 수 있기 때문에 이런 유형의 질문이 의미가 있다.

② 지원동기

기본적으로 해당 회사에 대한 관심이 있기에 지원을 하겠지만 수많은 회사 중 특별히 이 회사에 지원하게 된 이유가 궁금한 것이다. K항공도 있는데 왜 A항공에 지원을 했을까? 뭔가 그 이유를 합리적으로 기술할 필요가 있다. 평소에 그 회사의 업종에 대하여 얼마나 많은 관심과 이해를 가졌는지도 중요한 포인트이다. 사실 개인적으로 지원동기를 쓰는 것이 가장 어렵다고 생각한다. 어떻게 보면 하나 마나 한 질문일 수도 있기 때문이다. 자신의 개인적 경험, 전공과의 연계성 등을 감안하여 진솔하게 써간다면 좋겠다. 단편적 정보를 나열하는 것보다는 지원자 자신의 솔직한 마음을 여실히 보여줄 수 있는 질문이기 때문에 자신의 진정성을 보여줄 수 있는 내용이기도 하다.

③ 입사 후 희망과 포부

회사 입장에서는 이 부분에 대한 내용이 가장 궁금하다. 입사 후 어떤 일을 하고 싶은지, 1년 뒤, 3년 뒤, 어떤 모습의 직장인이 되기를 원하는지 말이다. 따라서 이 문항은 자신이 가장 하고 싶은 일에 대한 분명한 생각을 갖고 작성하는 것이 좋다. 특히 근무희망부서, 직종에 대하여도 언급을 하는 것이 좋다. 막연히 아무 생각도 없는 사람보다 명확하게 자신의 진로에 대해 인식을 하는 사람에게 호감이 가는 것은 당연하다. 진정성 있는 자기소개서는 사람의 마음을 움직인다. 아무리 스펙 위주 서류전형을 한다고 해도, 청년들의 진솔한 마음이 담긴 자기소개서는 서류담당도 감동시킬 수 있다. 기업은 사람이 모여서 일을 하는 곳이다. 천편일률적인 내용과 어려운 문장력보다는 지원자들이 어버이날 부모님에게 써 드렸던 다소 투박하지만 진정이 담긴 편지처럼 담담히 기술한다면 아마도 많은 이들에게 좋은 인상을 줄 것이라 확신한다.

4) 서류전형 프로세스

(1) 채용담당의 시각에서 본 서류전형

경험상 가장 어려운 전형은 필기, 면접전형이 아니라 바로 서류전형이다. 어렵다는 의미는 그 기준이 모호하다는 데 원인이 있다. 물론 회사마다 서류전형의 공정성을 위해 나름 여러 방법을 사용한다. 스펙에 해당하는 몇 가지 항목에다 점수 기준을 부여하여 전체 서류점수를 산출하는 방법을 사용하거나(물론 학교별 가중치를 별도로 부여하기도 한다), 규모가 작은 회사인 경우 채용부서 직원이나 담당 부서장의 자의적 판단에 맡기기도 한다. 신기한 것은 서류전형에 부익부 빈익빈 현상이 보인다는 점이다. 서류전형마다 쉽게 통과하는 사람은 다른 곳에도 합격하는 경우가 많고, 그 반대의 경우도 발생한다. 많은 회사에 서류를 넣어보았는데 면접연락 온 곳이 거의 없었다면 자신의 서류작성에 대하여 다시 한 번 생각해보아야 한다. 스펙에 자신이 없는 지원자들의 경우 스펙이 떨어지니 어쩔 수 없다는 식으로 자포자기할 수도 있는데 반드시 그런 이유만은 아닌 것 같다.

물론 인기 있는 대기업의 경우 경쟁률 자체가 너무 높은 것이 사실이다. 그러다 보니 정상적인 프로세스가 진행되기 어려운 때도 있다. 꼼꼼히 서류를 검토

하여 선별해야 하나 그 많은 지원 서류를 처리할 물리적 시간이 쉽지 않은 것이다. 채용담당이 다른 업무를 제쳐놓고 모든 역량을 여기에 집중하더라도 불가능한 일이다. 이런 경우 기업 인사담당들은 현실적 선택을 하는 경우가 많은데 다음 사례를 참고하기 바란다. 물론 그렇지 않은 경우도 있기 때문에 쉽게 일반화할 수는 없다. 회사에 따라서 서류전형에 많은 인력을 투입하여 선별하는 회사가 있을 수 있기 때문이다. 더구나 공기업이나 공공기관의 경우 채용 시 공정성에 대한 부담 때문에 다른 사기업보다 지원자의 기본요건(학점, 어학점수 등)과 필기전형을 거치는 등 까다로운 편으로 알고 있다.

① 기본적인 기준 미달자 추리기

가장 짧은 시간에 효율적으로 서류전형을 하는 현실적인 선택은 먼저 부실한 지원서를 추려내는 것이다. 이미 언급한 주요 작성요건을 충족시키지 못한 지원서를 일단 추려내는 것인데, 상당히 많은 지원서가 이 첫 단계에서 추려진다. 입사지원서에서 반드시 작성해야 할 항목이 비어 있는 경우는 물론이고, 자기소개서가 제시한 적정 글자 수를 채우지 못하고 부실하게 작성되었다든지, 부적절한 사진이 등록된 경우도 서류전형에서 배제된다는 것을 알아두자.

② 각 회사 내부기준 적용하기

토익을 비롯한 어학기준요건을 충족하지 못하거나 기준에 도달하더라도 회사 내부적으로 정한 별도기준을 통과하지 못한 지원서를 추려낸다. 다시 말하면 채용공고상 토익점수기준을 700점 이상이라고 해도 여기서 700점은 최소한의 요건(minimum requirement)일 뿐이라는 점을 알아야 한다. 실제는 적어도 850점은 넘어야 전형을 하겠다는 내부기준이 별도로 있는 경우가 많다. 공고상 지나치게 높은 수준을 요구하게 되면 지원율도 떨어지고, 여론에도 부정적 영향이 있을 것을 고려한 것이다. 어학점수 이외에도 회사별 특징에 따라 남성, 여성,

전공, 연령제한 등 다양한 내부적인 기준을 갖는 경우가 많다. 채용공고는 단지 최소한의 기준을 제시한 것뿐이다.

③ 학교/지역별 안배하기

학교/지역별 안배는 채용에서 매우 중요한 부분이다. 중소기업을 비롯한 소규모 기업이야 그런 부분까지 고려할 여지가 별로 없을 것이나 공기업, 대기업의 경우 지원자의 출신지역이나 출신학교 등이 상당히 민감한 고려사항들이기 때문에 특정지역, 특정학교의 쏠림현상이 발생하지 않도록 안배를 고려한다. 지역 연고기업들이 과거에는 특정지역 출신을 우대하는 경향이 많았는데 최근에는 기업 이미지상 이를 탈피하려는 노력을 많이 하고 있기에 과거보다 덜하기는 하지만 아직도 지역 안배를 고려할 정도로 인력의 편중현상이 심한 기업이 있는 것이 사실이다.

출신학교의 경우 많은 기업이 선호하는 일부 상위권 대학일수록 가점이 부여되는 것은 사실이다. 최근 일부 기업에서 지방대 출신을 채용하는 노력을 하면서 여러 변화를 도모하고 있지만, 대기업들이 상위권 대학 출신을 우대하는 풍토는 한국의 교육 현실과 맞물려 그 변화가 쉽지는 않을 것 같다.

(2) 서류전형 프로세스에서 체크할 사항들

서류전형은 채용담당에게 있어 상당히 괴로운 작업이다. 하루에도 수백 건 이상 입사지원서를 확인하는 경우가 많기 때문이다. 경우에 따라서는 배치부서 직원들이 함께 서류전형을 하기도 하나, 아무래도 경험이 풍부한 채용담당이 서류전형의 열쇠를 가지는 것이 맞다. 어쨌든 접수가 완료되면 서류전형 결과를 내부 보고 프로세스를 거친 후 최종결과를 발표하게 된다. 통보방식은 채용 홈페이지 확인, 문자, 이메일, 유선통보 등 여러 방식이 있지만, 합격자에게 직접 전화를 걸어 알려주는 것이 일반적이다. 별도 채용사이트를 운영하는 회사의 경우 각 개인이 조회하여 그 결과를 알 수 있겠지만, 그렇지 못한 경우 대부분 전화, 문자 등으로 발표한다.

간혹 탈락한 이들에게까지도 연락하는지에 대한 문의를 하는 경우가 있는데 채용홈페이지를 통해 결과를 확인할 수 없는 경우, 유선, 문자 등으로 결과를 알려주는 것이 좋겠지만, 현실적으로 많은 회사가 그렇게 하지는 않는 것 같다. 상당히 많은 업무상 불편함이 발생하고 탈락한 이들에게 상처를 주는 것 같아 꺼리는 경우도 있는데 지원자들도 그 회사의 고객이므로 수고한 지원자들에게 감사의 마음이 담긴 따뜻한 문자라도 한 통 보내주는 것이 좋을 것 같다. 단, 이런 문자, 이메일 등을 여러 번 보내게 되면 받는 이들에게 두 번, 세 번 기분을 상하게 하는 셈이므로 주의해야 할 것이다. 간혹 같은 내용의 regret mail을 두 번이나 보냈다가 항의를 받는 사례도 있다.

서류전형에서 입사지원서, 자기소개서는 매우 중요하다. 기본을 지키지 않는 서류는 시간, 비용의 낭비일 뿐이다. 간혹 지원회사에 대하여 기본적인 사항도 알아보지 않고 무조건 지원서부터 보내는 사람들이 있다. 과거 우편, 방문접수를 하던 시절과 달리 인터넷 온라인이나 이메일로 쉽게 지원서를 제출할 수 있기에 이런 현상이 더 심화되기도 한다.

이를 방지하기 위해 몇 가지 체크리스트를 만들어보았다.

 ## 서류지원을 하기 전 체크리스트 ·····························

1. 지원할 회사의 모집요강을 꼼꼼히 읽어보았는가?
2. 모집요강에 나온 직종이 본인과 맞을 것 같은가?
3. 근무지가 문제가 되지는 않는가?
4. 모집요강 중 최소한의 요건이 본인의 현재 자격과 부합하는가?(어학, 자격 등)
5. 이 회사에서 면접요청이 있는 경우 우선 고려하겠는가?
6. 최종 합격하는 경우 이 회사에 입사할 의향이 있는가?

7. 회사의 처우수준에 대하여 동의하는가?

8. 모집기간 내 원서제출이 가능한가?

9. 지원회사의 홈페이지나 인터넷을 검색해보고 지원할 마음이 생기는가?

10. 본인의 생각이나 느낌(매우 중요)으로 이 회사에 2년 이상은 다닐 수 있을 것 같은가?

이상 10가지 항목에 대하여 적어도 5개 이상 긍정적 대답을 할 수 없다면 지원을 다시 한 번 생각해보는 것이 좋겠다.

기업이든 개인의 측면이든 '채용 후 2~3년 뒤에도 회사에 남아 성실하게 근무할 수 있는지?'라는 부분은 매우 중요하다. 회사가 '인재사관학교'라는 명칭으로 불리는 것은 그리 좋은 평판이 아니다. 아무리 교육프로그램이 잘되어 있다고 해도 좋은 인재를 다른 회사로 빼앗긴다는 것은 그 회사의 처우, 근무여건, 문화 등에 문제가 있다는 의미이기 때문이다. 어떤 회사든 그런 봉 노릇을 하고 싶어 하지는 않는다. 채용 경쟁력이 떨어진다는 점을 스스로 인정하는 경영자를 필자는 한 번도 본 적이 없다. 충분한 고민 없이 막연한 지원을 반복하는 경우나 이직이 많아 수시로 채용을 하는 회사들은 자신들의 내부 역량에 대하여 다시 한 번 심사숙고가 필요하다.

5) 필기전형(직무적성검사)

과거에 비해 대규모 필기전형을 보는 회사가 그리 많지는 않다. 20년 전만 해도 매년 11월 첫째 주 일요일이면 많은 그룹이 각 학교를 빌려 영어, 상식, 전공과목 등 필기시험을 시행하였다. 물론 필기는 서류전형을 거치거나, 아예 처음부터 필기시험을 보는 경우도 있었다. 공통적인 것은 필기결과가 우수하더라도 최종면접에서 당락이 결정되기 때문에 국가고시처럼 필기가 절대적인 영향을 미치는 것은 아니다. 필기는 지원자의 실력을 가장 객관적으로 평가할 수 있는 방식 중 하나이다. 결과점수 차이에 따라 서열화하기에 이렇게 좋은 방식을 찾기는 어렵다. 그 때문에 공무원, 임용고시 등 각종 국가시험을 이런 필기전형으로 치르고 있다. 합격자 결정의 가장 객관적 기준으로 필기전형의 장점은 유효하다.

최근 필기전형을 시행하는 일부 대기업들은(중소기업들은 필기전형을 거의 시행하지 않는다) 영어, 상식, 전공 등이 아닌 '직무적성검사'라는 방식을 많이 활용하고 있다. 영어는 토익 등 다른 어학시험으로 대체할 수 있기에 별도 필기전형 필요성이 없어졌다고 볼 수 있고, '직무적성검사'가 도입되는 표면적 이유는 일견 바람직해 보인다. 즉, 과거보다 채용프로세스가 다양화되었고 기업마다 평가방식을 독자적으로 가지고 싶어 하는 경향을 가지게 되었는데 '직무적성검사'를 통해 지원자의 능력을 파악할 수 있을 뿐 아니라 입사 후에도 직무적성, 배치 등 다양한 부분에 활용할 수 있는 장점이 있기 때문이다.

직무적성검사의 내용으로 직무능력검사를 들 수 있는데 그 평가요소는 ① 언어능력, ② 수리능력, ③ 추리능력, ④ 공간지각능력, ⑤ 창의력, ⑥ 판단력, ⑦ 기계이해력, ⑧ 상식능력 등이 있다. 이 같은 직무능력검사는 기업마다 천차만별이며 시중에 각 해당 기업의 문제유형을 서점에서 구할 수 있으므로 관심이 있는 지원자들은 이를 참조하면 될 것이다.

인적성검사는 명목상으로는 지원자가 회사 등 조직생활에 얼마나 잘 적응할 수 있는지를 판단하기 위해 여러 다양한 질문을 통한 정신적인 부분을 판단하고 문제가 없는지를 판별하기 위한 것이라고 할 수 있다. 주로 5단계 응답을 많이 하게 되는데 아마 여러 종류의 테스트에서 많이 경험하였을 것이다[① 매우 그렇다, ② 그렇다, ③ 보통이다, ④ 그렇지 않다, ⑤ 전혀 그렇지 않다].

직무능력검사의 경우와는 다르게 인적성검사의 정답은 존재하지 않는다. 진단기관의 성격에 따라 다르게 적용이 될 수도 있고 앞으로 결과가 어떤 의도성을 가질지도 모르나, 다음 몇 가지는 유의할 필요가 있을 것 같다.

① 우선 진솔한 답변을 해야 한다. 속내를 숨기겠다는 의도를 갖고 응답을 하

는 경우 검사기관의 체크에 걸려 오히려 더 좋지 않은 결과가 나올 수 있으므로 될 수 있으면 속내를 숨기지 말고 솔직히 답변하는 것이 좋을 것 같다.

② 일관성이 있는 답변을 해야 한다. 인적성검사는 특성상 유사한 질문이 반복되는 경우가 많다. 이는 진단기관에서 의도한 바가 별도로 있기 때문에 될 수 있으면 답변은 일관성을 유지하도록 하는 것이 좋다.

③ 너무 많은 시간을 고민하지 말고 답을 하는 것이 좋다. 인적성검사는 정답이 없다. 오히려 지원자의 성향이 너무 오락가락하는 경우 기대한 결과가 나오기 어려운 경우가 더 많다. 따라서 답은 가급적 빠른 시간 내에 결정하는 것이 좋다.

삼성처럼 선도적 기업이 시작한 직무적성검사가 나름의 합리성과 유의미한 평가방식을 취하고 있는 듯 보이지만 기대만큼 큰 효과가 있는 것 같지는 않다. 말이 직무적성검사지 실제는 학습능력이 뛰어난 사람을 선별하는 시험이고, 이는 주요 상위권 대학 출신들을 확보하기 위한 그 이상의 의미가 별로 없다. 우수한 역량을 가진 사람을 채용하여 단지 회사에 충실한 직장인을 만드는 게 주요 목적이 되어서는 안 된다. 참고자료는 될 수 있으나, 대입 수능시험처럼 당락을 좌우하는 절대적 기준이 되어서도 곤란하다.

기업 채용에 있어서는 필기보다는 면접의 중요성이 더 크다고 생각한다. 더구나 직무적성검사는 상당한 비용, 시간이 소요된다. 중소기업에서 쉽게 접근할 수 있는 방식이 아니다. 어떤 전형방식이든 완벽한 제도는 없다. 직무적성검사를 시행하는 일부 기업에 전혀 관심이 없는 지원자라면 굳이 준비를 권하고 싶지 않다. 최근 보도가 된 바와 같이 수십만의 구직자들이 삼성, 현대 등 대기업의 직무적성검사에 목을 매고 있는 현상은 바람직하지 않다. 이런 전형은 해당 공기업, 일부 대기업에 꼭 입사를 희망하는 소신 지원자들이 준비해야 할 것이지 수능시험처럼 누구나 참여할 필요는 없다고 본다.

특히 직무적성검사를 시행할 정도의 회사는 글로벌 대기업 수준의 회사이다. 이들은 채용에 있어 사회적인 여론, 자신의 회사 이미지에 대한 부분에 많은 관심을 가지고 있다. 그래서 최근 삼성의 SSAT 같은 경우 서류전형을 면제하고 SSAT를 누구나 볼 수 있게 하여 10만이 넘는 사람들이 몰렸다고 한다. 과연 이 현상을 어떻게 보아야 할까? 열린 채용을 한다는 것에 반대할 사람은 아무도 없다. 하지만 10만이 넘는 청년구직자들이 삼성 입사의 꿈을 안고 직무적성검사를 준비하기 위해 관련 수험서를 사서 공부해야 하고 심지어는 학원까지 다니는 것은 엄청난 비효율이다. 누구에게나 기회를 준다는 사회적 여론, 열린 회사라는 이미지 제고를 위해 치르는 사회적 비용치고는 그 희생이 너무 크다. 바람직하고 효율적인 대안 마련이 시급하다.

면접전형

1) 면접이 중요한 이유

많은 이들이 모여 치열한 경쟁을 보이는 채용이 있다면 분명 합당한 이유가 있을 것이다. 대표 선호직종인 공무원, 국가고시 등 시험들은 면접이 있기는 하지만 필기점수결과가 절대적이다. 사법시험에 합격하였다는 말은 필기결과를 의미하는 것이지 면접결과를 말하는 것이 아니다. 하지만 기업 채용에서 최종적 결정요소는 면접전형이다. 서류, 필기를 우수한 성적으로 통과하여도, 최종 면접에서 탈락하게 되면 아무런 의미가 없다. 심지어 필기에서 최고 성적을 받은 지원자가 탈락한 것도 본 적이 있다.

당혹스러운 것은 서류나 필기는 그래도 객관적 기준이 있다. 스펙이든, 필기든 정량적으로 점수화된 기준에 따라 판단할 수 있는데 면접에서 이런 기준을 찾기가 쉽지 않다. 물론 면접도 회사마다 면접 심사표를 만들어 기준을 가지고 있기는 하다. 하지만 오로지 면접 심사표 결과에 따라 합격을 선별하는 경우는 별로 없다. 면접관, 경영자의 주관적 요소가 중요하게 작용하기 때문이다. 어떻게 보면 면접은 '엿장수 맘'이다. 매년 주요 대기업들이 언론에서 선호하는 인재상을 말하지만 대부분 지극히 옳은 말이고, 더 모호해질 뿐 지원자들에게 면접에 대한 부분을 충분하고 설득력 있게 답하기 어렵다.

그렇다면 면접전형 결과는 왜 객관화하기가 어려울까? 물론 점수로 산출하기는 한다. 하지만 그 평가요소가 대부분 정량적이 아닌 정성적이기 때문이다. 정량적은 계량화할 수 있는 수치나 양으로 표시할 수 있는 개념이다. 지원자별 토익점수를 100점 만점으로 환산하여 그 순위를 매길 수 있듯이 언제든 관련 근거를 명확히 제시할 수 있고, 객관적 타당성을 인정받을 수 있는 수치(숫자)로 표시되는 경우 이를 정량적 요소라고 한다.

정성적이라는 말은 주관적인 개념이다. 면접 태도를 평가한다고 할 때, 지원자의 어투가 거슬린다든지, 무성의한 답변을 했다든지 하는 경우 면접태도가 좋지 않다고 할 수 있겠지만 이를 점수화하는 경우 과연 몇 점을 주어야 할까? 물론 태도불량 건수가 몇 회 이상이라는 식으로 수치화할 수도 있겠지만 정확하게 산출하기도 어렵고 이런 식의 점수 산정이 객관성을 인정받기도 어려울 것이다. 이렇게 평가자의 주관적 판단으로 총량 종합평가(over-all rating)하는 경우를 정성적 평가요소라고 한다.

문제는 면접전형이 정량요소가 별로 없고, 대부분 정성적 평가요소라는 점이다. 어떤 회사든 면접의 최종 결정권을 가진 사람은 최고경영자이다. 경영자는 중요한 채용에 있어 자신이 직접 결정하고 싶어 하는 경향이 많다(특히 경력사원 채용이 그렇다). 간혹 서류-필기를 통해 매우 우수했던 지원자가 누락되고, 오히려 면접을 잘 보았던 사람이 합격하는 경우를 많이 볼 수 있다. 이는 면접 시 발생하는 후광효과(hallo effect), 순간적 느낌으로 전체적 평가를 하는 경우 이런 현상이 발생한다. 이는 경험이 많은 면접관에게도 쉽게 발생되는 오류이다. 물론 한 사람의 판단으로만 결정되는 것이 아니라 여러 의견을 종합하여 결정하지만 무시하기 어려운 오류임은 분명하다. 더구나 면접의 기회가 자주 오는 것이 아니므로 그 기회를 놓치지 않으려면 충분한 대비가 필요하다. 뭔가 잘 보이려고 의도적인 노력을 하려다 보면 실수를 저지르게 된다. 오히려 담담하고 진솔하게 접근하면 잘 풀리는 경우를 더 많이 보게 된다.

지원자들은 단편적인 요령보다 좀 더 시야를 넓게 가지기를 바란다. 숲에서만 사는 새는 나무에 가려 그늘진 한 구역이 마치 숲의 전부인 양 생각할 것이다. 하지만 날개를 펴고 하늘로 올라 전체 숲을 바라볼 수 있는 새는 그 숲이 얼마나 넓고 큰지 알게 될 것이다. 조감도(bird sight view)란 말이 있다. 한 물체의 모습을 정면도, 측면도만이 아닌 전체를 가장 잘 볼 수 있는 그림이 바로 조감도이다. 새가 하늘을 날아올라 새의 눈으로 보는 그림이라는 뜻이다. 지엽적인 부분에 너무 흔들리지 말고 자신 있게 접근하면 좋은 결과가 있을 것으로 믿는다.

2) 면접에 임하는 자세와 태도

아무리 '용모가 별로 중요하지 않다'라고 해도 면접에서 그 중요성을 간과하기는 쉽지 않다. 지금은 거의 사용하지 않는 문구지만 과거 채용공고에 어김없이 등장했던 단골 문구가 바로 용모단정이라는 말이었다. 채용공고에는 사라졌지만 과거보다 더 용모를 중요시하는 사회 분위기가 있는 것도 사실이고, 업·직종에 따라 서비스업일수록 면접에서 용모를 매우 중요한 요소로 생각하는 회사도 있기 때문에 무시할 수만은 없다. 업종을 불문하고 어떤 회사든 단정하고 반듯한 직원을 선호하는 경향은 유사하다. 어떤 벤처기업의 경우 창의성을 계발하기 위해 직원들이 수염을 기르거나 반바지로 근무한다는 기사를 본 적이 있는데 일부 회사의 문화일 뿐 일반적인 현상은 아니다.

요즘은 채용이 아니더라도 우월한 용모가 능력이 되는 사회 분위기 탓에 성형외과, 피부과가 때아닌 호황을 누리고 있기도 하다. 그런 분위기 속에서 "천성적으로 용모가 부족한 사람들은 어떻게 살라는 말이냐?"는 항변이 쏟아질 것으로도 생각된다. 회사에서 원하는 용모는 요즘 인기 있는 꽃미남 연예인 수준의 외모를 말하는 게 아니다. 지극히 일반적이고 단정한 수준의 용모를 말하는 것임을 강조하고 싶다. 이렇게 설명해도 잘 이해가 가지 않는 사람들은 평일 점심시간에 삼성 서초동 사옥이나 CJ 남산 사옥 같은 곳에 가서 20~30분 정도만 쏟아져 나오는 회사 직원들의 모습을 한 번 살펴보라고 권하고 싶다. 물론 그중에는 잘생긴 사람도 있고, 그렇지 못한 사람들도 있을 것이다. 하지만 자세히 살펴보면 사람마다 어떤 공통된 느낌을 찾을 수 있는데, 특히 젊은 직원일수록 자신 있고 밝은 표정이 많다는 것이다. 간혹 나이가 있는 사람들 중에는 어두운 모습도 있다. 지하철에서 보는 한국 중년 남자들의 표정이 밝지 못한 것은 사실이다. 하지만 굴지의 대기업 20~30대 청년 직원들의 경우 대부분 밝고, 활발한 패기가 느껴지는 인상이 많다는 것을 자신 있게 말할 수 있다.

반대로 경영사정이 그리 좋지 않거나 직원들을 마구 대한다고 소문난 중소기업 한 곳을 정해 같은 방법으로 그 회사를 방문하여 보라. 그 직원들 표정이 어떤지 꼼꼼히 살펴보기 바란다. 아마 많은 직원의 얼굴이 어둡고, 뭔가 찌들어 있는 모습을 보게 될 것이다. 이런 현상이 발생하는 것은 당연하다. 대기업들은 채용단계부터 밝고 자신감이 넘치는 좋은 인상을 선호하여 채용하기도 하지만, 채용 후에도 계속 회사생활에 자부심과 만족을 느끼는 경우가 많다. KBS, SBS 방송국에 다니는 직장인들이 자신의 소속직장에 대한 자부심은 대단하다. 그 때문에 그들의 표정은 언제나 당당하고 자신이 넘친다. 이런 회사들은 굳이 소속감이나 회사로열티를 강조할 필요도 없다. 반면, 처우가 열악하고, 근무 만족도가 현저히 떨어지는 중소기업 직원들은 사는 것 자체가 찌들어 있는 경우가 너무 많다. 이들에게서 맑고 밝은 얼굴, 자신감, 패기 넘치는 모습을 보기는 쉽지 않다. 이는 그들의 잘못만은 아니다. 조직에서 현재 생활에 만족을 주지 못하고, 미래에 대한 비전을 주지 못하는 데 좋은 표정이 나올 수가 없다.

지원자들은 대기업 젊은 직원들처럼 자신감 넘치는 자세와 태도를 가지기를 당부하고 싶다. 자신 없는 자세로 침울하게 앉아 있는 사람에게 기회를 줄 면접관은 아무도 없다. 여러분은 젊다는 것 하나만으로도 세상의 모든 것을 가졌다는 자신감을 가져도 좋다. 심지어 회사가 나를 채용하지 않으면 나는 더 좋은 곳으로 가면 되지만, 채용하지 못한 당신들은 복덩어리를 놓친 셈이고, 좋은 인재를 놓친 것이라는 자칫 오만으로 느낄 수도 있는 자신을 가져도 좋다. '자세와 태도는 겸손하게, 마음가짐은 자신감이 넘치게' 해야 취직이든, 연애든, 일이 술술 풀리게 되어 있다. 아무리 아름다운 사람이라도 품격이 떨어지는 언행을 보인다면 과연 용모가 아름답다는 이유만으로 좋아할 사람이 몇이나 될까?

면접은 단순한 미인 콘테스트가 아니다. 성형이 필요하다는 말을 하는 이들은 사실을 잘 모르거나, 매우 무책임한 사람들이다. 전형을 통해 많은 면접관이 지원자들을 꼼꼼히 보게 된다. 그들은 오랫동안 사회생활을 해온 노련한 사람들이다. 지원자의 용모나 인상이 매우 짧은 시간 내에 판단, 결정되기 때문에 주어진 시간을 잘 활용하여야 하고, 될 수 있으면 깔끔하고 야무진 인상을 보이는 것이 중요할 것이다. 여러분은 어떤 얼굴을 가지고 싶은가? 그 판단은 여러분의 몫이다.

3) 성공적인 면접 노하우

(1) 면접에 임하는 자세

면접 경험이 많지 않은 지원자들은 면접이 단지 면접장 내에서만 이루어지는 것으로 생각하기 쉽다. 하지만 면접은 그 회사의 채용담당과 전화 통화를 할 때나, 면접을 보기 위해 회사 건물에 들어서는 순간부터 진행된다는 사실을 알아야 한다. 간혹 전화로 면접통보를 하는 경우 전화를 받는 태도가 적절하지 않은 사례들이 있다.

① 전화를 제대로 받지 않는 경우(핸드폰, 집 전화를 여러 번 해도 회신이 없는 경우

② 전혀 반갑지 않은 목소리로 면접 날짜를 변경해달라고 하는 경우

이 경우 해당 지원자를 체크해놓았다가 면접 결과에 반영하는 수도 있다는 것을 지원자들은 잘 모를 것이다. 그 회사에 조금이라도 입사하고 싶은 마음이 있다면 그렇게 접근하면 곤란하다. 스카우트해야 하는 전문 경력직이 아닌 이상 신입직원들은 지원회사의 면접을 모든 일정 중 가장 우선순위에 두는 것이 당연하다. 면접일정 중 시간변경은 쉽지 않다. 어떤 회사든 대표이사, 임원, 부서장들은 상당히 바쁘고 빠듯한 일정을 가지고 있다. 이들이 어렵게 잡은 면접일정을 특정 지원자 개인 사정에 맞추어 조정하기란 현실적으로 어려운 일이다. 사실 대기업, 공기업처럼 지원자들이 선호하는 회사 면접에 어렵게 기회를 잡았는데 이를 포기할 사람은 거의 없다. 면접 포기나 면접일정 조정 요구는 중소기업 등 비선호 기업 면접에서 주로 발생하는 일이다.

(2) 면접 시 유의사항

면접의 시작은 사무실에 들어서는 순간부터 진행된다고 생각하면 된다. 면접을 위해 사무실에 처음 들어오는 순간 지원자를 주의 깊게 살펴보는 경우가 많다. 인사를 강조하고 싶다. 처음 보는 사람들이라고 해도 인사를 해서 뺨을 맞는 경우는 없다. 외국인들은 잘 모르는 관계라고 해도 마주칠 때 항상 눈인사하고, 미소를 지으며, 간단한 인사멘트를 한다. 우리가 배워도 될 예절이라고 생각한다.

첫째, 적어도 안내 직원부터 혹시 음료 대접을 하는 직원이 있다면 반드시 정중한 인사를 했으면 좋겠다. 90도 인사를 하라는 말이 아니다. 존중의 마음으로 가볍게 머리 숙여 인사하면 결코 손해 보지 않는다. 인사를 하지 않을 이유가 하나도 없다.

둘째, 표정은 될 수 있으면 밝게 했으면 좋겠다. 물론 긴장이 되기에 쉽지 않은 일이다. 하지만 맑고 밝은 얼굴은 누구에게나 호감을 준다. 면접뿐 아니라 소개팅을 할 때도 마찬가지다. 그늘지고 찌든 얼굴을 보고 선뜻 채용을 결정하기란 매우 어렵다. 표정을 보면 많은 것을 읽을 수 있기 때문이다. 집안에 안 좋은 일이 있거나, 사는 게 힘들더라도 웃어라. 매우 쉽지 않은 일이다. 화장실에 가서 거울을 보며 꾸준히 연습해야 한다. 가장 좋은 방법은 친구와 서로 얼굴을 보며, 상호 교정을 해주는 것이다. 배우 안성기의 미소는 많은 사람을 흐뭇하게 한다. 그런 이들의 미소는 하루아침에 만들어지는 것이 아니다. 부단히 연습하고, 노력해야 할 것이다. 궁극적으로는 자신만의 스타일을 만드는 게 좋다. 자신만이 만들 수 있는 멋진 미소를 만들어보자.

셋째, 말실수하지 않도록 조심해야 한다. 면접 질문에는 특별한 정답이 없다. 간혹 불필요한 대답으로 말려드는 경우가 발생하기도 한다. 연봉수준이 낮은 중소기업의 경우 면접에서 희망연봉을 묻는 경우가 있는데 솔직한 답변을 해서 손해를 보는 수가 있다. 그 기업의 현실을 잘 알지 못한 상황에서 "채용하고 싶으나 급여가 맞지 않아 힘들겠다"는 느낌을 줄 수 있기 때문이다. 단지 연봉 때문에 포기할 것이 아니라면, 회사기준을 잘 모르지만 회사에서 정한 규정에 따르겠다고 하는 것이 좋겠다. 중소기업에서 맞지도 않을 희망연봉 수준을 언급하는 것이 정말 불필요하고 무의미한 일이기 때문이다.

대기장소에서 면접장으로 안내를 받으면 먼저 옷차림을 점검하기 바란다. 미리 화장실에 다녀오는 것도 좋겠다. 간혹 정장 재킷을 입지 않거나, 노타이 차림의 지원자가 있는데 이는 면접예절에 벗어나는 일이다. 더운 여름이라도 면접장에서는 정장을 갖추어야 한다. 지원 회사가 정장을 착용하지 않는 회사라고 해도, 면접관들이 편한 복장으로 면접을 본다고 해도 사전 안내에 별도로 정장을 입지 말라는 공식 안내가 없으면 정장착용이 기본이다.

(3) 면접의 종류

접 종류에 대하여 몇 가지 언급하고자 한다.

① 단독 면접

한 명이나 여러 명의 면접관이 지원자 한 사람을 상대로 하는 단독면접을 말한다. 신입의 경우에는 이런 형태의 면접이 흔치 않고 전문직종, 경력사원의 경우 연봉, 경력 등 개인 프라이버시를 지켜주기 위해 사용되는 면접유형이다. 지원자 한 사람만 면접을 보기 때문에 깊이 있는 다양한 질문을 할 수 있고 상세한 파악을 할 수 있다는 장점이 있지만 많은 시간이 소요되기 때문에 신입 면접방식으로는 잘 사용하지 않는다.

② 집단 면접

가장 많이 활용되는 면접방식이다. 면접관 여러 명이 3~4명의 지원자를 다대다로 면접하는 것이다. 많은 사람을 한 번에 면접할 수 있기 때문에 빠른 면접진행을 할 수 있다는 장점을 가지고 있다. 시간적 제약 때문에 지원자에 대한 파악이 한계가 있고 다양한 질문을 하기 어려운 단점도 있지만 짧은 시간에 많은 지원자를 선별해야 하는 기업의 입장에서 이 면접방식은 불가피한 선택이기도 하다. 대기업 신입채용의 경우 대부분 집단면접을 한다고 해도 무방하다.

③ 토론 면접

지원자의 사회성, 배려, 의식구조 등을 파악하기 위한 방법으로 토론면접을 하는 경우가 있다. 특정한 주제를 주고, 지원자 간에 이에 관한 토론을 하도록 하여 의견을 개진하는 방식, 의견 차이에 대한 대응 등을 보면서 지식, 인성, 타인에 대한 배려, 성격 등을 판단할 수 있는 썩 괜찮은 면접방식이기는 하지만 너무 많은 시간이 소요되고, 자칫 언변이 좋은 일부 지원자가 자리를 주도하는 등의 단점이 있기 때문에 일부 기업을 제외하고 많이 활용되지는 않는다.

④ 프레젠테이션(PPT) 면접

지원자들에게 특정한 주제를 주고, PPT 자료를 준비하게 하여 발표태도, 준비성, 내용 등을 보고 판단하는 면접방식이다. 사전에 준비할 시간을 주기는 하지만 지원자 입장에서는 상당한 부담이 되는 면접방식이며, 토론면접과 마찬가지로 시간도 많이 소요된다. 대개 최종면접을 앞두고 어느 정도 선별이 이루어진 경우나 마케팅(MKT), 컨설팅 분야 등 프레젠테이션이 특별히 중요한 업·직종의 경우 이 면접 방식의 의미가 있다.

⑤ 특이 면접(예: 호프 면접)

지원자의 사회성, 성격 등을 세부적으로 판단하기 위해 호프집, 술집식당 등을 활용하여 특이한 면접을 하는 회사도 있다. 마치 회식과도 같은 분위기 속에서 음주, 식사를 하면서 지원자의 성격, 성향을 다양한 방식으로 관찰할 수 있는 장점이 있으나 일반적인 면접 방식은 아니다. 이 역시 최종면접 단계에서 마지막 최종 판단을 위한 방법으로 사용하거나 일부 주류 관련 직종에서 활용하는 것으로 알고 있다.

(4) 면접장에서 주의할 것들

이렇게 여러 종류의 면접이 있으나 집단면접 방식이 가장 일반적인 사례이기에 이를 기준으로 면접장에서 주의해야 할 것들에 대하여 언급하고자 한다. 체계를 갖춘 회사일수록 대기실에서 인사담당이 사전에 면접 시 유의사항 등을 알려주고 있다. 면접 안내를 받아 면접장에 들어서면 눈에 보이는 면접관들에게 가볍게 목례를 하는 것이 좋겠다. 인사를 강요하는 것이 아니라 상황적으로 그게 자연스럽기 때문이다. 면접관들이 "자리에 앉으세요"라고 하면 "감사합니다"라고 말하고 자리에 앉는다.

의자에 앉을 때는 엉덩이가 의자의 끝에 닿게 앉는 것보다는 의자의 2/3 정도만 엉덩이를 대고 앉고, 허리는 바로 세우는 것이 좀 더 적극적이고 준비된 자세가 나오는 것 같다. 반드시 허리와 가슴은 펴서 구부정한 모습을 보이지 않도록 한다. 자리에 앉은 시간부터 면접이 끝나는 시간까지 계속 면접관의 말에 집중해야 한다. 자칫 면접관의 질문을 듣지 못하여 사오정이 되는 경우 좋은 인상을 주지 못한다. 인생에는 집중해야 할 순간이 여러 번 있다. 아이 컨택트(eye contact)을 한다고 면접관의 눈을 뚫어지게 쳐다보는 것보다는 면접관의 눈에서 넥타이를 매는 목까지 시선을 왔다 갔다 하면서 집중하고 있다는 인상만 주면 충분하다.

다리를 떨거나, 머리를 흔드는 등 좋지 못한 습관이 나오면 곤란하다. 목소리도 될 수 있으면 듣기 좋은 공명이 울리게 차분히 대답하도록 한다. 감기에 걸려 목소리 상태가 좋지 않은 경우 사전 양해를 구하도록 한다. 목소리가 좋지 않아도 그런 예의 바름이 좋은 인상을 주는 경우가 많기 때문이다.

긴장은 하되 지나치게 떨지 않았으면 좋겠다. 적당히 긴장한 모습은 호감을 주지만 지나친 긴장은 어색하고 부담을 느끼게 한다. 대담함도 때로는 필요하지만 지나친 것은 좋지 않다.

면접관들도 서열이 있다. 5명의 면접관이 있다면 보통 가운데 앉은 이가 가장 상급자일 가능성이 크다. 한국에서는 가장 중앙이 상석이기 때문이다. 보통은 출입문에 가까이 앉은 사람이 이 면접을 진행하는 사람이고 인사팀장, 인사임원이 그 역할을 맡는다.

전형적인 면접에서는 지원자에게 '본인 소개'를 요청하는 것이 일반적이다. 자기소개를 통해 지원자의 성장과정, 경험 등을 알 수 있기도 하지만 자신을 표현하는 발표능력을 파악할 수 있기에 오래전부터 많은 회사가 이를 활용하고 있다.

● 자기소개 방법

① 정해진 시간을 지키도록 한다. 통상 1분 내외인데 1분은 상당히 긴 시간이다. 너무 짧아도 성의가 없어 보이고, 길면 배려심이 없어 보인다.

② 전형적인 틀에 박한 자기소개는 경험이 많은 면접관에게 어필하기 어렵다. 쉽고 명료하면서도 인상 깊은 내용을 사전에 준비하여 연습해보는 것도 좋을 것 같다.

③ 면접관의 눈을 피하지 말고 시선 처리를 잘하도록 하라. 면접관과 서로 눈싸움을 할 필요는 없지만, 적당히 시선을 맞추는 '아이 컨택'은 꼭 필요하다.

④ 다른 지원자의 자기소개 시간에 집중하라. 자신의 시간 외 다른 지원자들도 존중해야 한다. 집중하지 않는 모습은 좋은 인상을 주지 못한다. 가끔은 고개를 끄덕이며, 경청하고 있다는 것을 보여주는 것도 필요하다. 이들은 경쟁자보다는 친한 동료가 될 수도 있다.

⑤ "…… 이상입니다." 자기소개를 마칠 때 정확한 마침 표시를 하라. 면접관들이 가장 싫어하는 말투의 하나가 말끝을 흐리는 것이다.

자기소개 순서가 지나면 다양한 질문을 하게 될 것이다. 답변은 진솔하고, 깔끔하게, 끝마무리는 야무지게 하면 된다. 어려운 얘기를 아주 쉽게 하는 것 같지만 멈칫거린다든지 '솔직히 말해서……' 식의 언어 습관은 버렸으면 좋겠다. 솔직히 말해서라니? 그럼 지금까지는 솔직하지 않았다는 말인가? 좋지 않은 언어 습관이다. 질문을 던졌는데 동문서답하는 것도 좋지 않다. 면접관 목소리가 잘 들리지 않으면 당당하게 "죄송합니다만, 제가 긴장을 많이 해서인지 질문 내용을 잘 듣지 못했습니다. 다시 한 번 말씀해주시겠습니까?"라고 말하면 된다. 당황할 필요가 전혀 없다. "입사 후 귀하는 어떤 꿈을 가지고 있으며, 앞으로 3년 뒤 어떤 직장인이 되어 있을 것 같은가?"라는 질문에 "현재 무역공부를 열심히 하고 있고, 외국어를 연마하여 인정받는 직원이 되고 싶습니다"란 대답은 동문서답이다. 질문 내용은 "현재 인정받는 직장인이 되기 위해 어떤 노력을 하고 있나?"가 아니라 입사 후의 모습을 말해달라는 것이었다. 이 경우 "입사 후에는 회사생활에 완벽히 적응하도록 최선의 노력을 다할 것이며, 3년 후에는 어떤 부서든 서로 데리고 가고 싶은 직원이 되는 것이 저의 목표이자 꿈입니다." 정도면 적당한 대답이 될 것이다.

면접관이 두 번, 세 번 추가 질문을 하게 만드는 것도 좋지 않다. 추가 질문을 한다는 것은 뭔가 대답이 석연치 않거나, 만족스럽지 않기에 그런 것이다. 자칫 궁지로 몰릴 수 있기에 처음 대답에 확실하고 명료한 답변을 하는 게 필요하다. 물론 질문이 파상적으로 이어지는 경우 긴장하지 않을 지원자는 없다. 하지만 정신을 바짝 차려야 한다. 면접시간은 불과 30분 내외겠지만, 이 짧은 시간을 어떻게 보내는가에 따라 당락이 좌우될 수 있기 때문이다.

마지막으로 면접관이 지원자들에게 회사에 대하여 궁금한 점이 있으면 질문하라고 하는 경우가 종종 있다. 많은 지원자가 "질문이 없습니다"로 면접을 마치는 것을 보게 된다. 이건 정말 실수하는 거다. 굳이 면접관이 질문을 요청하는 것은 지원자의 질문수준을 보려고 함인데 회사에 대한 질문이 없다는 것은 이 회사에 관심이 없다는 말과 같은 의미다.

어떻게 관심 있는 회사에 면접을 보러 왔으면서 하나도 질문이 없을 수 있는가? 반드시 양질의 질문 한두 개 정도는 사전에 준비하도록 한다. 다음은 질문의 질(Quality)이다. 우리는 정규 학교 과정 속에서 좋은 질문을 하는 교육을 별로 받아본 적이 없다. 똑똑하기로 소문난 언론사 기자들까지도 각종 인터뷰에서 하는 질문의 수준을 보면 정말 가관이다. 예스, 노로 정답이 뻔히 나오는 질문이나 대답을 하는 사람이 그 질문을 다시 유추하여 해석해야 하는 질문은 썩 좋은 질문이 되지 못한다.

괜찮은 질문 하나가 면접관들의 마음을 울릴 수 있기에 좋은 질문 한두 개는 반드시 사전 준비하기 바란다. "사내 동호회가 있는지? 회사에서 어떤 지원을 하는지?", "노조가 있는지?" 같은 질문은 차라리 하지 않는 게 좋겠다. 지엽적인 관심사나 민감한 내용보다는 그 회사의 업과 연관된 질문이 좋다. "귀사에서 현재 라오스에 진출계획이 있는 것을 언론을 통해 알게 되었는데, 베트남도 있고, 미얀마도 있는데 왜 라오스 진출을 결정하였는지 궁금합니다." 이런 질문은 그 회사의 '업'에 대한 관심과 이해를 갖고 있다는 방증이며, 어쩌면 그 회사 영업전략, 회사비밀이 될 수도 있는 질문이지만 대부분 그 지원자에 대한 호감과 함께 만족할 만한 답변을 들을 수 있을 것이다. 면접을 마치고 나갈 때에도 인사를 잊지 말고 차분히 나가기 바란다. 보통 면접의 긴장감이 풀리면서 경황이 없어 허둥대는 모습을 보일 수 있기 때문이다.

성공적인 면접에 정답은 없다. 어쩌면 사전에 많이 준비한 지원자보다 일시적 임기응변에 능한 사람이 더 좋은 결과를 얻을 수도 있는 게 면접이다. '인사팀장이 코칭하는 면접 노하우'라는 거창한 제목에 맞는 조언이 될지는 모르겠지만, 무엇보다 진솔하고, 깔끔한 답변과 함께 야무진 마무리를 하여 어떤 종류의 면접이든 당당하게 임했으면 좋겠다.

4) 워스트 지원자, 워스트 회사

(1) 워스트 지원자 유형

면접은 어떤 표현을 사용해도 지나치지 않을 만큼 매우 중요한 기회다. 이 기회를 얻기 위해 지원자들은 서류, 필기 등 정말 힘든 노력을 기울였을 것이다. 면접은 스펙이나 학습 정도를 가지고 경쟁하는 서류, 필기와는 전혀 다른 경쟁이고, 이런 점에 있어 첫인상의 중요성을 간과하면 안 된다. 좋지 않은 인상을 준 경우 이를 만회하기는 너무 많은 노력이 필요하고, 쉽지도 않다. 그 이유는 사람의 천성이 자기 생각을 쉽게 바꾸지 못하기 때문이다. 그래서 대개 첫인상이 오래도록 영향을 미치게 된다. 면접처럼 촌각에 승부를 걸어야 하는 경쟁의 경우 적어도 베스트는 아니더라도 워스트에 해당하는 불상사는 막아야 한다.

채용은 one of them이다. 지원자들 가운데 가장 낮다고 주관적으로 판단되는 이를 채용하는 것이다. 절대평가가 아닌 상대평가적 요소가 많은 것은 당연하다. 애초에 인원이 필요하여 채용하는 것이고 그 수는 정해져 있지만, 지원자들의 노력에 따라 주어진 환경이 달라질 수도 있다는 말을 꼭 하고 싶다.

① 지각하는 사람

이런 기본적인 사항에 대하여는 언급할 필요조차 없다. 물론 지각에도 납득할 만한 이유가 있을 것이다. 어떤 언론기사에서 모 그룹 회장님이 KTX 사고로 인해 지각한 지방 출신 지원자를 위해, 그가 도착할 때까지 몇 시간이나 기다려 주셨다는 훈훈한(?) 기사를 본 적이 있다. 많이 바쁘실 텐데 매우 고마운 회장님이시다. 하지만 그런 기사는 일시적인 언론의 가십거리가 될 뿐 대부분 회사에서 이 같은 상황을 기대하기는 어렵다. 개인적인 사정을 일일이 고려하지는 않는다는 것을 꼭 알았으면 한다.

② 복장이 불량한 사람

최근 비즈니스 캐주얼 복장으로 근무하는 회사가 늘어서인지 몰라도, 면접에서 정장을 착용하지 않아도 된다고 생각하는 사람들이 일부 있는 것 같다. 하지만 그 회사에서 정장 외 캐주얼 복장을 하라는 별도 안내가 없는 이상, 반드시 넥타이 정장차림(남성 기준)이 면접의 표준이다. 면접복장에 대하여는 다음 장에서 더 자세히 설명하도록 하자.

③ 인사성이 부족한 사람

주위에 보면 가끔 태도가 뻣뻣한 사람들이 있다. 자신감이 넘쳐서일 수도 있고, 타고난 천성이 그런 경우도 있는 것 같다. 나 홀로 수행하는 성직자처럼 살아갈 경우라면 모를까 보통의 사람은 사회적 동물이라 그리 살 수도 없는 노릇이 아닌가? 필자가 가장 싫어하는 표현 중 하나가 "저이는 사람은 좋은데 표현을 그렇게 해서 그렇지, 속은 참 진국이다"는 말이다. 자신을 잘 표현하지 않는 것이 미덕인 한국 남자의 특성을 미화하는 말이다. 하지만 말과 표현을 함부로 하여 애먼 사람을 궁지에 몰고도, 본의는 그게 아니었다고 하면 다 이해해야 되는 것인가? 절대 그렇지 않다. 그런 유형의 사람은 표현력이 부족한 것이 아니라, 다른 사람에 대한 배려가 부족한 것이다.

많은 사람이 모인 버스나 기차에서 갑자기 주변 사람들을 돌아보게 하는 경우가 있다. 그 이유는 어떤 이들의 대화가 마치 싸우는 것처럼 들리기 때문이다. 알고 보면 실제로 다투는 게 아니고 평상시 대화를 나누는 것뿐인데 대부분 사람이 듣기엔 마치 싸움이 벌어진 것처럼 느끼게 된다. 때론 그 소리가 너무 커서 눈살을 찌푸리게 하기도 한다. 물론 전혀 그런 속내는 아니겠지만, 주변 사람에게 피해를 끼치게 된다면 그런 이유로 양해될 수는 없다. 이렇게 민폐를 끼치는 것은 배려심이 없는 것이다.

이처럼 타인에 대한 배려가 없거나, 인사성이 없는 경우 주변 사람들을 매우 힘들게 하고, 사회에서 성공하기 어렵다. 설사 마음이 없더라도 필요한 때와 장소에서는 해야 하는 것이 인사다. 면접장에서도 그런 당신의 모습을 유심히 관찰하는 이들이 있다는 것을 반드시 명심했으면 좋겠다.

④ 면접시간을 지연시키는 사람

면접은 보통 많은 시간이 소요된다. 많은 인원이 면접에 참여하기에 항상 시간에 쫓기는 경우가 많다. 지원자들에게 항상 요청하는 사항이지만 면접관 질문에 대한 대답은 항상 간결하고, 장황하지 않아야 한다. 일반적으로도 길게 말하면 득보다는 실이 많다. 평상시 대화에서 말을 너저분하게 많이 하면서 같은 말을 계속 반복하여 하는 것과 그 순간 정확하고 필요한 말을 간명하게 하는 것은 그 사람의 수준을 가늠케 하는 중요한 잣대가 된다. 더구나 면접에서 눈치 없이 자신을 PR하겠다고 비슷한 말을 중언부언하는 경우 좋은 평가를 받기 어렵다.

⑤ 말끝을 흐리는 사람

얼마 전 '관상'이라는 영화가 나와서 흥미를 끄는 것 같다. 관상 못지않게 그 사람을 파악할 수 있는 중요한 잣대가 바로 말씨이다. 대화를 나누어보면 그 사람을 판단할 수 있는 많은 것을 느끼게 된다. 굳이 어려운 단어를 사용하여 잘 난 척을 하지 않고, 매우 쉬운 표현을 사용해도 자신의 의견을 깔끔하고, 단정하게 전달하는 연습이 필요하다. 대화 중 말끝을 흐린다는 것은 자신의 말에 자신이 없거나 거짓말을 하고 있다는 신호가 될 수 있다. 잘 모르는 부분은 모른다고 의사표시를 분명히 해야 한다. 모르는 것을 아는 척하다 보면 쉽게 궁지에 몰리게 되고 심지어는 거짓말을 하는 경우가 생기게 된다. 모르는 것을 모른다고 하는 것은 잘못이 아니다. 하지만 모르는 것을 아는 척하는 것은 정말 잘못된 일이다. 사소하지만 정말 중요한 일이다.

⑥ 동문서답하는 사람

사오정이라는 캐릭터에 대하여 알고 있을 것이다. 대화 중 누구나 알아듣는 내용을 자신의 편의대로만 이해하려는 사람이 있다. 글을 읽을 때도 '난독증'이라는 게 있는데 이런 증상을 가진 사람들과 대화를 지속해서 하는 것은 상당한 인내가 필요하다.

면접관이 질문한 내용을 잘 이해하지 못한다는 신호를 주게 되면 좋은 평가를 받기 어렵다. 대화는 상대방이 하는 언어를 이해하는 과정이다. 자신의 언어만 줄기차게 전달하려고 하며 상대의 말에 대한 관심이 없는 것은 사회생활을 상당히 힘들게 할 수 있다. 많이 듣던 표현이겠지만 말을 잘하기 위해서는 무엇보다 잘 들어야 한다. 잘 듣는다는 것은 상대방의 언어와 그 뉘앙스와 담긴 뜻을 이해하고자 하는 과정이다. 단지 마음이 급하고 내 말을 전달하기에 바쁘면 상대의 이야기에 집중하기 어려운 것은 당연하다. 심지어 자신의 이해가 부족하다고 생각하면 차라리 듣고만 있는 것이 도움이 될 수도 있다. 문제는 상대방의 입장과는 관계없이 계속 자신의 주장만을 내세우는 경우, 주위 사람들을 힘들게 한다. 이럴 땐 '침묵이 금'이 될 수 있다.

⑦ 의사표시가 불명확하고 우유부단한 사람

공기업, 대기업에는 별로 없는 사례이지만 일부 중소기업의 경우 최종 합격통보를 받고 출근하기 바로 전날 입사를 포기하겠다고 하는 사람들이 있다(심지어 출근 당일 전화도 받지 않고 일방적으로 출근하지 않는 경우도 보았다). 회사 입장에서 상당히 곤혹스러운 일이다. 갑자기 다른 후보자에게 합격통보를 할 수도 없고, 신규 입사자의 입사에 맞추어 준비해왔던 제반 회사 일정에 많은 차질이 빚어지게 되는 것은 당연하다.

이런 현상은 본인이 사전에 의사표시를 분명히 하지 않고, 혼란을 초래한 결과이다. 물론 지원자 입장에서만 본다면 전혀 이해가 되지 않는 것은 아니다. 여러 곳에서 합격 통보를 받는데 막판까지 저울질하다 뒤늦은 결정을 하는 경우 이런 일이 생기기도 한다. 하지만 어차피 자신이 선택해야 하는 문제이다. 이런 식으로 우유부단하게 처신하는 사람은 입사 후에도 많은 사람을 힘들게 할 소지가 다분하다. 특히 여러 회사에 복수로 지원을 한 지원자가 여러 곳에 최종 합격을 한 상태에서 또 다른 회사 면접에 계속 응하는 경우가 있는데 별로 보기 좋은 모습은 아닌 것 같다. 아무리 본인이 우수한 자질을 가졌다고 해도 이는 다른 선의의 지원자들의 소중한 기회를 박탈하는 일이 될 수도 있고, 해당 회사 채용에도 혼선을 주기 때문에 민폐를 끼치는 일이다. 그 회사에 다닐 마음이 전혀 없고, 이미 마음의 결정을 한 상태라면 굳이 그런 수고를 할 필요가 있을까?

⑧ 마마보이, 파파걸

주변에 의외로 마마보이, 파파걸들이 많다. 성년이 벌써 넘은 사람들이 아직도 회사 면접 시에 부모님과 동행하는 지원자들이 있다는 사실을 알고 있는가? 채용에 관련된 문의를 부모가 대신 문의하는 경우도 있다. 아무리 좋게 생각해도 이건 아닌 것 같다. 자신이 해야 할 일을 부모에게 미루는 사람들이 과연 치열한 회사 생활을 제대로 할 수 있을지 걱정스럽다.

⑨ 타인에 대한 배려가 부족한 사람

사람이 뭔가를 잊었을 때 잘 알지 못하는 사람이라도 챙겨주는 모습은 아름답다. 공짜 점심은 없다. 내가 주변을 챙기고, 배려할 때 나도 그런 대우를 받을 수가 있다는 것이다. 어떤 회사든 독불장군은 없다. 성공, 성취는 주변 사람들의 도움, 협업이 있었기에 가능한 일이다. 항상 주연배우가 스타로 각광을 받지만 멋진 영화가 완성되어 흥행에 성공하기까지 많은 이들의 눈물과 땀이 있었다는 사실을 제대로 된 배우라면 알고 있다. 인성이 부족한 사람은 오로지 자신이 잘나서 성공한 것으로 알고 주변 사람들을 함부로 대하는 경우가 있는데 그런 이가 지속적인 성공을 거두거나 좋은 리더, 존경받는 사람이 되기는 어렵다.

⑩ 마지막 선택으로 회사를 택한 사람

간혹 학원 강사를 하던 사람이 이제는 회사생활을 하고 싶어 왔다는 사람도 있고, 미국에 살던 이가 이제는 한국에서 직장 생활을 해보고 싶다는 사람도 보았다. 문제는 그들이 학원 강사, 미국 국적 소지자라서 문제인 것이 아니라, 뭔가 아쉬운 점이 있다는 생각이 들어서다. 회사는 학원 강사, 고시준비를 하다 성공을 거두지 못할 때 마지막으로 선택할 수 있는 마지막 보루가 아니다. 공기업, 대기업 등은 지금도 수많은 지원자가 혼신의 노력을 다하고 있는 치열한 경쟁의 장이다. 회사 조직 생활은 이제까지 누리던 많은 자유를 포기해야 하는 상당한 각오와 준비를 해야 한다. 그럼에도 불구하고 아직 학생티를 벗지 못하거나, 현실을 이해하지 못하는 이들을 볼 때 아쉬운 마음이 든다. 특히 공기업, 대기업 등의 면접전형에 참여할 수 있다는 것은 대단한 기회요인이다. 이는 결코 쉽지 않다. 어려운 과정을 거친 후 몇 가지 기본 사항을 지키지 못하여 채용에 불이익을 받는다면 얼마나 억울한 일인가?

아무리 우수한 지원자라도 좋은 면접기회는 자주 오지 않는다. 인생의 가장 중요한 성공요인은 기회가 왔을 때 반드시 잡아야 한다는 것이다. 면접기회를 잡은 이가 집중하지 못하여 탈락되었다면 평생 그 순간에 대한 후회가 남을지도 모른다. 사소하게 보이는 작은 일을 잘 처리하지 못하는 사람이 큰일을 잘하는 것을 본 적이 없다. 간혹 성의 없이 면접에 임하는 사람들을 보면 안타까운 마음이 든다. 그 면접에 집중하지 않을 거라면 차라리 오지 않는 게 더 좋을 것 같다. 들러리가 되고, 단지 시간 낭비가 될 뿐이기 때문이다.

면접은 짧은 시간 동안 면접관과 지원자의 미묘한 신경전이다. 최선을 다하지 않는 지원자를 경험 많은 면접관이 모를 리 없다. 적어도 필자가 언급한 워스트 지원자의 유형만큼은 피했으면 한다.

(2) 워스트 회사 유형

워스트 지원자가 있다면 회사도 그런 유형의 회사들이 있게 마련이다. 어떤 일이든 첫 단추를 잘 채워야 한다는 말은 일리가 있는 말이다. 신규직원이 첫 직장에 입사한 뒤 추후 소속을 바꾸기 쉽지 않기 때문이다. 다른 회사로 전직이 된다고 해도 짧은 경력이 반복되는 사람을 좋지 않게 색안경을 끼고 보는 시각이 있기에 될 수 있으면 첫 직장은 제대로 된 회사를 들어가야 한다는 말이다. 그래서 많은 이들이 공기업, 대기업을 선호하는지도 모르겠다. 혹시 잘 모르는 중소기업을 가게 된다면 더욱 그 회사에 대하여 잘 알아보고 판단할 필요가 생긴다.

개인 성격도 사람마다 다르듯이 회사의 문화도 서로 다르다. 좋지 않은 평판을 가진 회사는 그만큼 직장 분위기가 좋지 않다는 것이기 때문에 많이 심사숙고해야 한다. 어쩌면 오래 다니기 힘든 회사일 수 있다. 이런 회사는 재무제표처럼 대외적으로 공시되는 것이 아니므로 실제 그 회사 직원, 관계자가 아닌 외부 사람들이 판단하기엔 무리가 있다. 여기서는 간단히 판단할 수 있는 몇 가지 내

용을 언급하고자 한다. 아주 기본적인 부분이지만 지원자들의 판단에 도움이
되길 바란다.

① 회사건물, 사무실이 지저분한 회사

전체적인 사무실 환경이 지저분하고, 각종 집기가 제 위치를 잡지 못한 회사
는 뭔가 문제가 있다. 면접장소가 회의실, 교육장 등에 별도로 마련되어 있지 않
고 사무실 내 책상에서 면접을 본다든지, 외부 카페 등 별도의 장소에서 면접을
보겠다고 하는 것도 이상한 회사이다. 반대로 지나치게 화려한 집기비품(예: 소
파 등)이 있는 회사도 의심의 여지가 있다. 기획부동산 등 사기성이 있는 회사에
가보면 집기비품이 격에 맞지 않게 화려하다. 정상적인 회사는 책상, 의자 등 각
종 사무집기를 표준화, 정형화하여 관리한다. 문서관리만 보아도 대충 그 회사
수준을 알 수 있다.

② 직원들의 표정이 어두운 회사

경영이 어렵거나 구조조정이 빈번한 회사, 사업주가 직원들을 함부로 대하는
회사의 공통적 모습 중 하나가 얼굴에 근심·걱정이 가득해 보이는 직원들이 많
다는 것이다. 직원들 모습은 여러 가지 상황을 보여주는 바로미터이다. 면접안
내 직원이나 면접관들의 얼굴을 자세히 보라. 수심이 가득한 얼굴이 많이 보인
다면 분명 그런 회사는 문제가 있는 것이다. 잘나가는 공기업, 대기업이라고 모
두 직원들 표정이 항상 밝은 것은 아니지만, 찌든 얼굴과 표정이 많은 회사와는
분명히 구별된다.

③ 회사 담당자, 책임자의 언행이 자주 일치하지 않는 회사

면접날짜, 시간을 수시로 변경하여 지원자에게 혼란을 준다든지, 임원면접을
본다고 했는데, 와보니 팀장면접이고, 면접교통비도 지급하지 않으면서 불필요
하게 여러 번 면접을 부르는 회사 등 회사담당자의 여러 언행이 불일치한 모습

을 많이 보게 되면 의심해보아야 한다. 체계를 잘 갖춘 회사는 채용전형에도 명확한 지침이 있다. 담당자의 단순한 실수가 아닌 이런 행태와 불일치하는 그 회사의 수준, 정도를 보여주는 것이라고 해도 무방하다.

④ 처우를 명확히 하지 않는 회사

인간관계에서 서로 불화가 생기는 대표원인 중 하나가 바로 금전문제이다. 친하다는 이유를 대며 돈 문제를 적당히 얼버무리는 사람과는 아예 상종하지 않는 것이 좋다. 사기꾼의 전형적 수법이 작은 거래를 통해 신뢰를 쌓은 후 큰돈을 빌려 가서 갚지 않는 것이다. 더구나 절친한 사이의 불명확한 금전거래는 돈도 잃고, 사람도 잃게 되는 최악의 상황이 되기 쉽다.

면접 시 회사의 처우에 대하여 명확한 답변을 하지 않고 얼버무린다든지, 밝히기를 꺼리는 경우 충분히 의심할 필요가 있다. 특히 경력직의 경우 더욱 명확히 하는 것이 좋다. 일반적으로 많은 회사가 경력직 연봉을 후하게 주지는 않고 있다. 면접 시 얼버무리는 경우가 많아 지원자들이 혼란스러운 사례가 많기 때문이다.

최근 일부는 채용공고에 자사 연봉 수준을 공개하는 회사들도 있다. 매우 바람직한 현상이다. 어떤 회사는 퇴직금, 교통비, 식대 등을 포함한 금액을 실 연봉인 것처럼 꼼수를 부리는 경우도 있다. 그들의 처우에 자신이 없는 것은 이해하지만, 통상적으로 연봉에 퇴직금까지 포함하여 언급하지는 않는다. 그런 얄은수까지 쓰는 것을 보면 그 회사의 수준을 짐작하게 하지 않는가?

⑤ 상습적으로 시간 외 초과근무(휴일근무 포함)를 시키는 회사

특별한 일이 없이도 일상적으로 매일 직원들이 모여 저녁을 먹으러 가는 회사, 야근을 한다고 하면서 실제는 엉뚱한 곳에서 시간을 보내는 회사, 매번 상습적으로 휴일근무를 시키는 회사 그러면서도 초과근로수당을 포괄임금제라는 이유로 전혀 지급하지 않는 회사. 물론 일이 있으면 초과근로도 할 수 있다. 문제는 거의 매일 초과근로가 발생하고, 휴일근로를 지속적으로 하게 된다면 뭔가 그 회사의 시스템에 문제가 있다고밖에 볼 수 없다. 정말 일이 많다면 인력을 충원하든지 아니면 불필요한 업무를 조정하여 문제를 해결해야 하는데 보통 이런 야근은 습관적·반복적인 경우가 많다. 또한, 그런 분위기에서 혼자만 퇴근할 수도 없는 노릇이다. 이런 문제를 가지고 있기 때문에 세계에서 한국인들을 '워커홀릭'이라고 부르는지도 모르겠다. 더구나 초과근로를 시키고도 정당한 법정수당을 지급하지 않는 회사들이 너무 많다. 잘못된 연봉제 탓도 크다.

⑥ 입사 후 근로조건안내 및 회사기본교육을 하지 않는 회사

출근한 지 한참이 지났는데도 근로계약에 대한 안내, 회사에 대한 기본적인 현황, 정보를 알려주지 않는 회사가 있다. 신규직원의 교육에 대한 관심이 없는 경우라고 볼 수 있는데 기본이 안 되어 있는 경우이다. 아무리 규모가 작은 회사도 그 정도의 교육은 해야 한다. 특히 근로조건에 대해 안내를 하지 않는 것은 명백한 법규위반이다.

⑦ 이직이 많은 회사

추가 언급이 더 필요 없을 정도로 당연한 이유이다. 이직률이 높은 회사일수록 내부직원들의 이직에 대하여 불감증인 경우가 많다. 이직이 많은 회사는 여러 가지로 힘들고 악순환이 반복된다. 수시로 직원들이 들어오고 나가기 때문에 내부직원들이 회사에 대한 소속감, 로열티가 낮다. 특히 부서마다 신입들이 많고 중간계층(대리, 과장 등)이 없는 경우가 문제이다. 중간계층이 자리를 잡지 못한다는 것은 그 회사의 비전이 없고, 처우가 극도로 불만족하거나, 사내 분위기가 썩 좋지 않다는 것이다. 그런 회사일수록 대외적으로 채용공고가 계속 올라오는 경우를 볼 수 있는데 지원자들도 조금만 관심을 가지면 어떤 회사가 그런지 알 수 있다. 상당히 주의해서 볼 필요가 있는 회사다.

⑧ 부하직원을 함부로 대하는 상사가 많은 회사

회사 내에서 자주 고성이 오고 가거나, 부하직원들을 호칭할 때 반말은 기본이고, 가끔 욕설까지 하는 상사가 많은 회사는 더 말할 필요가 없을 정도로 기본이 안 된 워스트 회사이다. 제대로 된 회사라면 그런 직원을 절대 용납하지 않는다. 폭언이 많은 회사일수록 회사 분위기는 좋지 않고, 이직률은 높을 수밖에 없다.

⑨ 직원들의 업무처리가 미숙하고, 체계가 없는 회사

숙련된 직원들이 별로 없고 신입 비중이 높은 회사, 그래서 고객들의 사소한 문의에도 한참이 지나 불충분한 답변을 듣게 되고, 직원들이 회사 규정, 프로세스를 모르거나, 아예 관련 규정 자체가 없는 회사. 시스템을 통해 업무가 진행되는 것이 아니라 오너나 특정 관리자의 일방 지시로 업무를 하는 회사. 이런 회사는 상당히 일하기 힘든 유형의 회사들이다.

⑩ 짠물 경영하는 회사

어떤 회사든 비용절감을 외치지 않는 회사는 없다. 하지만 검소한 것과 인색함의 차이는 크다. 개인도 그렇지만 검소하게 사는 것은 바람직하다. 마땅히 아낄 수 있는 것은 아껴야 한다. 하지만 반드시 쓸 곳에는 아낌없이 쓸 수 있어야 인색하다는 말을 듣지 않는 법이다. 사업주 자신은 전혀 솔선수범하지 않으면서 직원들에게만 비상경영을 앞세워 비용절감을 강조하는 회사들이 의외로 많다. 직원들에게 베풀어야 할 기본적인 것에는 인색하면서, 자신들은 원칙 없이 마구 쓰고 다닌다면 공감대를 얻기 힘들 것이다. 의외로 그런 기업들이 한국에는 참 많다.

5) 센스 있는 면접복장

(1) 면접복장이 중요한 이유

　어려운 면접 기회를 잡은 사람들이 복장에는 그다지 관심을 기울이지 않는 경우가 많다. 면접이라는 소중한 기회를 자칫 사소한(?) 복장문제 때문에 좋지 않은 인상을 주게 된다면 정말 어이없는 일이 될 것이다. 실제 면접 현장에서 지원자의 복장은 많은 이들의 관심과 주의를 끌게 마련이다. 어떤 면접관은 지원자의 구두에 대하여만 특별한 관심을 가진 경우도 보았다. 그의 지론은 "신고 있는 구두를 보면 그 사람의 성격을 알 수 있다"로 나름의 고정관념을 갖고 있었다. 단정하고 깨끗하게 손질된 구두를 보면 호감이 간다는 것이다. 그렇지 않은 경우 아무리 다른 조건이 좋아도 좋지 않은 선입관을 갖게 된다고 한다. 사실 그런 부분에 대한 명확한 정답은 없다. 사람마다 생각이 다를 수 있고, 어쩌면 편협하게 보일 수도 있지만 오랜 경험을 가진 면접관들이 나름의 관점과 기준을 가지고 있는 것을 인정할 수밖에는 없지 않을까?

　면접에서 호감을 주는 복장이란? 절대 비싼 양복, 넥타이, 구두 등을 말하는 것이 아니다. 오히려 비싼 것들로만 치장하면 거부감이 생길 수도 있다. 우리가 비싼 호텔 레스토랑을 '맛집'이라고 하지 않듯이, 명품으로만 치장한 사람들을 '멋쟁이'라고 하지는 않는다. 요즘에는 옷을 잘 입는 사람들이 참 많다. 축구 A매치 경기를 보면 예전에는 감독의 복장이 운동복, 츄리닝 차림이 많았으나, 최근에는 멋진 정장 수트를 착용한 이들이 많이 보인다. 이미 유럽 빅리그 감독들은 세련된 수트를 입고 운동장에 나오는 것이 일반화되었다고 한다. 이처럼 운동장에서조차 복장에 신경을 쓰는 시대에 살고 있는 것이다. 한국 중년 남자들이 옷을 잘 입지 못한다는 것은 세계적으로 유명하다고 한다. 물론 나도 예외는 아니다. 그렇게 썩 옷을 잘 입지도 못하고, 전문가도 아닌 사람이 어설프게 패션을 논하려는 것은 결코 아니다.

여기서는 다만 회사의 관점에서 면접에 적합한 복장을 말하고자 하는 것이다. 따라서 이 글은 개인적인 관점이 아닌 철저히 회사의 시각에서 쓰인 것이다. 자영업, 자유직업에 종사한다면, 이 글은 더 이상 읽을 필요가 없다. 회사는 각 회사의 사정에 맞는 드레스 코드가 있다. 여러분이 추후 함께 근무하게 될 여러 사람이 공통적인 기준으로 만든 것이기에 한 번쯤은 알아둘 필요가 있지 않을까?

(2) 복장 철학

사람은 저마다 옷에 대한 관점이 천차만별이다. 여기 언급된 내용은 필자가 경험한 복장에 대한 개인적인 생각을 회사의 관점에서 담았을 뿐이다. 당연히 여러 사람의 생각이 다를 수밖에 없으며 정답은 없다. 이런 의견도 있다는 생각으로 가볍게 읽었으면 좋겠다.

① 정장의 중요성

경제적으로 매우 풍족하지 않은 이상, 겉옷(정장, 코트 등)은 한 번 구매하면 오래 입을 수밖에 없는 옷이다. 겨울 코트를 해마다 사는 사람들은 많지 않다. 정장, 코트는 가격도 상당하기 때문에 평범한 직장인들이 지갑을 열기 결코 쉬운 일이 아니다. 그 때문에 이런 옷들은 정말 신중하게 생각해서 사야 한다. 이렇게 자주 사지 못하는 이런 옷들일수록 유행을 많이 타는 옷은 곤란하다. 유행에만 맞추어 사면 유행이 지난 옷들은 옷장 속에 보관만 하게 되는 불상사가 생긴다. 그 때문에 옷을 자주 사지 못할 형편이라면 될 수 있는 대로 유행을 잘 타지 않는 평이한 디자인을 선택해야 오래 입게 되고, 후회가 없다. 정장도 유행이 있어 과거 3버튼이나 더블정장이 유행했던 시절도 있었으나, 요즘에는 2버튼이 일반적이다. 사이즈도 예전에는 어깨에 뽕(?)이 많이 들어가고, 큰 사이즈를 입었는데 요즘에는 슬림한 정장이 대세인 것 같다. 특히 정장은 색상 선택에도 유의해야 한다. 처음 구입하는 정장의 색상은 검은색이나 감청색(네이비블루)이 기본이다. 이 기본 색상을 갖춘 다음에 자신의 취향에 맞는 회색이나 다른 색상을 선택하는 것이 좋겠다. 직장인이라면 검은색이나 감청색 정장 한 벌은 가지고 있어야 한다. 특히 검은색 양복은 조문을 갈 때에도 필수적인 아이템이다. 한꺼번에 여러 벌의 양복을 장만할 수 없는데도 다른 밝은 계통의 양복을 사게 되면, 추후 추가비용을 지불할 가능성이 높다.

다음으로 정장의 메이커 선택이다. 경제적 여건이 되는 경우 해외 명품브랜드를 좋다고 생각할지도 모르나, 국산브랜드 양복의 품질 수준이 나쁘지 않다. 좋은 품질의 상품들이 많으므로 굳이 가격이 비싼 해외브랜드만 고집할 필요는 없다고 생각한다. 주의할 것은 가격이 너무 싼 옷은 오래 입기 어렵다는 점이다. 정장은 옷감의 질에 따라 가격이 천차만별이다. 행사상품이라고 해도 품질을 꼼꼼히 확인하지 않으면 나중에 후회하게 된다. 특히 양복은 100% 울로 된 정장이 기본이다. 합성섬유의 경우 옷이 쉽게 후줄근해져서 옷태가 나지 않고, 오래 입기도 어렵다. 다소 비싸더라도 오래 입을 수 있는 순모(울) 정장을 추천한다. 한국의 옷 가격이 워낙 거품이 심해서 정상가격을 다 주고 사는 경우는 그리 많지 않지만, 가격이 조금 비싸더라도 양질의 물건을 구매하는 것이 나중에는 오히려 경제적일 수 있다.

옷은 반드시 자신이 직접 가서 입어보고(그것도 될 수 있으면 여러 번 입어볼수록 좋다) 심사숙고하여 결정해야 한다. 남성들은 매장에서 옷을 입어보는 것을 상당히 꺼리는 경우가 많은데 특히 정장을 충동적으로 구매하는 경우 자칫 오래 입지도 못하고 장롱에 보관만 하다 결국 아까운 옷을 버리게 된다. 잘 입지 않는 싸구려 옷 2~3벌과 양질의 옷 한 벌 가격이 동일하다면 마음에 드는 좋은 옷을 구매하여 자주 세탁하여 입는 것이 오히려 경제적이라고 생각한다.

항상 이렇게 생각하는 나도 최근 비슷한 실패를 한 적이 있다. 지난겨울 한 저가브랜드의 목도리를 2만 원대에 구입하였는데 역시 싼 게 비지떡이었다. 사소한 소품이지만 상품의 질이 형편없었다. 보풀이 많이 일어나고, 후줄근해져서 1

년도 채 사용하지 못하고 버려야 할 것 같다. 차라리 가격은 몇 배 비싸지만 양질의 메이커 목도리를 구입했다면 아마 오랫동안 만족해하며 매고 다닐 수 있었을 것이다.

반면 수시로 갈아입어야 하는 셔츠 종류는 정장만큼 큰 비용을 투자할 필요가 없다. 여유가 되어 비싼 셔츠를 입는 것도 나쁘지 않겠으나 할인, 행사매장에서도 얼마든지 좋은 물건을 싸게 살 수 있는 품목이기 때문에 이런 종류의 옷은 좋은 물건을 싸게 사서 자주 갈아입는 것이 더 효과적이다.

② 사소한 소품에도 관심을 가질 것

정장에는 많은 관심을 갖지만 의외로 양말 같은 저렴한(?) 물건은 무관심한 사람들이 많다. 심지어는 정장에 구멍 난 양말을 신고 슬리퍼 차림으로 다니는 직장인들도 간혹 보게 되는 데 결코 좋아 보이지 않는다. 한국은 식당에도 신발을 벗고 들어가는 좌식문화이기 때문에 더욱 신경을 써야 한다. 양말은 너덜너덜할 때까지 신는 것이 아니다. 적당한 시기에 반드시 새것으로 갈아 신도록 한다. 양말은 비교적 적은 비용으로 멋을 낼 수 있는 소품 중 하나이다.

구두도 매우 중요한 소품이다. 위에서도 강조한 바 있지만 의외로 구두의 상태에 대해 관심을 갖는 사람들이 많다. 구두는 소품 중에서도 비교적 가격이 비싼 물건이다. 가격이 상당하다는 것은 정장과 마찬가지로 한 번 사면 오래 신어야 한다는 뜻이다. 그 때문에 색상, 품질, 가격, 구매방법 등을 심사숙고해서 골라야 후회가 없을 것이다. 더구나 구두는 멋도 중요하지만, 발 건강과 밀접한 연관성이 있다. 발의 상태는 정말 중요하다. 발이 불편하면 온종일 스트레스를 받게 된다. 따라서 구두는 자신이 직접 여러 번 신어보고 편안한 것을 골라야 한다. 특히 직장에서 신는 정장구두는 항상 손질이 잘되어 있어야 함은 물론이다. 그만큼 사후 관리가 중요한 소품이기도 하다.

기타 시계, 지갑, 벨트, 가방 등의 액세서리 소품들은 가격도 천차만별이고 개인의 취향도 다르므로 여기서 더 언급하지는 않겠다. 또한, 그런 소품들이 면접에 미치는 영향은 별로 없기 때문이다. 다른 소품은 차치하더라도 개인적으로 안경을 쓰는 사람의 경우에 안경 선택에 상당히 유의할 것을 당부하고 싶다. 안경이 얼굴의 인상에 미치는 영향이 매우 크기 때문이다. 간혹 예능 프로에 나오는 연예인들이 착용하는 우스꽝스러운 뿔테 안경을 쓴 지원자를 본 적이 있는데 진지한 면접 태도와는 다르게 첫인상이 별로 좋아 보이지 않았다. 개인적인 스타일은 제각각이겠으나 회사에서의 안경 착용은 일시적인 유행을 좇기보다는 자신의 얼굴에 맞는 자연스럽고 단정한 디자인의 안경을 권하고 싶다.

여성의 경우 불가피한 경우가 아니라면 될 수 있으면 안경 착용을 권하지 않는다. 회사에 따라 다르겠지만, 통상적으로 면접관들이 안경을 쓰지 않는 여성의 인상을 더 좋게 평가한다는 통계를 본 적이 있다. 남녀차별 문제가 아닌 일반적인 인식을 말하는 것이다.

③ 때와 장소에 맞는 복장

최근 회사마다 비즈니스 캐주얼을 도입하여 직원들이 자유 복장을 하는 회사가 느는 추세기는 하지만, 필자는 주변 사람들에게 적어도 대학 졸업반이 되면 남녀 공히 검은색 정장을 한 벌 장만하길 권한다. 검은색 정장은 면접에서 가장 무난한 색상일 뿐만 아니라 상가에 조문을 갈 때 반드시 필요한 색상이기도 하다. 한국인들이 옷에 투자하는 비용은 만만치 않다. 더구나 최근 아웃도어 열풍이 불어 시장규모가 수조 원에 이른다고 한다. 한국인들은 대체로 유행에 민감한 편이고, 남들과 비교하는 것을 좋아하여 등산장비만 하더라도 경쟁하듯이 형형색색의 비싸고 화려한 옷을 입은 사람들이 많다.

그런데 정작 문제는 면접, 조문 등 중요한 장소에서의 복장에는 무신경한 사람들이 많다는 것이다. 가까운 곳에 운동을 갈 때에는 화려한 운동복을 풀 세트로 갖추어 입으면서 정작 중요한 자리나 격식을 차려야 할 곳에서는 무심한 것을 보면 의아하기도 하다. 때와 장소에 맞는 옷을 입어야 한다. 등산 갈 때 양복바지에 운동화를 신고 가는 것처럼 우스운 일이 없다. 등산을 갈 때에는 등산복을, 면접을 갈 때는 면접에 적합한 복장을 해야 한다.

④ 색상 선택

요즘은 참 멋쟁이들이 많다. 연예인이 아니더라도 청담동이나 한강 둔치를 나서면, 멋진 스타일을 한 여러 사람을 보게 된다. 물론 대개는 젊은 청년들이다. 그들은 어떤 색상을 입어도 멋지게 보인다. 젊어서 뭘 입어도 예쁘게 보인다는 건 정말 큰 축복 중의 하나이다.

문제는 나 같은 중년들은 뭘 입어도 촌스럽게 보이고, 옷태가 나지 않는다는 것이다. 중년 남성들은 얼굴색이 검고, 배가 나온 사람들이 많다. 이런 모습에 핑크색, 연두색 등 원색의 옷들은 정말 최악이다. 옷 매장의 판매원들이 중년들에게 원색을 권하는 것은 그 색이 잘 안 팔리기 때문이다. 피부가 검은 경우 원색은 될 수 있으면 피하라는 것이 전문가들도 권하는 사항이다. 이와 관련하여 색상 선택에 관한 몇 가지 원칙을 말하고 싶다.

첫째, 될 수 있으면 원색을 지양하고, 옷 색상을 단순화하는 것이다. 나이 들수록 화려한 색상을 입어야 한다는 말에 필자는 동의하지 않는다. 빨간색 같은 원색은 아무나 소화할 수 있는 색상이 아니다. 차라리 파란색이나 검은색, 흰색 등의 무난한 색상으로 단순화시키는 것이 지나친 원색보다 더 낫다고 본다. 예전 영국 엘리자베스 여왕이 한국 방문 시 어떤 기자가 여왕에게 옷 잘 입는 비결을 물어보았더니 대답으로 "옷 색상을 단순화시킨다"는 대답을 하였다고 한다.

둘째, 나만의 색상을 찾는 것이다. 파란색이든, 검은색이든 자주 입어보고, 주변에 의견을 확인하여 내게 가장 맞는 색상을 결정하는 것이다. 나도 마음에 들고, 주변 사람들도 좋다고 하는 색상을 선택하여 그 색상 위주로 옷을 결정하는 것이다. 또한, 가급적 이상한 무늬가 잔뜩 들어간 옷은 피하는 것이 좋겠다. 옷을 아주 잘 입는 사람이라면 모를까 요란한 무늬의 옷이 어울리는 사람들은 흔치 않다.

(3) 면접 시 복장 확인

마지막으로 면접장에서 유의하여야 할 복장 관련 사항을 몇 가지 언급한다.

① 겨울에 면접장 내에까지 코트를 입고 들어오는 사람들이 있다. 실내에 들어오면 코트는 벗는 것이 맞다.

② 양복 상의의 단추는 아래쪽 하나만 푸는 것이 맞다.

③ 면접 시 넥타이는 반드시 매도록 한다. 길이는 넥타이의 끝이 벨트를 살짝 가리는 정도가 적당하다. 간혹 답답하다고 넥타이를 느슨하게 매는 경우가 있는데 적어도 면접장 내에서는 단정하게 매도록 하자.

④ 최근 정장 종류가 워낙 다양해서인지 몸에 많이 달라붙는 정장이나 속칭 갈치처럼 반짝이는 정장들이 있는데 회사에서는 피하는 것이 좋을 것 같다. 면접관들은 복장이 지나치게 튀는 사람을 선호하지 않는다.

⑤ 여성의 경우 스커트가 너무 짧거나 속내의가 드러나는 블라우스 등은 좋지 않다.

⑥ 면접 대기 장소에서 간혹 잡담 등 불필요한 행동을 하는 경우가 있는데 내부직원들에게 좋은 인상을 주지 못하니 주의하는 것이 좋겠다.

⑦ 미리 작은 헝겊을 준비하여 면접 직전 구두를 한 번 더 손질해주면 좋겠다. 시간이 있을 때 반드시 화장실에 가서 전체적인 용모를 한 번 더 체크한다.

⑧ 정장 주머니에 지갑, 핸드폰 등 여러 소품을 넣게 되면 옷태가 나지 않는다. 여성들은 항상 백을 들고 다니겠지만, 남성의 경우에도 반드시 가방을 가지고 다니는 습관을 갖는 게 좋겠다.

⑨ 면접 전 핸드폰은 반드시 끄도록 한다. 면접 중 핸드폰이 울리는 것만큼 당황스러운 일도 없다.

⑩ 수염이 많은 남성의 경우 면도를 더 신경 써서 하도록 하고, 이발은 면접 3~4일 전에 미리 하여, 면접 당일 머리 모양이 가장 보기 좋은 상태가 되도록 하는 것이 좋겠다.

여기서 언급한 복장 원칙들이 다소 형식적으로 느낄 수도 있겠지만, 면접시간은 정말 짧다. 복장에서 가점은 몰라도, 감점을 당할 필요는 없지 않을까? 또한, 비단 회사 면접뿐 아니라 격식을 갖추어야 할 자리라면 어디든 통용되는 원칙이라고 생각한다.

PART 3

신입사원
성공전략

신입사원이
알아야
할 사항

1) 근로기준법과 취업규칙

(1) 노동법 교육의 필요성

인사, 노동 분야 기업 현장에서 근무해온 많은 이들이 공통으로 느끼는 문제 중 하나가 바로 우리나라의 교육과정 중 노동 관련법에 대한 교육이 거의 없다는 사실이다. 이미 많은 청소년 근로자들이 시간제 아르바이트 등 노동현장에서 실질적인 근로를 하고 있고, 성년이 된 학생 중에서도 인턴 등으로 근무하며 사업주에 종속된 근로자로서 근무를 하는 이들이 많음에도 불구하고 근로계약, 취업규칙 같은 기본적인 내용조차 모르고 있는 경우가 많다. 이는 대단히 잘못된 일이다. 회사에서 신규직원들에게 간단한 오리엔테이션 등을 통해 일부 내용은 안내하지만, 지극히 형식적이고, 단편적인 경우가 많다.

청소년을 비롯한 학생들을 대상으로 한 노동 관련 교육은 해도 되고, 안 해도 되는 문제가 아니라, 반드시 해야 하는 법정필수교육이 되어야 한다. 이미 독일 같은 선진국들은 고등학교 때부터 노동 관련법에 대한 체계적인 교육을 하고 있다고 한다. 한국처럼 교육열이 높은 나라에서 정작 근로자의 생존권에 해당하는 중요한 노동법 교육을 등한시한다는 것은 정말 아이러니한 일이다. 이렇게 노동법에 무지하게 되면 사업주들이 노동환경을 임의대로 악용할 가능성이 매우 높아지게 된다. 즉, 정상적이고 제대로 된 노무관리를 하는 것이 아니라 근로자의 제 권리를 무시한 사용자의 재량권 남용이나 불합리한 처우 등이 발생할 소지가 크다. 이는 노사 간 불신의 주요한 원인이 되며, 중장기적으로 볼 때 결코 기업에도 바람직하지 않다. 더구나 아직 성년이 되지 않은 청소년 근로자들의 경우 일부 악덕 사업주의 악용사례가 너무나 많이 나타나고 있다. 현실이 이러함에도 불구하고 정부에서 중등학교에서의 노동법 교육에 미온적 태도를 보이는 것을 도무지 이해할 수 없다.

주무부서인 교육인적자원부와 노동부는 청소년을 위한 노동법 교육에 대한 구체적인 청사진을 국민들에게 제시하고 적극적인 계획을 추진하기를 촉구한다.

(2) 근로계약서와 취업규칙이란?

먼저 근로계약서와 취업규칙에 대한 부분을 간략히 언급하고자 한다. 근로계약서와 취업규칙은 노동 관련법을 이해함에 있어 가장 기초적인 내용이고 아무리 작은 기업에서 근무하더라도 반드시 알고 있어야 할 내용이다.

① 근로계약서란?

노동법이란 말 자체부터 매우 딱딱하게 들리기 때문에 많은 이들이 접근하기 어려운 것으로 느껴질 것이다. 근로계약서는 어렵게 생각할 필요가 하나도 없다. 말 그대로 '계약서'이다. 우리 사회의 여러 사회활동이나 생활 속에서 어떤 종류이든 '계약'을 맺고 살아가고 있다. 지방에서 서울로 유학을 온 학생이 처음 집을 구하게 될 경우, 전세나 월세 임대차계약서를 쓰게 될 것이다. 만일 그런 계약서가 없다면 집주인이 보증금을 떼먹는 일이 발생하더라도 세입자가 법에 호소하기 매우 어려워진다. 항상 세입자는 임대차계약서를 공인된 부동산사무소를 통해 작성하고, 전입 즉시 해당 동사무소에 가서 확정일자를 받아야 한다.

물건을 사는 일도 마찬가지다. 우리는 상품을 구입할 때마다 매번 물품거래계약서를 작성하지는 않지만 경우에 따라 자동차 같은 큰 물건을 구입하는 경우 매매계약을 하게 된다. 작은 물건의 경우도 종이계약서가 없는 것일 뿐 묵시적으로 매매계약이 이루어진 것으로 간주하는 것이다. 특히 요즘처럼 신용카드 결제가 대중화된 경우 신용거래약정에 따라 계약이 이루어진다. 도배, 장판 등 인테리어를 하게 되면, 인테리어 업자와 도급공사계약을 맺게 된다. 특히 이런 도급계약을 맺을 때 계약서상 꼼꼼하게 세부 내용을 기재하지 않으면 추후 불필요한 분쟁이 생기는 경우도 있다. 이처럼 우리 사회의 모든 거래관계는 계약으로 이루어진다.

그럼 '근로계약'이란 무엇일까? 근로계약은 사용자 '갑'과 근로자 '을'이 체결하는 사용종속 계약이다. 간단히 말해서 근로자가 사용자에게 소정근로시간을 통해 '노무(일)'를 제공하면 사용자는 반대급부로 정해진 '임금(급여)'을 반드시 주어야 한다. 일부 사업주가 청소년 아르바이트생을 고용하면서 "매일 6시간씩 일하면 한 달에 90만 원을 준다"고 말만 하고, 실제 서면근로계약서를 작성하지 않았다고 해서 근로계약 자체가 성립되지 않은 것이 아니고, 그 효력은 인정되는 것이다. 하지만 한 달이 지난 후 사업주가 90만 원을 주어야 하는데 여러 가지 핑계를 대며 70만 원만 준다든지, 심지어 전혀 임금을 주지 않는다든지, 하루 6시간만 일하기로 했는데 실제는 8시간 근로를 시킨다든지, 법적으로 부여해야 하는 주휴일을 주지 않았다든지 등 이런 일이 발생하는 경우 아무것도 모르는 청소년 근로자가 그냥 모르고 당할 수밖에 없다.

더구나 서면근로계약서가 없는 경우 추후 근로감독관에게 호소하더라도 관련 근거가 없고, 사업주가 사실관계를 부인할 가능성이 크기에 심각한 분쟁이 생기게 된다. 따라서 반드시 서면(종이)으로 근로계약 내용을 자세히 기록하여 상호 날인 후 받아야 이 문제를 최소화할 수 있다. 이처럼 근로계약서는 근로자 권익을 보호하기 위한 매우 중요한 문서이다. 근로계약서에는 필수적으로 들어가야 하는 조항들이 있는데, 근로기준법 제17조(근로조건의 명시)에 그 세부사항들이 다음과 같이 언급되어 있다.

1. 임금(특히, 임금의 구성항목, 계산방법, 지급방법 등 포함)
2. 소정 근로시간
3. 휴일
4. 연차 유급휴가
5 기타 근로조건

ⓐ 무엇보다 임금은 중요한 항목이다. 시급이든 월급이든 사용자는 매월 1회 이상 정기적으로, 통화를 사용하여, 근로자에게 직접, 임금 전액을 지급해야 한다. 근로자의 동의 없이 함부로 임금에서 공제를 하거나, 체불을 하여서는 안 된다. 이를 임금지급의 4대 원칙이라고 한다.

㉠ 통화불: 임금은 반드시 통화로 지급해야 하며 상품권 등 다른 물품 등으로 지급이 불가하다.

㉡ 직접불: 임금은 근로자 본인에게 직접 지급하며 본인 외 다른 사람에게 지급할 수 없다(부모라고 해도 안 됨).

㉢ 전액불: 임금을 분할 지급하는 것은 불가하며, 반드시 정해진 급여일에 해당 전액을 지급하여야 한다. (예: 급여 90만 원 중 이번 달에 45만 원을 주고 나머지는 다음 달에 지급불가)

㉣ 정기불: 임금은 매월 1회 이상 정기적으로 지급해야 한다. 1년 치 연봉을 한꺼번에 주는 등은 임금지급원칙에 위배된다.

ⓑ 소정 근로시간은 사용자와 근로자가 근로하기로 약정한 시간을 의미한다. 현재 한국은 1주간의 근로시간이 휴게시간을 제외하고, 40시간을 초과할

수 없으며, 1일의 근무시간은 8시간을 초과할 수 없다. 근로시간을 명시하지 않으면 사용자가 임의대로 근로시간을 정할 수 있기 때문에 근로계약서에 명시하는 것이다(근로시간을 초과하게 되면 법정 초과근무수당을 지급하여야 한다).

ⓒ 휴일은 근로기준법 제55조에 따른 주휴일(1주일에 평균 1회 이상의 유급휴일)을 근로자에게 주어야 한다. 법정휴일로는 이 같은 주휴일과 근로자의 날(5월 1일)이 있고, 단체협약이나 취업규칙에 따라 사용자와 근로자가 약정한 휴일이 있는데, 통상 우리는 이 같은 휴일을 공휴일이라고 한다. 공휴일은 쉽게 말해서 달력에 표시된 빨간 날이다.

ⓓ 연차 유급휴가는 사용자가 1년간 8할 이상(80% 이상) 출근한 근로자에게 15일간의 유급휴가를 주도록 근기법 제60조에 규정하고 있다.

ⓔ 기타 복리후생, 휴가 등에 대한 세부 사항들은 회사마다 다른 부분이 있기에 언급하는 것이 적절치는 않지만, 이 같은 내용은 반드시 근로계약서에 명기되어야 한다.

근로계약서에는 위 항목들이 필수적으로 들어가야 한다는 것을 알고 있는 것이 좋겠다. 더 중요한 것은 출근 후에 시간이 많이 지났음에도 사업주가 근로계약에 대한 언급이 없는 경우 반드시 주변의 신뢰할 수 있는 사람과 상의하고, 필요하면 공인노무사에게 문의하기 바란다. 여러 이유를 대며 근로계약서를 교부하지 않으려고 하는 사업주는 의심해볼 필요가 있다. 뭔가를 숨기거나, 꼼수를 쓰는 경우가 있기 때문이다. 더구나 2012년부터 근로계약은 문서로 작성하여 근로자에게 주도록 의무화되었다. 그럼에도 계약서를 주지 않는 경우 근로일자, 근무시간, 급여입금통장 등을 기록, 보관하고 사업주와의 대화 등을 기록한다든지, 주변 증인을 확보한다든지 하는 별도 노력이 필요하다. 이런 증거자료가 혹시 임금체불 등이 발생될 경우 중요한 증거자료가 될 수 있기 때문이다. 물론 될 수 있으면 그런 사업주와는 함께 일하지 않는 게 가장 좋은 최선의 방법이다.

참고로 임금을 체불한 사업주는 채무불이행에 따른 책임을 질 뿐만 아니라 형사처벌까지 받을 수 있다. 사용자는 임금지급의무가 있을 뿐만 아니라 근로자의 안전을 배려할 의무, 재산 및 인격권을 보호할 의무 등이 있다는 것을 알아두자.

② 취업규칙이란?

어느 정도 직장생활을 한 사람도 의외로 취업규칙을 잘 모르는 경우가 많은 것 같다. 취업규칙은 근로자가 직장에서 지켜야 할 규칙, 임금, 근로시간 등 근로조건을 세부적으로 정한 규정으로서 그 직장에 근무하는 모든 근로자에게 집단적·획일적으로 적용되는 규정이다. 상시 근로자 10인 이상의 사업장에서는 사용자가 작성하여 노동부에 신고 후, 사무실 내에 비치하도록 법으로 정해져 있는 규정이다(10인 미만의 경우 없을 수도 있다). 한 번 작성된 취업규칙을 근로자에게 불리하게 변경할 경우 근로자 과반수의 동의를 받아야 한다.

특히 노조가 있는 회사의 경우 단체교섭을 통해 단체협약을 맺고 그 단체협약이 취업규칙에 우선하기 때문에 상대적으로 취업규칙에 대한 관심이 덜하지만, 노조가 없는 회사, 특히 중소규모의 회사일수록 취업규칙은 중요한 규정이다. 반드시 한 번쯤은 읽기를 권한다.

그 내용은 근기법 제93조에 언급되어 있다.

1. 업무의 시작과 종료 시각, 휴게시간, 휴일, 휴가 및 교대 근로에 관한 사항
2. 임금의 결정·계산·지급 방법, 임금의 산정기간·지급시기 및 승급에 관한 사항
3. 가족수당의 계산·지급 방법에 관한 사항
4. 퇴직에 관한 사항
5. 「근로자퇴직급여 보장법」 제8조에 따른 퇴직금, 상여 및 최저임금에 관한 사항

6. 근로자의 식비, 작업 용품 등의 부담에 관한 사항

7. 근로자를 위한 교육시설에 관한 사항

8. 산전후휴가·육아휴직 등 근로자의 모성 보호 및 일·가정 양립 지원에 관한 사항

9. 안전과 보건에 관한 사항

9의2. 근로자의 성별·연령 또는 신체적 조건 등의 특성에 따른 사업장 환경의 개선에 관한 사항

10. 업무상과 업무 외의 재해부조에 관한 사항

11. 표창과 제재에 관한 사항

12. 그밖에 해당 사업 또는 사업장의 근로자 전체에 적용될 사항

취업규칙은 노조 없는 사업장에서 근로자의 근로조건 등을 명문화한 규정이기에 그 의미가 작지 않다. 노조가 있는 사업장의 경우 단체협상을 통해 취업규칙보다 더 효력이 강한 '단체협약'을 체결하기 때문에, 상대적으로 근로자의 의견이 더 반영될 소지가 크다. 취업규칙은 그 요건에 있어 관계법령(근기법 등)이나 단체협약 등에 어긋나서는 안 되는 것은 물론이고, 근로자에게 조금이라도 불리하게 변경되는 경우 재직 근로자 과반수의 서면 동의를 받게 되어 있다.

사실 취업규칙은 한 번 만들어지면 근로자에게 유리하게 변경되기 쉽지 않기 때문에 대기업에 비해 상대적으로 근로조건이 취약한 중소기업의 경우 취업규칙에 대한 요건 등이 더 강화되어야 하며, 근로자들도 각 소속회사의 취업규칙 내용에 대하여 많은 관심을 갖는 것이 좋겠다. 지금까지 근로계약서와 취업규칙에 대하여 간략히 정리해보았다. 어떤 일이 발생하기 전에 미리 알고 대비하는 것은 중요하다. 그런 의미에서 이런 주요 사항에 대한 사전교육이 충분히 이루어지기 바란다. 아직도 일부 사업주들이 근로자들의 임금을 체불하거나 노동법을 준수하지 않고 임의대로 기업을 경영하는 나쁜 관행이 계속되고 있기 때문에 더욱 시사하는 바가 크다고 생각한다.

2) 인턴제도의 명암

(1) 혈세 낭비하는 인턴제도

공기업, 공공기관들이 정말 겁 없이 돈을 쓴다는 것은 이미 많이 알려진 사실이다. 사기업의 경우 임직원이 사업투자에 실패하거나, 불요불급한 곳에 예산을 낭비하게 되면, 결코 그냥 지나가지 않는다. 엄한 문책을 받게 되고, 사안에 따라 중징계를 받을 수 있지만, 주인이 따로 없는 공기관들은 엄청난 혈세를 낭비하고도 누구 한 사람 책임을 물었다는 말을 들은 적이 없다. 지난 정부의 4대강 사업에 천문학적인 예산을 쏟아 부은 것뿐만 아니라, 각 지자체의 호화청사 건립, 항상 적자투성이인 지방공항, 비효율의 대명사인 보도블록 교체까지 예산 낭비의 사례를 들자면 지면이 모자랄 지경이다.

여기에 하나 더 보태야 할 것이 바로 정부와 지자체의 인턴지원금제도이다. '청년인턴제도'는 고용노동부 및 각 지자체에서 청년 미취업자들을 대상으로 중소기업의 인턴 기회를 제공함으로써 취업지원자들에게는 직무경력을 쌓아 정규직 취업 가능성을 제고하고, 중소기업 입장에서는 인력난 해소에 기여하는 청년고용촉진사업의 일환으로 시행되고 있다. 물론 외면상으로는 매우 좋은 취지의 사업처럼 보인다. 이런 인턴제도는 고용촉진을 통해 국가적인 청년 실업난을 해소하기 위한 주요 역점 사업으로 시행되고 있는데, 실업난으로 인해 취업하지 못한 청년 미취업자를 기업이 고용하게 되면, 국민의 세금으로 지원금을 주는 제도라고 이해하면 된다(지원금 규모는 고용인턴 임금의 50% 외 정규직전환지원금 등이 있는데 중소기업의 입장에서는 매우 중요하다).

한편으로는 심각한 사회문제인 실업문제도 해결하고, 중소기업에 지원금도 주니까 실업방지를 위해 매우 좋은 제도인 것 같기도 하다. 하지만 이 제도는 전형적인 전시행정의 표본이고 세금 낭비의 실패작이다. 요즘 공무원들이 정말 우수한 집단이라는 점을 누구도 부인하기 어렵다. 많은 시간 고시준비에 혼을 기울었을 이들이기에 이들의 자질, 역량은 가히 최강이라 말하지 않을 수 없다. 문제는 이들이 기업인들의 생리를 잘 이해하지 못하거나, 알고 있음에도 일부러 모른 척하는 것이 아니냐는 생각이 든다. 이 같은 혈세를 지원받고 있는 기업 경영자들은 이른바 '장사의 꾼'들이다. 이들은 결코 손해 보는 장사를 하지 않는다. 정부에서 단 한 푼이라도 지원금을 준다면, 없는 서류를 만들어서라도 일단은 신청하고 보는 게 이들의 대체적인 정서이다. "나랏돈은 내놓은 돈이다. 못 타 먹는 게 바보다"는 것이 이들의 일반적 정서임을 알아야 한다.

인턴제도의 존재 여부와 관계없이 중소기업의 이직은 대체로 심한 편이다. 그 이유는 분명하다. 공기업, 대기업에 비해 극도로 낮은 처우는 이미 사회적 문제가 될 정도가 되어버렸다. 더 큰 문제는 많은 중소사업주의 생각이 제품, 서비스로 승부하기보다는 직원 인건비를 줄여 이윤을 최대로 만들려는 심리가 강하다는 것이다.

이들은 정부, 언론 등에 중소기업의 애로점에 관한 아쉬운 소리를 쏟아내지만 정작 자신들은 재벌에 못지않은 호화생활을 하는 이들도 있다. 대기업은 그나마 직원 처우가 좋은 편이지만 매번 죽겠다고 아우성인 중소기업주들의 자가당착과 이중적 행태는 많은 직원에게 그 조직에 대한 소속감, 충성도를 갖기 어렵게 만들고 있다. 이런 현실이다 보니 많은 취업지원자가 중소기업을 외면하는 것은 어찌 보면 당연한 것이다.

(2) 무책임한 기업 현실

이런 한국 기업들의 현실을 알면서도 일부 언론사 주필이나 어른이라는 분들의 조언이 "요즘 청년들은 어렵고, 힘들고, 더러운 일을 기피해서 큰일이다. 대기업 취직이 어려우면 아무 중소기업에라도 들어가 일을 하라. 예전에는 더 어려웠다"는 식의 언급을 스스럼없이 하는 사람들에게 필자는 절망감을 느낀다. 더구나 이런 무책임한 발언을 하는 이들은 고도 성장기를 통해 어렵지 않게 대기업, 언론사에서 비교적 안정적인 정년이 보장된 직장생활을 하였고, 경제적으로도 부동산 호황으로 자산을 축적하였으며 이제는 국민연금 수혜까지 받는 비교적 복 받은 세대이다. 이제 자녀 세대인 청년들이 국가적인 취업난에 시달리는 현실을 자기 본위로만 해석하는 것이다. 사람은 자신에게 직접 닥치지 않은 일을 함부로 말해서는 안 된다고 생각한다. 필자는 그런 분들에게 다른 어떤 말보다 이런 질문을 던지고 싶다.

"그럼 당신의 귀한 딸을 중소기업에서 최저임금에 가까운 월 130만 원 받고 있는 청년에게 시집보낼 수 있는가?" 사회 지도층이라고 하는 기성세대 중 이 질문에 "Yes"라고 답할 수 있는 이가 별로 없을 것으로 생각한다. 자신의 귀한 자녀는 전문직이나 고소득의 공기업, 대기업 직원이 되기를 소망하면서 왜 다른 사람들에게는 그들이 학창 시절 다소 경쟁에 뒤처졌다는 이유만으로 함부로 말하는가?

정규직이든, 인턴이든 중소기업은 일 년 내내 항상 구인난일 수밖에 없다. 중소기업이 대기업에 준하는 처우를 하는 것은 요원한 일이다. 적어도 독일처럼 대기업, 중소기업이 상호 공생하는 바람직한 경제적 관계가 되지 않는 한 우수한 지원자들이 중소기업의 문을 두드리는 일은 별로 없을 것이다. 문제는 과거보다 중소기업 고용의 질을 더 악화시키는 데 정부가 일조하고 있다는 점이다. 그나마 과거에는 어렵게 채용한 신규인력을 처음부터 정규직으로 채용하여 나름의 규정에 따라 처우하였는데, 이제는 정부가 세금을 들여 정규직의 자리를 비정규인턴으로 채용하라고 하니, 중소사업주 입장에서는 얼마나 반가운 일이겠는가? 근로자 입장에서는 차라리 과거가 훨씬 고용 안정성이나 급여 측면에서 더 나은 것이라 볼 수 있다.

정규직 대졸 초임 연봉을 2,300만 원을 주는 기업이 있다고 하자. 과거 이런 인턴제가 시행되기 전에는 기업에서 신규직원을 정규직으로 채용하고 수습을 거쳐 연봉 2,300만 원(월 192만 원 상당)의 급여를 지급했었다. 하지만 현행 인턴제에서 100인 미만 사업장의 경우 6개월까지 정규직이 아닌 인턴으로 활용할 수 있다 보니 입사 후 6개월까지 월 140만 원의 인턴급여만을 주게 된다. 과거보다 대략 매월 50만 원 이상의 엄청난 차이가 나는 셈이다. 가뜩이나 대기업에 비해 처우가 떨어지는 중소기업에 온 것도 서러운데 과거보다 월 50만 원 이상 급여가 더 적어지는 셈이니, 이를 어떻게 생각해야 할까? 같은 대학을 나온 동기는 대기업에서 연봉 4~5천만 원을 받는 것과 비교하면 능력의 차이라고 하기엔 너무 심한 격차이다.

상대적으로 중소기업주 입장에서 이보다 더 좋은 제도가 없다. 정규직이 아닌 인턴으로 6개월간 사용할 수 있으니 인건비도 절감되고, 추후 정규직으로 채용하지 않아도 무방하니 고용부담도 없고, 게다가 정부에서 추가 지원금까지 준다니 이보다 더 좋은 일이 있겠는가? 결국, 사회적 약자인 중소기업 근로자들의 희생만 강요하는 이런 나쁜 정책을 정부가 계속 밀어붙이는 이유를 도대체 모르겠다.

(3) 어설픈 인턴제도 정리가 필요

인턴이라는 용어 사용 자체도 기업엔 어울리지 않는다. 국어사전에 나오는 인턴의 의미는 의과대학을 졸업하고, 의사 면허를 받은 후 임상실습을 받는 전공의라고 되어 있다. 이처럼 인턴은 원래 의료계에서 유래한 용어이다. 의대를 졸업하고 의사국가고시 합격을 하면 의사면허를 받지만, 당장 의료현장에 투입되기에는 임상경험 부족 등 어려움이 있기 때문에, 대학병원 등 각 수련병원에서 전공의를 모집하여 이들을 사용하고 있다. 이들을 인턴이라고 한다. 의료계 인턴은 일종의 도제처럼, 담당 전공교수를 따라다니면서, 학교에서 배운 이론을 현장에 적용하는 방법, 그 노하우를 배우는 것이다. 의사 등 전문직에서 사용하는 개념이다.

그런데 언제부터인가 기업이 대학을 졸업한 신규채용 직원을 인턴사원이라는 명칭으로 부르게 되었다. 기업은 병원 의사인턴처럼 수년간 교육을 시켜 전문의를 만들려고 신입을 채용하는 것이 결코 아니다. 기업은 단지 내부 이직에 따른 충원을 하기 위해 신규직원을 채용한다. 기업은 교육기관이 아니라 사업을 하는 곳이고, 일을 시키려고 신입직원을 채용하는 것이다. 많은 중소기업 인턴사원들은 간단한 오리엔테이션 정도를 받고 현장에 투입되어 정규직과 유사하거나, 동일한 업무를 하는 경우가 많다. 그럼에도 불구하고, 최장 6개월까지는 인턴신분으로 비정규 임금을 받고 일하는 것이다. 전문 의료기술을 익혀 레지던트로 이어지는 최종 전공 선택을 위한 의사 인턴과는 차원이 전혀 다른 개념이다.

결론적으로 현재의 인턴제도는 전혀 근로자에게 도움이 되는 제도가 아니며 즉시 폐지되는 것이 바람직하다고 생각한다. 차라리 인턴지원금에 해당하는 재원을 미취업자들의 재교육에 더 투입하는 것이 옳다. 미래에 대한 기대에 부풀어 사회에 첫발을 내딛는 사회초년생들을 고용불안에 시달리게 하고, 최저임금 수준의 박봉으로 사회 양극화를 초래하는 이런 나쁜 제도를 마치 실업률 해소에 기여하는 좋은 제도인 것처럼 자랑하는 정부, 지자체를 보면 정말 한숨이 나올 따름이다. 이런 식의 보조금제도는 결코 좋은 처방이 아니다. 환자에게 '약'이 아닌 '독'을 쏟아 넣고 있음을 빨리 알아야 한다.

3) 연봉산정 방식

(1) 급여제도

급여제도에 대하여 항상 많은 관심을 갖고 있음에도 정작 세부적으로 들어가면 잘 모르는 경우가 많다. 사실 '연봉'이라는 용어부터가 사용한 지 그리 오래되지 않았다. 예전에 직장을 다닌 경우 매월 월급봉투를 받던 사람들도 있을 것이다. 온라인 급여이체가 되기 전에는 회사에서 봉투에 직접 현금을 넣어주었다고 한다. 그 시대는 연봉제, 성과보상제라는 말조차 없었다. 단지 '근무 연수가 늘어나고 승진하면 월급도 오르겠지'라는 정도의 막연한 생각만을 갖고 있었을 것이다.

이렇게 근무 연수가 늘어나면 매년 급여가 다소 오르고, 승진하면 많이 오르는 급여체계가 바로 '호봉제'다. 호봉제는 근속 연수가 많고, 높은 직급일수록 더 많이 받는 구조로 설계되어 있다. 직급별로 정해진 호봉단계를 부여하여 기준호봉부터 말호봉까지 일종의 테이블(table)로 표시되는 급여체계이다. 직급별 급호가 단계별로 차이가 나게 되어 있고, 매년 자동으로 호봉이 상승(base-up)하기 때문에 어느 정도는 꾸준히 급여가 오르는 구조이다.

반면, 연봉제는 직급별로 밴드(band)가 설정되어 있고 매년 인사평가를 통해 연봉인상이 결정되는 급여체계이다. 평가결과에 따라 인상률이 다르다 보니 경우에 따라서는 대리가 과장보다 더 많은 연봉을 받을 수도 있는 구조가 된다. 얼핏 생각하면 좋은 성과를 올린 사람이 더 많은 보상을 가져가는 구조니 일견 합리적으로 보이지만 실상은 그렇지 않은 경우가 많다.

많은 기업이 '신인사제도'를 도입하면서 연공서열의 호봉제를 없애고, 연봉제가 성과 지향적, 평가 보상 문화의 대표주자인 것처럼 도입되었지만, 일부 기업이나 경영자들이 이 제도를 악용하기도 한다. 연봉제는 성과 지향적 일부 업종의 경우 성과에 따른 보상을 기대할 수 있는 제도이지만 대부분 한국 기업의 문화, 정서와는 맞지 않는 부분이 너무 많다.

사실 호봉제를 오래되고 낡은 제도로만 여기고 있지만, 자세히 살펴보면 호봉제가 비교적 한국의 현실을 잘 반영하고 있는 제도이다. 우선 호봉제는 제도 자체가 매우 투명하다. 매년 갱신, 확정된 급여에 따른 임금체계이기 때문에 앞으로 자신이 받을 급여, 수준에 대한 예측이 얼마든지 가능하다. 승진에 따른 급여인상 효과도 누릴 수 있기에, 노조의 영향력이 큰 대기업 생산직 등은 아직도 호봉제를 주요 급여체계로 사용하고 있다. 이 부분은 호봉제가 연봉제에 비해 얼마나 근로자들에게 유리한 급여체계인지를 반증하는 것이다.

성과에 따른 평가를 비교적 객관적으로 받고 있는 일부 업·직종을 제외하고 연봉제의 장점이 일반 직원들에게까지 적용된다고 보기는 어렵다. 특히, 일부 중소기업에서 급여체계에 대한 철학 없이 이런 장단점을 명확히 인지하지 못한 상태에서 마치 연봉제가 만능 해결사인 것처럼 성급하게 도입하는 경우가 있는데, 후속적으로 그 부작용이 만만치 않을 것이다. 제대로 된 평가제도, 합리적인 평가문화가 정착되지 않은 상태에서의 연봉제는 직원들의 납득성이 문제가 될 뿐 아니라 기존의 직장문화를 해치는 부정적 결과가 발생할 수도 있다. 특히 이 경우 회사, 경영진에 대한 불신으로 이어지기 때문에 장점보다는 단점이 더 많다.

(2) 근로계약서상 임금

임금에 대한 법적인 이해를 위해 근로계약서의 임금 부분을 세부적으로 한번 살펴보도록 하자. 다음은 근로계약서의 임금 부분을 예시한 것이다.

【근로계약서(근로자: 홍길동)】

(중략)

제2조 근로조건

2항: 임금

1. 연봉계약 총금액은 사천이백만 원정(₩42,000,000)으로 한다.
2. 연봉계약 금액에는 기본급과 일체의 법정수당(연장근로수당, 휴일근로수당, 야간근로수당, 식대 등 기타 법령이 정하는 일체의 임금)과 상여금 등 제 급여가 포함되어 있다.
   기본급: 2,333,800원(시급 11,100원)
   법정수당: 1,000,200원(연장 40시간, 휴일 8시간, 야간 12시간)

(후략)

이 근로계약서에서 확인할 수 있는 사항은 다음과 같다.

① 근로자 홍길동은 연봉제 근로계약을 맺은 것이다.

(근로계약서 외 별도서식으로 연봉계약서를 작성하는 경우도 있으나, 큰 의미는 없다. 일반적으로 회사에서는 매년 연봉계약서를 갱신하는 것이 번거롭기에 이메일, 회사 그룹웨어 등을 통한 연봉통보나 연봉확인으로 가름하는 경우가 많다.)

② 연봉은 4,200만 원(세전)이며 매월 급여일에 총 연봉액을 12개월로 나눈 금액이 급여통장에 지급될 것이다. 세전 금액이기 때문에 근로소득세, 주민세, 4대 보험(국민연금보험료, 건강보험료, 고용보험료)이 공제되며(산재보험은 100% 사업주 부담) 각종 공제항목에 따라 공제된 세후 금액이 실제 통장에 입금된다.

③ 2항은 법적으로 소정근로시간을 초과하여 근무하는 경우 요건에 따라 가산 임금을 주게 되어 있다. 예를 들어, 근무시간이 오전 9시부터 오후 6시까지인 회사에서(일 8시간 근무), 단위 1시간당 통상임금 1만 원을 받는 근로자가,

㉠ 평일 오후 11시까지 근무를 하였을 경우 회사에서 지급해야 하는 수당은,

☞ 시간외수당(시급 1만 원×초과시간 4시간×1.5배)+야간수당(시급 1만 원×야간 1시간×2배)=총 8만 원이다.

㉡ 만일 일요일 오전 9시에 출근하여 밤 11시까지 휴일근무를 했다면 회사에서는,

☞ 휴일임금(시급 1만 원×8시간×1.5배)+휴일초과근무수당(시급 1만 원×4시간×2배)+휴일야간수당(시급 1만 원×1시간×2.5배)=총 22만 5천 원을 지급해야 한다.

하지만 이렇게 초과수당을 지급하게 되면 회사마다 엄청난 인건비 부담을 가지게 될 것이므로 많은 회사들이(특히 사무직을 중심으로) 포괄임금계약을 근로계약에 명시하는 경우가 많다. 포괄임금제는 위 2-2조항에 나타

난 것처럼 연봉을 기본급과 법정수당(고정O/T)으로 구분하여 연봉계약금액에 제 수당이 포함되어 있다는 내용의 포괄임금계약을 근로자와 합의하에 체결하면 초과근로수당을 주지 않아도 되는 것이다(물론 대기업 생산직을 비롯하여 노조의 힘이 강한 회사에서 이런 포괄임금제를 노조가 받아들일 리 만무하지만 그렇지 못한 경우 근로계약 시 불가피하게 포괄임금계약에 동의하는 경우가 많다).

④ 퇴직금은 별도이다. 어떤 회사는 근로계약서상 총연봉에 퇴직금이 포함되어 있다는 부가조항을 넣어 추후 퇴직금 지급을 하지 않으려는 경우가 있는데, 이는 법적으로 '무효'이다. 근로자가 퇴직 시 사용주는 14일 이내에 법정 퇴직금을 해당 근로자에게 지급하여야 하며, 일부에서 연봉을 부풀리기 위해 총 연봉 안에 퇴직금을 포함하는 계약을 하는 경우가 있는데 이는 무효이다. 퇴직금을 미지급하면 사용자는 형사처벌될 수도 있다.

간단하지만 임금에 대한 부분은 개인적으로도 중요한 부분이므로 잘 숙지하기를 바란다.

(3) 연봉협상과 처우조정

가끔 어떤 직원이 "우리 회사는 연봉 협상을 언제 하나요?"라는 질문을 하는 경우가 있는데 뭔가 설명이 필요한 경우가 생긴다. 아마도 입사 후 처음 정해진 연봉이 해마다 어떤 방식으로 조정되는지 궁금하리라 생각된다.

실제로 '연봉 협상'을 하는 경우도 있다. 즉, 집단적인 협상이 가능한 경우가 있다. 노조의 단체교섭, 단체협상이 바로 그런 경우다. 하지만 개별적 협상은 거의 없다고 보는 것이 좋을 것 같다. 협상은 상호 간에 서로 대등한 관계일 때 가능한 것이다. 어떤 분야에 탁월한 인재가 있어 외부 스카우트를 할 경우, 특별한 케이스에 해당할 때 연봉에 대해 협상을 할 수 있겠으나, 일반적으로는 개별 협상을 하는 경우를 거의 보지 못했다. 노조와 사용자 간의 단체협상이 틀어지면 노조는 쟁의행위 등을 통해 집단적으로 사용자에 압박을 가할 수 있는 수단, 방법이 있으나, 개인적 협상이 있다고 해도 협상이 틀어지면 사직서를 내는 것 외에 별다른 방법이 없다. 결국, 개별적 협상은 별로 의미가 없는 셈이다.

그러다 보니 연봉 등 처우 문제에 있어 노조가 있는 회사와 없는 회사의 차이는 대단히 크다. 노조가 있으면 매년 '단체교섭'을 한다. '임금단체교섭(임단협)'은 노동조합으로서는 가장 중요한 일이다. 회사 측과의 협상을 통해 어느 정도의 성과(임금인상)를 얻어낼지가 그 노조의 역량이기 때문에, 양측의 줄다리기가 계속되는 경우 교섭이 결렬되는 경우도 많다.

하지만 노조 없는 사업장의 경우(한국의 노조가입률은 10%가 되지 않는다) 모든 전권을 회사 경영진에 맡길 수밖에는 없다. 회사는 연봉인상 등을 결정하는 방법으로 평가결과를 많이 활용한다. 인사평가제도는 회사마다 차이가 있겠지만 매년 직원들을 대상으로 하여 역량, 성과평가 등을 실시, 이를 점수화하여 관리하게 되는데 최종적으로는 개인별로 평가등급이 매겨지게 된다. 이를 연봉인상률을 차등 적용하는 방식으로 해마다 연봉을 결정하는 것이다(통상 5단계 또는 4단계 룰이 적용되는데, S, A, B, C, D 등이 그것이다).

물론 노조가 있는 회사의 경우도 일부 생산직을 제외하고 인사평가를 해서 개인별 차등 인상률을 적용하기도 한다. 중요한 것은 노조와의 단체교섭을 통해 임금인상의 큰 틀에 대한 협상 과정이 있는 것과 없는 것의 차이는 크다는 것이다. 결론적으로 연봉 결정은 회사의 인사 기준에 따라 경영진이 최종적으로 확정하여 직원들에게 알려주는 형식을 취한다고 생각해도 무방하다.

평가 결과에 대한 면담, 이의제기 기회 등을 통해 절차적 공정성, 납득성을 위한 노력을 기울이는 회사들도 있으나, 많은 회사가 그런 것 같지는 않다. 특히, 연봉제는 회사 경영상황에 따라 예측이 어렵고 사업주의 판단에 따른 임의성이 크기 때문에 독단적 의사결정이 될 가능성이 크다. 그 경우 직원들이 가지는 회사에 대한 불신은 커질 것이기에 체계가 잘 갖추어지지 않은 기업의 경우 연봉제가 썩 좋은 제도는 아닌 것 같다. 더구나 평가, 성과보상 등 인사제도에 대하여 내부 역량이 충족되지 않은 중소기업들은 연봉제 도입에 대하여 매우 심사숙고해야 할 것이다. 연봉제는 대기업이나 성과 지향적인 큰 규모의 기업들도 매우 어렵게 도입했던 제도이다. 평가 공정성, 직원의사 수렴 절차, 프로세스 등이 제대로 준비되어 있지 않으면 성공하기 쉽지 않은 제도이다. 연봉제는 중소기업들이 단순히 트렌드만을 좇아 접근할 필요가 없는 제도이다. 대기업의 인사제도라고 해서 단순 벤치마킹하는 것은 위험한 일이다. 차라리 내부 사정에 맞게 직원들의 의사를 충분히 고려하여 합리적·현실적으로 그 회사에 맞는 급여 및 보상체계(호봉제도 나쁘지 않다)를 운영하는 것이 더 바람직할 것이라는 조언을 하고 싶다.

4) 조직도를 알면 회사가 보인다

'조직도'라는 말을 들어보았을 것이다. 어떤 기업의 조직도를 보더라도 그 속내를 볼 수 있는 요령을 익혀두는 것은 나름대로 의미가 있다고 생각한다. 물론 군대를 다녀온 남자들의 경우 조직에 대한 이해가 다소 빠를 수도 있겠다. 입대 후 훈련소를 거쳐 자대 배치를 받게 되면 가장 먼저 숙지하는 것이 바로 그 부대의 '조직도'이다. 사단-연대-대대-중대-소대-분대 등 군은 직계식 조직의 가장 전형적이고 대표적인 사례다. 더구나 내무반(요즘에는 자율병영 생활관으로 이름이 바뀌었다고 들었다)에서도 조직 내 상하관계를 파악하는 것은 매우 중요한 일이다. 입대한 시기에 따라 상하관계를 부여하는 것이 현재 한국 군대의 조직문화이다. 그 때문에 조직도는 군에서부터 시작되었다고 해도 무리가 없으리라 생각된다. 더구나 의무복무제인 군대 문화는 한국 사회 각 조직문화 전반에 지대한 영향을 미치고 있다.

조직도는 과거 간첩조직이나 조직폭력배를 일망타진한 경우 신문에 그 범죄 조직의 역할, 구성 등을 표시하기 위해 자세한 표로 만들기도 하였다. 최근에는 별로 그런 기사를 보지 못하지만, 과거 언론을 떠들썩하게 했던 주요 사건의 신문 보도 자료를 보면 확인할 수 있을 것이다. 조직학에 대하여는 학문적으로 연구하기도 한다. 경영학과에서 '경영조직론' 등의 과목을 배우기 때문이다. 굳이 학문적 접근을 하지 않더라도 우리가 속한 가정, 학교, 교회, 회사, 동호회 등 어떤 모임이든 조직을 구성한다고 생각해도 무방하다. 사적인 동창회도 회장, 총무, 회계가 있다. 이렇게 조직도는 각 구성원의 연결 관계를 표로 구성하는 것이라고 생각하면 된다.

사람들이 조직을 구성하는 이유는 무엇보다 집단적 '협업'이 가능하다는 장점을 가지고 있기 때문이다. 원시시대부터 사람은 혼자 사냥을 하는 것보다 집단으로 조직을 이루어 사냥하는 것이 훨씬 효율적이고, 결과가 좋다는 것을 경험을 통해 알게 되었다. '조직의 힘'이 바로 이런 것이다. 한 사람의 뛰어난 아이디어보다는 여러 사람이 머리를 맞대고 회의를 통해 얻은 결론이 더 좋은 결과를 가져올 수 있다. 때로는 상급자에게 지시를 받기도 하고, 다른 조직의 협조를 받기도 하면서 일을 하는 대표적인 조직이 바로 '회사조직'이다. '회사'에서 '회'자는 모일 회(會) 자를 사용한다. 즉, 회사는 사람들이 모여서 일을 하는 곳이란 뜻이다.

회사의 조직도는 인터넷 홈페이지에서 쉽게 확인할 수 있다. 간혹 조직도를 게재하지 않는 회사들도 있기는 하지만 조직도는 그 회사를 이해할 수 있는 가장 첫걸음이기 때문에 관심을 가진 회사가 있다면 반드시 확인해보는 것이 좋겠다. 이를 통해 그 회사의 개괄적인 부분을 유추, 확인할 수 있다.

① 회사의 규모는?

회사 규모를 아는 방법은 다양하겠지만 가장 간단한 방법으로 **관리조직의 규**

모와 조직이 얼마나 세분되어 있는지를 보면 대략 짐작할 수 있다. 작은 규모의 조직일수록 인사부서를 별도로 구성하지 못하는 경우가 많다. 대기업들은 인사부서를 세분화하여 인사, 교육, 노무 등이 각 팀을 구성한다. 이는 회계, 재무 등의 재경조직도 마찬가지다. 이런 직무에 대하여 중소기업들은 지원팀, 관리팀 등의 명칭으로 각 업무를 통합 운영한다고 봐도 무방하다.

조직도에 관리부서의 규모가 세부적으로 표시되어 있지는 않지만 여러 관리조직이 있는 경영지원실을 두고 있으면서 별도로 HR팀을 대표이사 직속으로 둔 회사의 경우 특별한 의미가 있다. 그런 경우 대표이사가 직접 인사 관련 제도혁신을 많이 추진하는 회사라고 생각되기 때문이다.

중소 제조업체 조직으로 대표이사 이하 바로 공장장이 있는 경우 관리·영업조직보다 생산조직이 막강한 파워를 가지고 있을 것으로 예상할 수 있다. 통상 종업원 수가 100인을 초과하게 되면 독립된 인사기능의 필요성이 생기게 되며, 300인 이상이 되면 더 세분화하는 것이 바람직하고, 500인 이상은 본부/실/부문 등으로 확대되는 경우가 많다. 일부 그룹처럼 분사를 통해 IT 관련 회사를 갖고 있지 않은 이상, 전산조직을 사내에 두고 있는지 유무도 규모 파악에 도움이 되며, 특히 감사실, 법무팀을 별도로 둔 회사는 매우 큰 조직이라고 생각해도 무방하다.

② 국내지사와 해외지점을 확인할 것

회사의 각 네트워크 등 지사, 지점이 어떤 지역에 있는가를 파악하는 것은 매우 중요하다. 특히 지방(Local) 근무희망자의 경우 주의 깊게 보아야 한다. 부산지점이 없는 회사에 지원자가 부산근무를 희망한다고 하는 일이 발생하면 곤란하지 않을까? 해외근무를 희망하는 것은 좋지만 정작 해외 관련 사업이 거의 없는 회사에서 그런 희망을 언급한다면 뭔가 맞지 않는 일이 될 것이기 때문이다. 조직도에 별도로 해외사업이라 할 만한 것이 보이지 않는 회사는 아무리 대기업이라고 해도 글로벌한 서비스를 제공하는 회사는 아니다. 반면, 작은 규모의 중소기업체라도 조직도에 해외 관련 네트워크가 잘 갖추어진 경우 장래 해외근무를 꿈꾸는 지원자라면 가장 좋은 회사가 될 것임이 분명하다.

③ 이 회사가 역점을 두는 분야는 과연 무엇일까?

조직도를 보면 그 회사의 가장 파워 있는 부서나 회사 차원 역점사업이 무엇인지 추정할 수 있다. 생산관리 조직이 강한 회사, 관리, 영업보다는 품질, 생산관리 등 분야에 관심이 집중된 경우 혹시 지원자가 관리 지원 분야에 꿈을 가진 사람이라면 별로 크게 추천하고 싶지 않은 회사이다. 반면, 생산기술, 현장관리 분야에 관심이 있다면 나쁘지 않을 것 같다.

④ 영업조직을 유의해서 볼 것

어떤 업종이든 영업조직은 상당히 중요하게 여겨진다. 회사 내에서 영업이 직접 돈을 벌어오는 부서라는 인식 때문에 그 자부심 또한 대단하다. 영업조직이 많이 분화되어 있다는 것은 그 파워가 강하다는 의미이다. 채용 시에도 인사부서보다 오히려 해당 영업조직의 의견에 좌우될 수 있다. 오래전부터 대규모 기업일수록 현업의 채용권한이 강화되는 추세이다.

영업조직이 규모가 크고 다양하다면 영업을 희망하는 지원자들이 적극적으로 도전해볼 만한 회사이다. 기타 회사들의 조직도에는 이렇게 영업 위주의 조직이 보이는 회사들이 상당히 많다. 영업이 핵심부서가 되는 회사들이 많다는 방증이다.

⑤ 조직 명칭을 알아보자

조직 명칭은 회사마다 천차만별이나 공통적인 용어도 많으므로 몇 가지 알아두면 좋을 듯하다. 명칭은 경영자 생각에 따라 수시로 바뀌기 때문에 항상 변동이 있다. 아마 가장 대중화되고 많이 사용되는 명칭이 팀일 것이다. 대기업으로 갈수록 팀장의 직급이 높아지는 경향이 있다. 중소기업은 팀장이 과장/대리급인 회사도 있는 반면, 대기업은 팀장이 부사장/임원급인 경우도 있다. 본부, 총괄, 부문, 실 등 큰 조직단위의 경우 임원급이 해당 총괄을 맡고 있다고 보아도 무방할 것 같다.

 조직 명칭 ....

1. 총괄/부문/본부(division)
일반적으로 가장 큰 단위의 조직섹션(section)으로 본다.

2. 실/부
보통 독립적인 부서단위를 표시하는 경우 사용한다(예: 안전보안실, 법무실).

3. 팀(team)
총괄/부문/본부의 하부조직으로서 조직 명칭 중 가장 많이 쓰인다. 과거 '과'라는 명칭을 많이 사용하였는데 일부 공기관, 병원, 학교 등에서는 이를 사용하는 경우도 있다. 신인사제도를 도입하면서 팀제조직을 운영하는 것이 일반적이었지만, 최근에는 대중화되어 이와 관계없이 '팀제'로 하는 경우가 많다.

4. 파트/섹션(part/section)
팀의 하부조직으로 세부직무 구분을 위해 사용하는 경우가 있다.

5. TF(Task Force)
특정 프로젝트성 직무를 수행하기 위해 임시로 구성되는 조직을 말한다.

6. 지사/지점/사무소
국내외 지방에서 별도 사무실을 두고 운용하는 조직을 말하며 해당 지역에서 그 회사 대표부의 역할을 수행한다.

....

5) 흔히 저지르기 쉬운 실수

(1) 신입에게 거는 기대

사람은 누구나 각자에 맞는 재능, 역량이 주어졌다고 생각한다. 도시의 건물 옥상에 올라가 주변을 살펴보면 수많은 건물이 보이고 엄청나게 많은 사람이 살고 있을 것이다. 그래도 대부분은 굶지 않고, 여러 다양한 일에 종사하면서 열심히 살고 있지 않은가? 생각해보면 참으로 신기한 일이다. 이는 누구나 일할 수 있는 능력과 기회를 부여받았다는 것이다. 헌법에도 노동의 권리는 매우 중요한 국민의 권리로 여겨지고 있다. 아직 취업을 못한 사람들이 있다면 어딘가 일할 수 있는 소중한 기회가 찾아올 것이라는 확신을 갖기 바란다.

신입사원이 어려운 전형을 통과하여 입사하게 되면 이미 학교에서 배웠던 능력보다 회사에서 요구되는 역량을 갖추도록 노력해야 할 것이다. 물론 학교에서의 필요능력도 학년별로 달랐을 것이다. 고교 시절에는 내신과 수능에 반영되는 과목들을 위주로 학습 능력이 필요했을 것이고, 대학 때는 전공, 취업에 필요한 내용을 주로 학습했을 것으로 생각된다. 높은 토익 점수는 취업에는 중요한 요구사항(requirement)이었지만, 입사 후 토익을 승진점수에 반영하는 소수 회사를 제외하고 큰 의미를 가지지 않는다.

누구나 자신이 속한 조직이 요구하는 역량을 갖추도록 노력해야 하는데, 이 점에 착안하여 많은 회사에서는 필요 역량을 크게 나누어 두 가지 정도로 본다. 기본(공통)역량과 직무역량이 그것이다. 물론 관리자급의 경우 리더십, 관리 역량도 중요 항목에 포함된다. 무엇보다 신입들에게 가장 강조되는 것은 기본역량이다. 이는 모두에게 공통적으로 필요한 역량을 말한다. 대표적인 것은 '태도'이다. 기본적인 자세, 태도가 되어 있지 않으면 곤란하다. 그 외 소속감, 창의성, 도전정신, 패기, 협조성, 유연성, 친근성, 효율성, 합리성 등 어떤 조직이든 모든 직원이 갖추었으면 하는 이런 항목들을 기본(공통)역량이라고 한다.

직무역량은 업무지식의 숙련 정도를 나타낸다. 물론 신입들에게 기존직원이 가진 수준만큼의 역량을 요구할 수는 없지만 적어도 관심 분야에 대한 최소한의 기대수준은 충족하도록 노력해야 할 것이다. 군대를 다녀온 사람들은 이해하겠지만, 어느 조직이든 신입은 어설프다. 멋진 가운을 입은 의사선생도 군대 훈련소에서 배우는 지극히 단순한 제식동작, 피티(PT)체조를 틀려 얼차려를 받기도 하고, 인기 절정의 스타연예인도 훈련병 시절에는 어리숙해 보인다. 이는 인간이 환경의 영향을 쉽게 받는 동물이기 때문이다. 하지만 익숙해지면 적응을 빨리하는 것도 인간의 특징이다. 회사도 비슷하다. 대학에서는 나름 선배 역할을 했을 신입들이 이제는 사회생활을 시작하며 조직의 가장 아랫단에 위치하게 된다. 처음에는 먼저 입사한 1년 선배가 대단하게 보일지도 모른다. 처음 접하는 업무에 당황하여 실수도 하게 될 것이지만 이는 아주 정상적인 현상이다.

(2) 하지 말아야 할 실수들

이렇게 사소한 실수는 신입이 저지를 수 있는 일종의 특권이기는 하지만 똑같은 실수가 반복되거나, 해서는 안 될 실수도 있는 법이다. 그런 부분에 대하여 생각해보도록 하자.

① 근태

학교생활도 그렇지만 약속 시각을 자주 어기는 사람은 주변의 신뢰를 얻기 힘들다. 출근 시간은 회사마다 다르다. 대부분 정시까지만 출근하면 되지만 어떤 회사는 정해진 시간보다 한 시간 반이나 일찍 출근해야 하는 회사도 있다. 그 경우는 취업규칙에 정해진 것은 아니나, 내부 관행적으로 그리하는 것이다. 억울하지만 때로는 회사의 문화에 따라 묵시적 관행이 지배하는 경우도 있다.

구태의연한 발상일지 모르지만, 어떤 부서든 신입이 가장 먼저 출근하고, 마지막에 퇴근하는 것은 자연스러운 일이다. 요즘은 문화가 많이 달라지기는 했으나 신입의 근태에 관하여 항상 주변의 관심사항이 되기 때문에 조심할 필요가 있다는 뜻이다. 주변에서 주시하고 있는데 지각이 잦으면 좋은 평판을 받기 어렵다. 사실 배려심이 있는 상사는 될 수 있으면 정시에 맞게 출근하고, 늦지 않게 퇴근하는 것이 좋겠으나 현실적으로 결코 쉽지 않은 일이다.

물론 간혹 야근이 있을 수 있다. 습관적인 야근은 회사 문화나 업무방식을 되돌아볼 필요가 있다. 근무시간 내 업무에 집중하는데도 지속적인 야근이 발생한다면 업무가 과중하거나, 불필요한 업무를 많이 하고 있는 것이다. 업무가 과중하다면 다른 직원과 적절히 분담을 생각해야 할 것이고, 그럼에도 계속된다면 충원을 하거나, 불필요 업무를 줄이도록 해야 한다.

문제는 단지 회사 내 상사의 눈치 때문에 야근을 하는 경우다. 굳이 당장 하지 않아도 될 일을 습관적으로 굳이 저녁에야 들고 와 야근을 하도록 하는 경우, 자신이 야근을 해야 하니 다른 하급자도 남아서 자신을 도와야 한다는 사고방식을 가진 경우, 심지어 어떤 이는 자신의 존재의미나 회사에 대한 로열티를 강조하기 위해 하는 경우도 있다.

신입 입장에서 이런 문화를 쉽게 바꾸기 어렵겠지만, 업무는 항상 제때 보고하고, 조치 받는 습관을 들이는 것이 좋겠다. 상사와의 가장 큰 갈등은 일방적 지시 때문이기도 하지만 부하직원이 보고시기를 놓치는 것으로도 많이 발생한다. 그 경우 상사는 부하가 못마땅하고, 부하도 상사에게 신뢰가 가지 않는 어려운 상황이 될 수도 있다. 사실 그런 부분까지도 조율할 수 있는 역량을 키우는 것이 더욱 자신을 키울 수 있는 기회라고 긍정적으로 볼 수도 있겠다.

② 태도

태도는 가장 신입들에게 요구되는 덕목이다. 선배 사원이 뭔가 가르치려고 하는데 하기 싫어하거나, 마지못해 따라온다면 그만큼 맥 빠지는 일도 없다. 간혹 실수하는 것은 용납될 수 있어도 태도가 좋지 않은 것은 미운털 박히기에 십상이다. 어떤 업무든 숙련된 선배 사원은 그 업무를 익히기 위해 많은 시간, 노력을 기울였을 것이다. 항상 신입들은 가르치는 선배 사원에 대한 존경심을 가져야 한다.

어떤 직종이든 '장인기질'이 있다는 것을 알아야 한다. 자신이 고통을 수반하여 배운 것을 쉽게 다른 이에게 가르쳐주지 않는 경향이 있다. 때로는 자신만의 노하우가 담긴 업무스킬을 밥줄(?)로 생각하여 쉽게 공개하지 않는 경우도 많다. 그럼에도 신입에게 많은 것을 알려주려는 선배들에게 항상 좋은 태도를 보여야 하나라도 더 얻어갈 수 있을 것이다.

더구나 마지못해 하는 일만큼 괴로운 일은 없다. 어차피 배워야 하고, 해야 할 일이라면 긍정적이고, 적극적인 마음으로 하는 것이 좋겠다. 그래야 업무에 대한 몰입도 되고, 좋은 성과도 기대할 수 있다.

③ 마무리

어떤 일을 시켰는데 그 일의 마무리가 깔끔하지 못하여 다시 처음부터 손을 대야 한다면 난처한 일이다. 신입들은 항상 어떤 일이든 마무리를 야무지게 하는 습관을 지녀야 한다. 아주 사소한 일이라고 해도 그렇다. 그 이유는 지시받은 일에 대하여 이해를 잘 못하였거나, 하기 싫은 일을 억지로 하는 경우에 그런 일이 생긴다. 개인 성격이 덤벙대거나 마무리를 못하는 경우도 있지만, 주로 태도와 연결이 되는 문제이기에 더욱 관심을 가져야 한다.

처음 업무에 대하여 선배에게 설명을 듣고 무조건 알겠다고만 대답하는 것은 상당히 위험한 일이다. 당연히 모르는 부분에 대한 추가 질문이 있어야 할 것이고, 그래도 이해를 못한 부분은 다시 교육이 필요하다. 이는 매우 중요한 문제이다. 충분히 이해를 못했음에도 알아들은 척하는 경우 마무리가 잘되지 못하는 것은 당연하지 않겠는가?

명품과 짝퉁의 차이는 무엇보다 최종 마감, 즉 마무리에 있다. 마감이 제대로 안 되어 실밥이 튀어나오는 옷이나 가방을 우리는 명품이라고 부르지 않는다. 자신이 잘 모른다는 것을 아는 것이야말로 가장 중요한 출발점이 된다는 것을 항상 깨닫기 바란다.

6) 야근과 회식문화

(1) 잘못된 직장문화

최근 많은 변화가 있지만, 아직도 많은 한국 기업들의 습관적 야근과 왜곡된 회식문화는 좋지 않은 이미지로 남아 있다. 20여 년 전 필자가 회사생활을 막 시작했을 때의 기억을 되새겨보면 더욱 그렇다. 당시 출근은 정상근무 시간보다 일찍 출근하는데, 퇴근을 언제 할지는 도무지 알 수 없는 회사였다. 독자들의 이해를 돕기 위해 당시 근무형태를 시간대별로 정리해보았다.

8:00 회사 출근 완료
- 공식적으로는 9시까지 출근시간이지만 내부 관행상 8시까지는 조기 출근함.
- 출근 후 회사 근처 식당에 아침 식사를 하러 감(해장국, 김밥 등).
9:00~ 부서회의
- 상사 위주의 업무지시, 훈시하는 내용의 일방적 회의
10:00~12:00 오전 근무
- 회의 후 자리에 앉아 업무를 보는 사람
- 중간에 수시로 흡연하는 사람
- 커피를 마시는 사람
- 타 부서를 돌아다니며 업무, 잡담하는 사람 등 다양
12:00~13:00 점심(부서원 중 남자 직원들이 함께 이동하여 식사)
13:00~ 오후 근무

- 오전보다 자리를 비우는 직원이 많음.
- 일부 상사는 외출하여 근처 사우나를 가거나 개인적 일을 보는 경우도 있음.

18:00~ 규정상 근무시간은 종료되었으나 정시에 퇴근하는 사람은 아무도 없음.

19:00~ 여직원들은 퇴근할 준비를 하고, 남자 직원들은 눈치를 보고 있음.

19:30~ 과장, 부장이 내일까지 보고할 사항에 대한 업무를 지시함(야근 시작).

20:30~ 저녁 식사(대개 인근 식당에서 소주 등 반주를 곁들여 식사)

21:30~ 다시 회사로 돌아와 일을 계속하거나 가끔 술을 한 잔 더 하러 나가기도 함.

11:00~ 하루 일과 정리

11:30~ 마지막 교통편이 끊기기 전 서둘러 퇴근

12:30~ 집 도착

13:30~ 세면 및 취침

아직도 이런 구태의연한 모습을 매일 반복하는 회사들은 없기를 바란다. 회사마다 차이가 있겠지만 얼마나 비효율적이고 낭비가 많은가?

(2) 불필요한 야근과 회식의 폐해

이런 불필요한 야근과 회식의 폐해는 한국 기업들이 반드시 짚고 넘어가야 할 심각한 문제이다. 최근 일부 회사들이 개별적인 노력을 하고 있는 사례도 보게 되지만 근본적인 문제 해결은 요원하다. 다른 문제들은 쉽게 개선하는 한국 기업들이 유독 야근이나 회식 문제에는 눈을 감는 것도 특이한 점이기는 하다. 습관적으로 반복되는 야근과 회식은 다음과 같은 문제가 생길 수 있다.

첫째, 비효율적이고 생산성이 떨어진다.

습관적인 야근을 반복적으로 하다 보면, 정작 집중해야 할 근무시간에 다른 일로 시간 낭비를 하게 되고, 근무태도가 느슨해진다. 사람은 기계가 아니므로 온종일 한결같이 집중하기는 어렵다.

어떤 상사는 늦게까지 일하는 부하직원들을 보며 뿌듯해(?)할지 모르겠으나 이는 착각이다. 전체 공부시간이 많다고 해서 학습 효과가 좋은 것이 아니다. 야근이 반복되면 효율, 생산성은 떨어지게 된다. 더구나 해야 할 일을 다 하고도 퇴근하는 사람이 불필요하게 다른 이의 눈치를 보게 되고, 매일 야근하는 직원에 대한 보상으로 승진 시 챙겨주는 현상이 발생할 수밖에 없다. 결국, 아무도 만족하지 못하는 후진적 기업문화가 된다.

둘째, 개인과 가정생활이 없어지게 되는 문제가 생길 수 있다.

우리가 일을 통해 돈을 버는 것은 두 가지 중요한 의미가 있다. 우선 자신과 가족들의 생계유지와 행복추구이다. 수입이 생기면 사랑하는 가족들과 좋은 시간을 더 많이 보낼 수 있어야 한다. 매일 야근이 반복되면 가정생활이 정상 패턴으로 가기 어렵게 된다. 그런 조직문화에서는 충분한 휴가사용이나 개인의 여가생활이 가능하지 않기 때문에 가족과 단절이 생길 수 있는데 회사에서 그런 부분까지 챙겨줄 리는 만무하다. 결국, 개인과 가족의 희생을 담보해야 하는 위험한 일이다. 또 중요한 문제는 자신의 경력개발을 위해서 부단한 학습노력이 필요한데 이런 분위기에서는 자기 계발할 시간적 여유를 회사가 막아버리게 된다. 그렇다고 평생고용을 보장하지도 않을 회사들이 근무시간 외 개인의 사적인 시간을 보상 없이 함부로 사용하는 것은 그동안 많은 한국 기업들이 무책임하고, 후진적인 직장문화를 보여준 좋은 사례이다.

셋째, 음주, 흡연 등으로 인한 건강을 해치기 쉽다는 것이다.

음주, 흡연은 한국 사회의 가장 고질적이고 심각한 사회문제이기도 하다. 야근으로 인한 스트레스와 잘못된 회식으로 과다한 음주, 흡연 등의 문제가 발생하게 된다. 정확한 통계치를 제시할 수는 없지만, 경험상 그런 회사 직원들의 음주, 흡연율은 매우 높다. 이는 최근 건강에 대한 관심이 높아지고 있는 사회 분위기에 역행하는 것이고, 개인의 건강문제를 책임지지도 못할 회사가 직원 건강의 적신호를 유기, 방조하는 셈이다.

결론적으로 야근으로 인해 한국의 노동시간은 세계 1위이다. 한국이 노동집약적 산업 위주의 후진국도 아니고 이제는 경제적으로는 어엿한 선진국 반열에 들었다고 자랑하는데도 불구하고 그렇다. 최근 경제 위기를 겪고 있는 그리스가 최장노동시간이라는 점이 주목된다. 근무시간이 길다고 해서 생산성이 높은 것이 절대 아니다. 실업문제 해결책의 일환으로 노동시간 분배 등 일부 논의가 발생하고 있지만, 한국 기업들의 반응은 신통치 않은 것 같다. 사람을 늘려 노동시간을 줄이는 것보다 기존 직원들에게 추가근로를 요구하여, 문제를 해결하면 된다는 인식이 바뀌지 않는 한, 이런 비효율적 근무형태와 형편없이 낮은 노동생산성은 앞으로도 계속될 것이다.

1) 입사할 때는 A-Player 직원, 퇴사할 때는 C-Player 직원

(1) 새로운 시작

부푼 꿈을 안고 입사한 신입들의 활기찬 모습을 보면 참 신선하다. 간혹 그들이 나누는 대화를 들어보면 모두가 새로운 일들이다. 최근 지하철에서 어떤 남녀의 대화를 듣게 되었다.

> 신입 여자: ○○ 씨는 몇 시에 출근하세요?
> 신입 남자: 8시 반까지는 해요. □□ 씨는요?
> 신입 여자: 저는 처음에는 8시까지 출근했는데 과장님이 8시 반까지만 오면 된다고 해서 어제 그렇게 했는데 팀장님에게 혼났어요. 팀장님이 원래 8시 40분쯤 출근하시는데 그날따라 8시 20분에 출근을 하셨더라고요. 다음부터는 다시 8시에 출근해야겠어요.

별 내용이 아닌 것 같은 대화지만 시시콜콜 회사에서 일어난 일을 웃으며 말하는 신입들의 대화가 참 예쁘게 보였다. 처음 신입들이 회사에서 상사의 지시에 따라 어떻게든 해보려고 노력하는 태도가 참 좋아 보인다. 새로운 조직에 적응하면서 잘 보이고 싶어 하는 것은 너무 당연한 일이다. 부디 그런 처음의 마음이 오랫동안 유지되어야 할 텐데 시간이 흐르고 주변 상황에 익숙해지면 사람은 변하게 되어 있다. 다만 그 변화의 방향이 어떤 쪽인가에 따라 많은 것이 달라질 뿐이다.

입사 후 가장 역동적으로 일하는 시기는 사원 2년 차에서 대리, 과장 정도라고 생각한다. 그 시기는 정말 많은 일을 한다. 젊다 보니 의욕이 넘치기도 하고, 새로운 아이디어나 개선 의지도 충만하다. 물론 실수나 시행착오를 겪기도 하지만 그 실수마저 경험이 되는 골든 피리어드(golden period)이다. 그 때문에 이 시기의 평가는 대체로 우수하다. 이처럼 역동적으로 일하면서 많은 일을 하는데 어떤 상사, 어떤 조직에서 싫어하겠는가? 이 시기에 속한 계층은 여러 사람으로부터 예쁨을 받고, 혹시 다른 회사로 빼앗기지나 않을까 노심초사하는 것이 각 조직의 일반 현상이다. 즉, 이 계층 대부분은 A-Player가 된다.

문제는 차·부장 등 관리자급이 되면 우선 회사의 기대수준이 달라진다. 주니어 시절에는 자신의 업무만 야무지게 처리하면 일 잘한다는 평가를 받고 칭찬도 듣지만, 관리자급이 되면 자신의 업무만 잘 처리한다고 되는 게 아니다. 자신의 업무를 깔끔하게 처리하는 것은 기본이고 조직은 관리자들에게 부하직원들의 업무에도 책임을 지기를 원한다. 뭔가 문제가 발생하면 담당자가 아닌 상급자를 질책한다. 매우 불편하고, 피곤하지만 현실이 그러니 어쩔 수 없다.

이를 두고 "우리가 받는 연봉은 회사에서 욕먹는 것에 대한 대가다"는 자조적인 말도 들린다. 평가도 사원 때와 달리 매우 냉정해진다. 웬만큼 훌륭한 성과를 보여주지 못하면 결코 좋은 평가를 주지 않는다. 더구나 직급이 올라가고, 나이가 들면서 회사로부터 받는 퇴출압력은 점점 비례한다. 이제는 많은 회사가 정기적인 아웃플레이스먼트(outplacement)를 하고 있다. 내부에서 여러 문제로 소속부서의 자리다툼에서 밀려나는 경우 힘든 상황이 될 수도 있다. 권고사직, 희망퇴직 대상으로 몰리는 경우 C-Player가 되는 것이다.

(2) 냉혹한 회사의 평가기준

기업에서 직원을 평가할 때 3~5단계의 등급기준을 갖고 있는데 이를 A-Player, B-Player, C-Player 등 세 가지로 나누어 구분한다.

1. A-Player는 상위 10%에 속한 집단으로 회사 성과, 핵심 부분에서 큰 기여를 하는 집단이다. 이들에게는 평가를 통해 성과급, 조기승진 등의 보상을 부여한다. 이들이 조직의 리더로 성장할 수 있도록 교육이나 제반 지원을 아끼지 않는 회사가 많다.

2. B-Player는 대다수 직원이 속해 있는 집단이다. 성실히 근무하지만, A만큼 크게 두각을 나타내지 못하는 집단으로 볼 수 있다. 이들이 앞으로 어떤 역량을 보여주는가에 따라 A로 갈지, C로 갈지 결정될 것이다.

3. C-Player는 하위 10%에 속하는 집단이다. 회사 성과에 기여하지 못하는 집단으로 간주되며, 계속 이 평가를 받는 경우 회사는 이들이 자발적 퇴사를 하기 원하지만, 이직이 어려운 경우가 많기에 현 회사에 남아 있으려는 경향이 있다. 결국, 최종적으로는 희망·명예퇴직이나 사안에 따라서는 강제퇴직(대기발령, 해고 등)을 하기도 한다.

회사들의 각 조직문화가 다르고, 대내외 많은 변수가 있지만 많은 경우 입사 시부터 주니어까지는 A-Player, 관리자급부터 퇴사 시는 C-Player로 낙인되는 안타까운 현실이 엄존하고 있다.

IMF 이후 많은 기업이 상시 구조조정을 실시하고 있으며 내부적으로 저성과자 퇴출프로그램을 운영하고 있다. 일부 외국계 기업처럼 상세한 규정이나 프로그램을 제도화하여 운영하는 경우도 있으나, 아직 많은 국내 기업들은 저성과자를 가려 여러 치졸한 방법을 사용하여 불명예스럽게 퇴직시키는 나쁜 사례도 보인다. 특히 일부 회사는 내부직원을 체계적으로 교육하여 핵심인재로 양성하는 것보다는 쉽게 외부 경력을 채용하여 짧은 기간 사용하다 그 효용가치가 떨어지면 퇴출방식을 거쳐 쉽게 내치는 예가 많이 나타나고 있다. 이런 왜곡된 시각으로 경영하는 것이 인간존중의 경영은 아닐 것이며 다른 직원들에게도 조직에 대한 헌신, 충성도를 요구하기는 부끄러울 것이다.

같은 사람인데 입사 시에는 A급 직원, 퇴사할 때는 C-Player가 된다는 것은 그 사람의 잘못보다는 주변 여건이나 회사의 귀책사유가 더 크다고 생각한다. 사람은 누구나 자신이 존중받고 있다고 느낄 때 최선을 다하게 마련이다. 경영자들이 조삼모사처럼 꼼수를 쓰는 것을 아무도 모를 것으로 생각한다면 참 어리석은 일이다. 리더가 마음에서 우러나오는 관심을 보일 때 자연스럽게 직원들의 마음이 움직인다. 인간존중경영을 일부러 대외적으로 광고하지 않더라도 사람의 마음을 움직여야 조직이 변한다.

2) 적성에 맞는 부서

(1) 조직 내 선호부서의 변화

요즘처럼 취업이 힘든 시대에 자신의 적성에 맞는 부서를 논하는 것이 자칫 배부른 소리라는 말을 듣기 쉽겠지만 그래도 적성을 찾는 것은 중요하다고 생각한다. 대학에서 전공을 선택할 때를 기억해보자. 이공계나 법대처럼 앞으로의 직업과 연결되는 일부 전공을 제외하고 '영문도 모르고 영문학과를 갔고, 사회성을 기르기 위해 사회학과를 갔다'라는 우스갯소리가 있듯이 대부분 졸업 후 어떤 일을 할지에 대한 고민을 안 해본 사람이 거의 없을 것이다.

회사에는 다양한 업종, 직종이 있고 같은 회사 내에도 많은 부서가 있다. 간혹 입사 후 배치부서가 맞지 않아 고민하는 경우도 있고, 인사철마다 직무순환, 보직, 부서변경을 원하는 경우도 많다. 일부 기업들은 인적성검사 결과에 근거하여 배치부서를 결정하는 회사도 있지만, 대부분 직원 개인의 적성, 희망 등을 충분히 고려하지 않고 충원필요부서(결원 발생부서)에 배치하게 된다. 물론 이는 회사의 고유인사권한이기에 일단 따를 수밖에는 없을 것이지만 직무가 전혀 본인과 맞지 않는다고 생각되는 경우 회사는 이를 조정해줄 필요가 있다. 직무에 대하여 불만족인 경우 생산성이나 효율이 나올 리 만무하기 때문이다.

최근 신입들의 희망부서에 대한 생각이 예전과 많이 달라진 점을 느끼게 된다. 1990년대 초까지는 경영 관리직이 가장 선호부서였음을 부인할 수 없다. 특히 우수한 지원자를 먼저 관리부서에 배치한 후 각 부서를 순환시키면서 관리자, 경영자로 양성하였다.

경영관리직이란 주로 재무, 회계, 인사, 구매, 법무 등을 말하며 이런 부서들은 본사(head office)에서 회사의 중요 정책을 기획, 전파하는 역할을 한다. 예전에 많은 그룹사가 기획조정실, 종합조정실, 구조조정본부 등을 두고 그룹의 주요 현안을 결정하는 역할을 담당하였다. 이런 부서들은 실제 현장보다 많은 종합 정보를 얻을 수 있었고, 컨트롤 타워 역할을 하기 때문에 직원들이 자긍심도 가지게 된다. 그러나 최근 의미 있는 변화가 생기기 시작하였는데, 특징적인 것은 영업이 가장 각광받는 부서로 등장한 것이다. 영업은 특히 중소기업으로 갈수록 돈을 직접 벌어오는 부서라는 사업주 시각이 있기에 중요시되며, 연봉제, 성과급제의 확산에 따라 다양한 인센티브 제도의 수혜를 받기 때문에 특히 젊은 남자 직원들이 영업을 선호하는 경향이 강하게 나타난다.

(2) 다양한 경험을 해야 경력관리에 유리

회사 일이 한 분야에만 오래 근무하면 그 분야의 전문가는 될 수 있겠지만, 중역이나 경영자로 성장하려면 다양한 조직의 경험이 필요하게 된다. 특히 재무, 인사 등 경영관리 분야를 모르면 그 한계가 드러나게 된다. 아무리 영업 실적이 뛰어난 직원이라도 재무, 인사 등을 포함한 관리 경험이 없는 경우 새로운 조직,

해외파견 주재원, 중역으로 부임할 기회가 생겼을 때 그 역할을 충분히 수행하기 어려운 경우가 생긴다. 특히 해외주재원은 현지 회사대표로서의 역할을 하므로 관리업무의 중요성이 더욱 크다. 이를 경력개발계획(CDP: Carrer Development Program)을 통해 관리, 영업을 두루 경험하도록 하는 것이 관리자 양성 프로그램의 일환이다. 고유의 전문역량을 살릴 것인지, 경영자로서의 종합 역량을 살릴 것인지에 따라 경력순환 근무 루트를 다르게 하여야 한다.

항공사 영업부서에 근무하는 직원이 그 분야의 전문가로만 계속 근무를 원한다면 일부러 경영관리 등 타 조직을 경험하지 않아도 무방하겠지만(실제로도 대부분 그렇다), 장차 조직의 핵심인재로 양성, 리더로 성장시켜 최종적으로는 경영을 맡는 중역까지 비전을 갖는 사람이라면 영업에만 국한하면 안 된다. 경영기획, 인사, 구매 등 경영 분야에서 근무해보아야 하고, 필요에 따라서는 해외파견 등 다양한 관리자의 역할을 수행해보아야 한다. 물론 이 경우는 오너 후계자가 아니면 경영자 후보군에 속하는 소수의 특별한 사람들이 거쳐야 할 과정일 것이다.

특별한 사람들을 제외한 대부분은 한 분야에서 경력을 쌓다가 직장생활을 마치게 된다. 어쩌면 그런 이유 때문에 자신의 적성에 맞는 부서에서 근무하는 것이 더 중요한 일인지도 모른다.

(3) 적성에 맞지 않는 부서에 근무하게 될 경우

문제는 내 의사와는 다르게 회사 결정으로 적성에 맞지 않는 부서에 배치받는 경우 어떻게 해야 할까? 이런 일은 신입뿐 아니라 기존 직원들도 정기인사발령에 따라 수시로 발생하고 있다. 물론 인사권을 가진 경영진이 결정한 사항이므로 나름의 사유가 있을 것이다. 더구나 회사에서 한 번 결정된 사항을 번복하는 것은 결코 쉽지 않다. 이런 난감한 상황이 된다면 힘없는 직원의 입장에서 많은 고민이 생기게 된다.

이 경우 인사부서나 담당 중역과의 면담을 통해 자신의 주장을 피력할 수도 있겠지만, 필자가 추천하는 방법은 지금 당장 그만둘 생각이 아니라면 일단 긍정적으로 받아들이고 그 부서에서 최소 2년 정도는 충실히 근무해보기를 권한다. 2년이라는 기간은 나름대로 의미가 있다. 새로 접하는 업무의 숙련도를 고려하면 2년 정도 시간은 필요한 시간이며, 그렇게 2년을 잘 근무하게 되면 그 이후 희망부서로 갈 수 있는 기회가 반드시 생긴다. 인사이동은 내 희망대로만 되는 것이 아니다. 근무희망부서에서 나를 받아주어야 하고, 현 근무부서에서 나를 보내줄 수 있어야 한다. 인사이동은 3박자(본인, 현재부서, 희망부서)가 모두 원만하게 합의해야 이루어진다.

희망부서가 아니라고 해서 근무태도가 불성실하면 현 근무부서에서도 내보내고 싶어 하고, 희망부서도 나를 받지 않는 최악의 상황이 될 수 있다. 조급하게 생각하지 말기 바란다. 직장생활은 생각보다 길다. 여기에 사내 두루 친화력을 가진 우군을 많이 만들어두면 금상첨화다. 마음먹기에 따라 달라진다. 내가 조금 불편하더라도 다른 직원을 배려하고 불필요한 적을 만들지 않으면 반드시 기회는 찾아온다.

3) 커리어 관리

(1) 컨설팅과 벤치마킹

생명보험사의 보험설계사와 이야기를 해본 적이 있는가? 생보사들은 자신들의 상품을 판매하기 전에 먼저 해당 고객의 재무 상황에 대한 분석과 함께 구체적인 설계를 해주고 있다. 연령대별 필요한 자금이나, 사전에 어떤 것을 준비해야 할지에 대한 설명을 듣다 보면 반드시 보험에 가입해야만 할 것 같은 생각이 들게 된다. 물론 이는 마케팅 전술의 일환임이 분명하고 궁극적인 목적은 보험 가입을 유치하려는 것임은 당연하다. 사실 수많은 컨설팅의 존재 이유도 마찬가지이다. 어떤 컨설팅이든 고객을 만나 가장 먼저 시도하는 질문은 AS-IS에 관한 것이다. 즉, 현재에 만족하고 있느냐는 질문인데, 현재 더 바랄 것 없이 만족하다는 답변이나, 조사 결과가 나온다면 굳이 그 고객은 컨설팅의 도움이 필요 없을 것이다. 하지만 문제가 없는 곳이 어디 있겠는가? 항상 문제를 안고 살아가는 것이 인생인데 말이다.

컨설턴트의 유연한 대화방식에 따라 현재 문제 인식을 하게 되면 다음 단계는 'How to'에 대한 언급을 할 것이다. 문제가 있는데 과연 어떤 방법을 사용해야 문제 해결의 실마리를 찾을 수 있을까? 그런 문제 해결을 도와주는 방법, 툴(tool)에 대한 노하우를 제공하고, 조언을 해주는 것이 바로 컨설턴트의 역할이다. 많은 대기업이 IMF 이후 미국을 중심으로 한 유명 다국적 컨설팅업체들에게 매우 값비싼 비용을 치르고 컨설팅을 받은 것은 많이 알려진 사실이다. 그 결과 신인사제도라는 이름으로 채용, 평가, 퇴직프로그램까지 미국의 사례가 선진화된 제도인 것으로 알고 앞다퉈 도입하게 되어 성과급제, 연봉제 등이 빠른 속도로 확산되었다.

중견, 중소기업들은 위 그룹사들처럼 비싼 비용을 지불할 능력이 되지 않으니 일부 대기업 출신 경력직을 채용하면서 그들을 통해 간접적으로 신인사제도를 나름의 방식으로 벤치마킹하게 되었다. 2000년대 초부터 기업마다 너도나도 연봉제를 도입한 것이 그 대표적 사례가 될 것이다. 급여체계에 대한 확고한 철학 없이 연봉제가 가장 트렌디한 제도라고 생각하여 마구 도입을 하다 보니 많은 시행착오와 부작용도 생기게 되었다. 문제는 모방하더라도 제대로 해야 하는데, 직원들에게 중요한 인사제도를 충분히 자체 검증하거나 인큐베이팅할 수 있는 시간적 여유를 주지 않고 그냥 밀어붙이다 보니 시행착오를 반복할 수밖에는 없는 게 현실이다.

(2) 개인의 커리어도 컨설팅이 필요하다

오히려 컨설팅이 필요한 것은 이제 막 직장생활을 시작하려고 하는 사람들이다. 어려운 과정을 통과하여 입사한 것은 정말 축하할 일이지만, 커리어 관리를 어떻게 하는가에 따라 성공과 실패가 좌우될 수 있기 때문이다. 인생의 긴 항해의 나아갈 방향을 자신의 막연한 느낌만 가지고 판단하는 것보다 확실히 GPS를 통해 도움을 받는 것이 좋지 않겠는가? 그런 면에서 중소기업은 대기업에 비해 어려움이 많다. 그 이유는 다음과 같다.

① 기업의 불확실성으로 인해 장기근속이 어려운 회사가 많다.
② 작은 조직이다 보니 부서 간 순환근무, 이동이 쉽지 않다.
③ 프로젝트나 전문 컨설팅과의 협업 등 비중 있는 업무를 접해볼 기회가 적다.
④ 경험의 폭을 넓힐 수 있는 해외 출장의 기회가 별로 없다.
⑤ 잘 교육받은 숙련된 선배, 리더십이 있는 상사의 지도를 받을 기회가 적다.
⑥ IT, 사내 시스템을 체계적으로 접해볼 기회가 없다.

그 때문에 중소기업에서는 자신의 커리어 관리를 더 신중하게 해야 한다. 대기업은 비교적 교육체계를 잘 갖추고 있는 곳이 많고, 해외출장, 파견 등을 통해 경험을 축적할 기회가 많다. 문제는 개인의 커리어 관리가 생각보다 쉽지 않다는 점이다. 이제 막 어떤 회사에 비정규직으로 입사하여 영업하고 있는 한 직원이 있다고 하자. 그는 과연 자신의 인생 설계를 어떻게 해야 할까? 우선 다음과 같은 질문을 해볼 수 있다.

① 현재 하고 있는 일(업무)이 마음에 드는가?
② 이 일이 내가 장차 지향하는 궁극적인 목표에 부합되는가?
③ 이 일을 나는 과연 언제까지 할 수 있을까?
④ 이 일은 나에게 적절한 보수와 처우를 주고 있는가?

이에 대한 자신의 생각과 구체적 질문은 이렇게 될 것이다.

① 현재 일이 나와 맞는지와 앞으로 정규직이 가능한지?
•[현재 일이 맞고 추후 정규직이 가능하다면] 우선 1차 목표는 정규직 전환

을 위해 회사 일에 최선의 노력을 다해야 한다.

• [현재 일이 나와 맞지 않고 정규직이 불가능하다면] 계약종료 전까지 뭔가 다른 대안을 찾아야 한다.

② 최종적으로 내가 하고 싶은 궁극적 목표가 무엇인지?

• 이 회사에서 앞으로 3년 이상은 계속 직장생활을 할지? (Yes, No)

• 이 회사는 나에게 좋은 커리어를 제공해줄 수 있는지? (Yes, No)

• 이 회사에 나의 멘토가 되는 좋은 선배가 있는지? (Yes, No)

• 나는 평생 직장생활만을 계속할지? (Yes, No)

• 어느 시점에서는 나만의 개인사업을 시작할지? (Yes, No)

• 개인사업을 시작한다면 언제부터 할지?

• 개인사업은 어떤 종류의 사업을 할지?

• 이직을 한다면 어느 시점에 할지?

• 다른 경쟁사로 이직을 할지? (Yes, No)

• 업종을 바꾸어 이직을 할지? (Yes, No)

• 업종을 바꾼다면 어떤 업종을 선택할지?

• 현재의 직종인 영업을 계속할지? (Yes, No)

• 직종을 바꾸어 다른 직종에 도전할지? (Yes, No)

③ 목표를 달성하기 위해 전제조건은 무엇이고, 어떤 방법을 사용할지?

• 어떤 능력(역량)이 필요한지?

• 어떤 기회 요인이 전제되어야 하는지?

• 어떤 구체적 노력이 필요한지?

• 주변의 어떤 도움이 필요한지?

이런 질문들에 대한 매우 세부적이고, 구체적 계획이 필요하다. 물론 여러 변수가 있고, 계획대로 진행되지 않을 수도 있으나, 계획을 세우고 실행하는 사람과 그렇지 않은 경우 그 결과에 있어 현격한 차이가 있을 것은 분명하다. 이런 정도의 계획은 초등학생들도 만들 수 있다. 지금이라도 자신이 직접 작성해보길 권한다. 양식이나 형식은 아무래도 좋다. 자신만의 커리어 관리를 위한 계획을 만들어보길 바란다.

계획서가 작성되면 반드시 다른 사람의 조언을 통한 확인이 필요하다. 개인적으로 정말 신뢰할 만한 선배, 지인과 의논을 하는 것이 좋겠다. 필요하면 관련 분야의 전문가를 찾아가도 좋겠다. 문제는 내가 계획을 가지고 있다는 점이다. '시작이 반이다'라는 말이 있듯이 계획을 세웠다는 것은 이미 반은 이룬 것이나 마찬가지일 것이기 때문이다.

4) 직장에서 만나는 사이코패스

(1) 사이코패스의 특징

직장 내 조직생활을 하다 보면 여러 종류의 사람들을 만나게 된다. 당연하겠지만 저마다 성격, 취향, 생각이 모두 다르다. 문제는 이 다름을 인정하고, 서로 배려하면서, 이견을 조율해가는 노력을 하면 문제가 없는데 간혹 폭력적인 방식으로 자신의 독단적 생각을 강요하거나 업무, 업무 외적으로 괴롭히는 경우, 이를 다른 표현으로 '직장 내 사이코패스'라고 한다. 때로는 정신과 치료를 요하는 수준의 사람도 만나게 되지만 이런 사이코패스들이 자신의 상사나 거래처 '갑'에게 해코지를 하는 경우는 거의 없다. 자신보다 힘이 약한 부하직원들을 대상으로 하는 경우가 대부분이고, 피해자의 경우 스트레스와 정신적 후유증이 만만치 않다. 결국, 피해자가 사직서를 내야 끝나는 지루한 게임이 된다. 학교에서 왕따를 주도하는 사람들이나, 범죄자들이 사냥 대상으로 삼는 피해자는 거의 약자를 대상으로 한다. 이들은 하이에나처럼 매우 교활하고, 영악하기 때문에 결코 자신보다 강한 상대에게 함부로 덤비는 무모한 짓을 하지 않는다.

보드와 프리츠라는 산업심리학자가 발표한 내용에 따르면 "영국의 CEO 대부분이 사이코패스적 성향을 갖고 있으며, 임원 승진대상자 중 3.5%가 사이코패스였다"고 한다. 정확한 통계치는 없지만 아마 한국도 비슷하지 않을까 생각한다. 많은 회사조직에서 상사와의 갈등, 특히 일방적 폭행, 폭언으로 인해 퇴사하는 비율이 상당한 것으로 알고 있다.

이들은 대개 자신의 부하직원이 일방적 지시와 복종관계의 대상이며, 가끔 폭언을 통해 확실히 밟아야 자신의 권위가 드러난다는 매우 왜곡된 생각을 가지고 있다. 특히 약자의 위치에 있는 부하들에게 조언을 통해 협조, 대화의 상대로 생각하지 않고, 마음에 들지 않으면 쉽게 적의까지 드러낸다. 자신은 항상 너무 많은 일을 열심히 하고 있고, 완벽하게 잘 처리하고 있는데, 일이 잘못되는 경우는 모두 부하직원들이 잘못한 것으로 책임을 돌리는 경우도 많다. 이런 현상이 계속되면 특별한 이해관계를 가진 일부를 제외하고 아무도 그의 주변에 있고 싶어 하지 않게 된다. 상대방의 말을 듣지 않고 독단적으로 자신의 주장만 반복하는 사람과의 대화를 누가 좋아하겠는가? 더구나 사람들이 자신을 피한다는 느낌을 갖게 되면서 더욱 주변 사람들을 괴롭히는 상사도 있다. 정신과 의사가 아니더라도 이 정도 되면 이들은 치료의 대상인데 결코 자신은 잘못되었다는 생각을 하지 않는 데 더 큰 문제가 있다. 오히려 그 피해자들이 치료를 받게 되는 아이러니한 상황이 되고 있는 것이다.

특히 한국처럼 매우 짧은 기간, 고도성장을 통해 성공한 출세 지향적 사람들이 급하게 주요 자리를 차지한 사회에서는 이런 사이코패스들이 각 조직의 윗단에서 무소불위의 권력을 휘두르는 경우가 많다. 문제는 이런 이들이 학교, 직장 등 여러 곳에서 별다른 제재나 치료 없이 자신의 가학적 성향을 사회적 약자들에게 드러내고 있다는 점이다.

(2) 직장 내 사이코패스에 대처하는 방법

사이코패스들은 결코 자신보다 강자에겐 대적하지 않는다. 이들은 강자에게는 비굴할 정도로 예의 바른 모습을 보인다. 그들은 대개 영악하게 사회생활을 잘하기 때문에 각 조직의 중요한 보직에 올라가 있는 경우가 많다. 이들은 부하 직원 중 타깃이 되는 사람을 잔혹할 정도로 괴롭히는 비열한 사례가 나타나고 있다. 그 방법도 다양하다. 언어폭력은 기본이고, 직접적인 폭행을 하는 사례도 보도되고 있다. 여성에게는 성희롱을 하는 사례도 많다.

문제는 이런 상사를 만났을 때 마땅히 대처할 방법이 별로 없다는 것이다. 직접 항의를 하는 경우 이들은 반드시 여러 방법을 사용하여 보복하기 때문이다. 그들은 인사권을 가진 경우가 많기 때문에 직권을 남용하여 인사권을 부당하게 행사할 가능성이 크다. 극단적으로는 대기발령, 권고사직, 해고에 이르기까지 직접적인 압력을 행사할 수 있다. 문제 해결이 쉽지 않은 것은 이런 상사는 대체로 대화 자체가 통하지 않는 경우가 대부분이기 때문이다. 듣기보다는 주로 자신의 말만을 앞세우며, 부하의 작은 의견이나 조언을 자신에 대한 도전으로 받아들인다. 싸우자고 덤비는 사람과 대화가 안 되는 것과 마찬가지다. 필자의 생각에는 단계적 접근이 필요할 것 같다.

첫째, 우선 참아보고, 잊어보는 것을 권하고 싶다. 무식한 방법일지는 모르나, 시간은 생각보다 빨리 흐른다. 그 상사가 그 자리에 평생토록 있지 않는 이상 길어야 2년 내 다른 부서로 발령이 나서 이동할 수도 있다. '이 또한 지나가리라'라는 생각으로 참아보면 언젠가 그 상사가 다른 곳으로 발령이 나서 가게 될 것이다. 그때 부서원들과 함께 그 상사를 씹으면서 즐겁게 회식을 하면 될 것이기 때문이다.

둘째, 조직에서 강자를 이길 수 있는 방법은 없다. 약자인 피해자가 사표를 쓰고 나가야 끝나는 게임이기 때문이다. 그럼에도 불구하고 너무 억울하고 괴로운 마음이 들어 도저히 참기 어려운 경우 가장 먼저 해야 될 일은 '증거채집'이다. 추후 문제가 불거졌을 때 필요한 것은 실질적 '증거' 외에는 없다. 주변 사람들에게 증인이 되어줄 것을 요청해도 협조가 어려울 수 있다. 사람은 누구나 자기 위주로 사고하고 행동한다. 자신에게 피해가 올 수 있는데 선뜻 증인이 되어주겠다고 나설 용기 있는 사람은 흔치 않다. 더구나 상사는 100% 자신의 가해행위를 극구 부인할 것이다. 명확한 증거 없이 어설프게 대응하는 것은 역공을 자초하는 것이다. 증거자료가 될 만한 이메일, 전화, 문서기록 등을 꼼꼼히 챙기는 것이 좋겠다.

셋째, 증거채집이 완료되면 전문가에게 도움을 요청하라. 수집된 제반 증거자료를 가지고 미리 관련 전문가와 상의하는 것이 좋겠다. 먼저 사회경험이 풍부한 지인이나 선배를 찾아 의견을 구하는 것도 좋겠지만, 역시 법적인 문제는 공인노무사, 변호사 등 법률적 자문을 해줄 수 있는 사람이 좋겠다. 전문가들은 피해가 가장 최소화될 수 있는 최적의 해결책을 안내해줄 것이다. 정공법으로 그 상사의 바로 윗선에 모든 사실을 숨김없이 밝히는 것도 좋은 방안이지만 증거가 불충분하거나 감정만 앞서는 경우 역효과가 날 수 있으니 심사숙고해야 한다.

넷째, 법적인 조치에 앞서 먼저 그 상사에게 편지를 이메일로 보내는 것이 좋겠다. 내용은 사실관계에 입각한 매우 구체적이고 예의 바른 내용이어야 하며, 절대 감정에 치우치거나, 험한 말이나 욕설이 들어가서는 안 된다. 그 내용으로 당신의 요구에 맞추기 위해 그간 많은 노력을 기울였으나, 이제 도저히 참기 어려운 상황이 되었다. 당신의 폭언, 폭행으로 인해 본인은 병원치료를 받아야 할 정도로 깊은 상처를 입었다. 고민 끝에 관련 전문가들과 상의해보았는데, 그런 경우 법적으로도 상당한 문제가 된다더라. 관련 자료, 증거는 충분히 가지고 있다. 나도 이 문제가 확대되는 것을 원치 않기에 앞으로 당신이 그런 행동을 하지 않겠다고 약속한다면, 과거 일로 굳이 문제를 제기하지는 않겠다. 그러나 같은 일이 계속 반복되어 전혀 개선할 의지가 없는 경우 약자 입장에서 당신의 상사와 회사, 법적인 절차에 호소할 수밖에 없다는 것을 알린다.

물론 이 정도의 상황이 된다면 상당한 각오를 해야 한다. 이 글을 읽은 상사가 선택할 수 있는 것은 두 가지이다. 가장 좋은 것은 피해자에게 사과하고 앞으로 재발방지 약속을 한다면 앞으로 조직 생활도 큰 문제 없이 지나가겠지만, 대부분의 상사는 그렇게 순한 양처럼 나올 가능성이 거의 없다. 자신은 항상 떳떳하다고 생각하고 있으며 더구나 조직 내 권력을 갖고 있으니 '해볼 테면 해봐'라는 식으로 나올 가능성이 더 크다.

다섯 번째, 결국 이렇게 되면 법에 호소할 수밖에는 없다. 물리적 폭행을 당한 경우라면 형사고소를 하게 될 것이고, 사안의 경중에 따라 노동관서 신고나 민형사상 사법적 청구를 할 수도 있을 것이다. 다시 말하지만, 증거 등 관련 준비를 철저히 하지 않으면 소용이 없다. 결코 쉽지 않은 싸움이 되겠지만 여기까지 온다고 각오한다면 마음을 단단히 먹어야 할 것이다.

현재 한국 사회 전반에 걸쳐 많은 정신 병리현상이 발생하는 것을 개인의 힘으로 어떻게 할 수는 없겠지만, 정부나 각 관련 전문기관에서는 이를 예방 또는 대처하기 위한 방안, 매뉴얼, 절차 등을 갖춰야 할 것이고 우리 같은 평범한 각 개인도 대응법에 대하여 충분히 숙지하여 극단적인 상황까지 이르지 않도록 모두가 힘을 모아야 할 것이다.

5) 성공적인 경력개발계획

취업경쟁이 워낙 치열하다 보니 여러 자격증을 많이 갖는 것을 성공적 자기관리(경력개발계획)라고 생각하는 사람들이 있지만, 현실은 전혀 그렇지 않다. 우리나라는 워낙 민간자격, 인증의 종류가 넘쳐난다. 지원자 입장에서 어려운 서류전형을 통과하기 위해 어떤 자격증이라도 스펙으로 넣어 0.1점이라도 가점을 받고 싶은 심정은 이해가 가지만 채용하는 입장에서는 꼭 필요한 관련 분야 자격을 제외하고는 의미가 없다. 이제는 사회적 인식이 조금 달라졌으면 좋겠다. 학력, 학벌도 파괴하겠다고 하는데 굳이 필요도 없는 자격증으로 스펙을 만드는 경쟁 분위기가 사라졌으면 하는 마음이다.

더 큰 문제는 전문자격증을 선호하는 조직이 늘고 있다는 사실이다. 최근 어느 대학의 신입 행정직원을 채용하는 데 변호사, 공인회계사, 변리사, 세무사, 공인노무사, 법무사 등 전문자격을 요구하는 채용공고를 보면서 여러 가지를 생각하게 되었다. 이런 현상이 생기게 된 원인은 한국 사회의 구조적 모순에서 기인하고 있으며, 앞으로도 지속될 것이라는 데 문제의 심각성이 있다.

첫째, **좋은 일자리가 턱없이 부족하다는 점**이다. 고용을 많이 해야 할 대기업, 공기업들은 이제 더 이상 수천 명의 많은 인원을 채용하지 않는다. 주요 생산시설을 해외 현장에 두고 있고, 현지 인력을 고용하기 때문에 한국에서 굳이 많은 채용을 할 필요가 없다.

둘째, **고질적인 하청, 재하청의 도급구조를 갖고 있다는 점**이다. 국내 주요 생산현장에서 작업하는 인력들은 대기업이 직접 고용한 직원들이 아니라 도급을 준 회사의 직원들이 대부분이다. 도급 직원들의 처우는 거의 최저임금 수준이지만 비슷한 일을 하는 대기업 정규직의 임금은 최고 수준이다. 이런 갭은 근로자 내에서의 양극화 현상이라고 볼 수 있고, 일부 노조의 보호를 받는 정규 근로자를 제외한 하청, 도급 근로자들은 솔직히 외국인 근로자보다 못한 처우를 받고 있는 셈이다.

셋째, **IMF 이후 대기업들의 상시 구조조정으로 대기업이 가진 장점이 거의 사라졌다는 점**이다. 대기업에 20대 후반의 늦은 나이에 간신히 입사하였는데 고작 20년도 근속을 못하고 구조조정 대상이 되는 한국의 현실에서 과거 대기업이 갖던 위상을 찾기는 힘들게 되었다.

넷째, 과거 단순 행정직으로 별다른 인기를 끌지 못하던 대학교 직원, 공무원 같은 직종들이 위에서 언급한 한국 사회의 구조적 문제로 인해 **신규 인기직종**으로 자리 잡은 것이다. 급여 등 처우에 있어서도 과거에 비해 상당 부분 개선되었고, 특히 정년이 보장된다는 엄청난 장점에, 퇴직 후에도 부족하지 않은 공무원, 교원연금이 지급된다는 것만 보더라도 이제는 삼성전자 직원이 회사를 그만두고 대학의 하급 교직원으로 입사하는 게 전혀 이상하지 않은 시대가 된 것이다.

다섯째, 대기업, 공기업, 교직원, 공무원 등 인기직종에 해당하는 채용인원이 거의 제한되어 있다 보니 그 소수의 자리를 차지하고자 치열한 경쟁이 계속된다는 점이다. 그러다 보니 남보다 조금이라도 더 차별성을 보여야 하고, 작은 자격증들부터 전문자격에 이르기까지 **자격증 열풍**이 불고 있는 것이다. 더구나 이젠 평범한 회사원이 회사에서 익힌 단순 업무지식만으로 평생을 살아간다는 것이 매우 무모한 사회가 되었다. 어떻게 보면 현재 50대 이후 직장인들은 정말 행복한 세대이다. 그들은 컴퓨터, 영어를 몰라도 자신들의 안정된 직장생활을 하는 데 별 지장이 없었던 세대들이다.

하지만 이젠 해외 MBA를 취득한 직원이 은행 카운터에서 단순 입출금 업무를 하고, 공인회계사가 일반 회사의 회계부서에서 전표처리 업무를 하고, 공인노무사가 회사 인사부서의 일반 업무를 하고, 변호사가 하급공무원이라도 되려고 애쓰는 나라에 우리는 살고 있다. 확실히 바람직하고 정상적인 모습은 아니다. 필요도 없는 갖가지 자격증을 수집하는 것보다 자신의 커리어 계획에 맞게 전문성을 키우는 방향으로 자기 계발을 하면 좋을 것 같다. 의사가 의대 졸업 후 면허를 취득했다고 해서 평생 의업을 계속할 수 있을까? 그들도 하루가 다르게 변하는 새 기술을 배우고 익히지 않으면 생존하기 어려울 것이다.

자신의 성장을 위해 꼭 필요한 학습계획을 세워 전문가를 목표로 매진해보면 어떨까? 시간은 정말 금방 지나버리고, 지나고 나면 다시 돌아오지 않는다.

6) 토익이 아닌 영어의 중요성

(1) 최고의 인기 있는 영어시험

토익(TOEIC)만큼 한국에서 뜬 시험은 역사상 유례를 찾기 어렵다. 사실 처음 토익이 한국에 도입될 때만 해도 이처럼 최고의 권위(?)를 자랑하는 영어시험이 될 줄은 아무도 예상치 못했을 것이다. 어쨌든 이제 토익은 누가 뭐래도 한국에서 가장 유의미한 영어자격시험이 되었고, 이를 부인할 사람은 거의 없을 것이다. 토익은 기업뿐만 아니라, 국가고시의 영어자격을 대체하는 수단으로 활용되고 있고, 사회 각 분야에서 영어능력을 측정하는 주요한 지표로 인정받고 있다. 그 때문에 많은 사람이 점수를 올리기 위해 엄청난 노력을 기울이고 있고, 이런 분위기에 맞게 관련 학원, 교재 시장이 대단한 학습시장이 되었다. 대학에서는 전공 책보다는 토익교재를 학습하는 것이 자연스러운 현상이 된 지 오래다. 이는 취직이든, 고시준비든 높은 토익점수가 없으면 경쟁에서 뒤처지기에 대부분의 사람은 반드시 토익 공부를 할 수밖에 없다. 물론 이는 결코 바람직한 현상이 아니다. 토익은 영어능력을 측정하는 많은 방법 중 하나이지 결코 목적이 될 수 없다. 게다가 토익점수 유효기간이 2년밖에 되지 않아 지원자들은 정기적으로 점수를 관리해야 하는 이중고를 겪고 있다. 더구나 이젠 토익의 변별력이 거의 사라진 상태이다. 서울의 일류대 출신이나 지방대생이나 토익은 큰 차이가 없다. 800점대는 흔한 점수이고, 900점 이상 만점에 이르기까지 고득점자들이 많기 때문에 시험의 가장 중요한 요소인 변별력을 갖지도 못한다.

한국은 영어 공용권 국가가 아니다. 영어를 공용어로 사용하는 것도 아니고, 영어권 나라 사람들이 많이 거주하지도 않는 나라이다. 홍콩, 싱가포르처럼 공용어로 영어를 쓰거나, 유럽 각국처럼 영어권의 사람들이 많이 정착하여 살고 있다면 직장에서 영어를 사용하여 업무를 하고, 학교에서도 영어를 쓰겠지만, 한국은 학교든, 직장이든 영어를 사용하는 사람들은 지극히 한정되어 있다. 국제학교에 다니거나 외국인회사에 다니지 않는 한, 해외출장이나 영어를 주로 활용하는 업무가 아닌 이상 영어를 사용할 일은 거의 없다. 어떤 업종이든 영어가 필요한 부서는 별로 많지 않다. 그럼에도 회사에서 토익 고득점자를 선호하고, 채용의 중요한 기준으로 삼는 이유는 다음과 같다고 생각한다.

첫째, **영어처럼 줄 세우기에 편리한 과목이 없기** 때문이다. 어떤 전형이든 반드시 순위서열을 정하는 나름의 기준이 필요한데 토익 같은 시험은 이에 맞는 최적의 시험이다. 점수를 만점부터 내림차순으로 줄 세우기에 매우 적절한 시험인 것이다. 더구나 기업이 비용을 들여 직접 시험을 주관할 필요도 없고, 지원자들에게 각자 제출하도록 하면 되는 간단한 일이기에 기업 입장에서 선호할 수밖에 없다.

둘째, 전 국민에게 **토익만큼 인지도 있는 시험이 많지 않기 때문**이다. 이제 토익은 대학입학 수능시험처럼 많은 이들이 시험을 치르고, 그 공신력을 인정받는 시험이 되었다. 이른바 한국에서는 스탠더드가 된 것이다.

셋째, 서구권, 특히 **영어 사용권 문화에 대한 막연한 동경과 열등감**이 많은 한국인의 의식 속에 자리 잡고 있기 때문이다. 특히 기득권층의 미국에 대한 동경과 열등감은 매우 뿌리 깊다. 이들은 미국이 최고의 선이고, 영어를 사용해야 지식인층이라는 명제를 항상 안고 사는 사람들이다. 그 때문에 자녀를 미국으로 보내고, 미국서 살다 온 이들이 대접받는 일종의 사대주의가 사회 저변에 있다는 것을 부인하기 어렵다. 결론적으로 영어를 잘하는 것은 한국에서 특별한 의미가 있다.

(2) 영어, 언제까지 해야 하나?

그렇다면 대체 언제까지 영어를 공부해야 할까? 대체적인 흐름은 초등학교 입학 전 영어를 배우기 시작하여, 중고등학교 때는 입시영어, 대학에서는 전공영어, 토익을 공부하고, 회사 입사 후 영어에서 손을 떼는 경우가 많은 것 같다. 물론 회사에서 영어를 주로 사용하는 경우나 유학을 가는 사람을 제외하고 한국의 지극히 평범한 직장인들의 경우 대체로 학교에서 시험, 취직 등을 위한 영어공부가 끝나면 더 이상 영어공부를 하지 않는 것을 말하고 싶은 것이다. 이는 중고등학교, 대학 시절 아무리 영어를 잘하였다고 해도 실제 그 활용도가 떨어진다는 의미이다. 사회 속에서 영어를 사용할 기회가 거의 없다 보니 그나마 알던 영어도 잊어버리게 된다.

이는 정말 국가적 낭비이고, 사회적인 큰 손실이 아닐 수 없다. 어린 시절부터 대학에 이르기까지 영어 사교육에 지출하였던 금액은 정말 환산하기 어려울 정도의 어마어마한 비용이다. 그런 비용을 지출하였는데 정작 사회에 나와서는 배운 영어를 다 잊어버리고 산다는 것, 해외에 나가도 제대로 된 영어 사용을 못하고, 외국인과 대화가 어려운 것 등은 뭔가 되새겨볼 필요가 있지 않을까?

사실 한국에서 태어난 한국인이 영어를 잘하는 방법은 없다. 영어는 언어이기 때문에 매일 반복, 사용해야 실력이 늘 수밖에 없다. 영어라고는 고작 극장에서 외국영화 볼 때나 접하는 수준이 되어서는 늘 턱이 없다. 게다가 더 억울한 것은 영어 때문에 스트레스까지 받는 것이다. 영어를 못해도 사는 데 별 지장은 없고 모두가 영어를 잘해야 할 필요도 없지만, 업무상이든, 여행 기타 목적이 있든, 저마다 다양한 필요와 목적이 있다면 이제는 영어를 즐겼으면 좋겠다.

진학, 취직을 위한 시험 영어를 공부할 사람은 그에 맞는 준비를 해야 할 것이지만, 그렇지 않은 경우 해리포터를 원서로 읽는 즐거움을 갖기 위해서, 외화를 볼 때 자막 없이 보는 것, 해외여행을 가서 친구를 사귈 수 있을 정도 등 다양한 목표로 공부하다 보면 그 과정이 즐거울 수밖에 없다. 영어공부를 해야 하는 목적, 이유가 분명하지 않은데 막연하게 남들이 다 하니까, 토익점수를 더 높여야 할 것 같아 마지못해 하는 학습은 괴롭기만 할 뿐 시간, 비용만 낭비하는 꼴이다. 무엇이든 즐기면서 하다 보면 자꾸 외국인들과 자유롭게 말하고 싶게 되는 정도가 될 것이고, 굳이 누가 강요하지 않아도 스스로 필요성을 느끼게 된다. 뭔가를 비워야 다시 채워지는 법이다. 토익이 아닌 영어의 중요성이 바로 여기에 있다고 생각한다.

희망을
꿈꾸며

1) 프로와 아마추어의 차이

"아마추어가 아닌 프로가 되라!"는 말은 지극히 옳은 말이지만 실천하기 쉬운 일은 아니다. 누구나 인생에서 성공하고 싶은 것은 인지상정이다. 우리는 스스로 태어나고 싶어서 난 것도 아니고, 어떤 집안, 어떤 나라에 태어날지를 결정할 수 없었다. 왜 하필 우리는 복잡한 문제가 많은 한국에 태어났을까? 일부 특권층은 자녀 국적까지 세탁해준다지만 타고난 유전자까지 바꿀 수는 없을 것이다. 선천적 학습능력이 개인마다 다르다는 것은 많은 전문가가 지적하는 사실이다. 입시계의 유명 강사인 손주은 선생의 말에 따르면 공부를 잘하고 못하는 것은 80% 이상 부모의 유전자에 따라 달라진다는 말에 공감하는 이유도 여기에 있다.

학생들에게 영어 교과서 본문 일부를 외우도록 하고 시간을 측정해보면, 어떤 학생은 단 10분이면 정확히 외우는데, 다른 학생들은 몇 시간이 걸려도 외우지 못하는 경우가 있다. 같은 선생님에게 수학을 배워도 어려운 문제를 단번에 응용하여 푸는 학생이 있는 반면, 몇 시간을 고민해도 유사한 문제조차 해결하지 못하는 사람도 있다. 이는 수업태도, 열의 등 차이도 있겠지만, 기본적으로 타고난 머리와 재능이 다른 것이다. 문제는 그런 타고난 조건들(유전자, 머리, 신체조건, 재능, 부모의 경제력 등)은 우리가 결정할 수 있는 것이 아니라는 점이다. 그렇다면 부유한 집안의, 좋은 유전자를 가진 사람들은 모두 잘되어야 하는데, 인생이 반드시 그렇지도 않다. 물론 가난하고, 머리가 나쁜 사람보다 더 성공할 가능성이 높기는 할 것이다. 하지만 지난 수십 년간 한국의 입시, 고시 등을 통해 소위 출세한 수많은 개천의 용들을 볼 때 뭔가 알 수 없는 변수가 있다고 생각하지 않는가?

나는 그 변수를 '열정(에너지)'이라고 생각한다. 좋은 유전자에 열정까지 가진다면 금상첨화이겠지만 혹시 가난하고, 그리 좋지 않은 머리, 재능이 없다고 해도 뭔가 미친 듯이 몰입하게 되면 적어도 한 분야에서는 프로가 될 수 있다는 확신이 있기 때문이다. 더구나 인생은 '운'이라는 무시 못할 변수가 있다. 인생의 고비 때마다 운이 따라주는 사람도 있고, 그렇지 않은 경우도 있다. 국가대표 축구경기를 보면 어떤 경기는 잘 풀리지 않다가 상대 팀의 실수로 쉽게 골을 넣어 이기기도 하지만, 다른 경기는 경기 내내 우세한 경기를 펼치는데 골을 넣지 못하고, 골대만 계속 맞추는 불운한 날도 있게 마련이다.

작은 노력이라도 계속 기울이게 된다면 기회가 찾아올 것이다. 성공은 로또처럼 한순간 대박을 치는 것이 아니다. 서서히, 하나씩, 발전해나갈 때, 즉 작은 성공을 반복하게 되면 운도 따라줄 수 있다. 복싱선수가 처음부터 큰 주먹만 휘두르면 상대 선수는 이를 예측하고 쉽게 피할 수 있지만, 정확한 작은 잽을 계속 던지면 그 작은 주먹을 계속 맞는 상대 선수는 아무리 강한 상대라도 상처가 누적되어 더 이상 버티기 어려운 법이다. 가진 경제력이 없고, 머리, 재능이 부족하다고 생각할수록 이런 태도를 갖는 것이 필요하다. 끈기, 열정을 갖고 좋은 태도를 유지하기 위한 노력은 성공에 이르는 운을 불러일으키는 촉매제가 될 수 있다.

물론 모든 이가 성공할 수는 없는 일이다. 성공한 사람은 2%도 채 되지 않는다. 그들이 성공하기까지 본인의 노력은 물론 주변의 도움과 운도 따랐을 것이다. 그렇다고 나머지 98%가 다 실패한 인생도 아니다. 격동적인 한국 사회에서 성공했다고 교만해서는 안 되는 이유가 바로 여기에 있다. 익은 벼일수록 고개를 숙여야 하듯 자만하지 말고 더욱 겸손해야 할 것이다.

2) 최근 노동 현안에 대한 생각

(1) 공허한 공약의 남발

선거철만 되면 어김없이 등장하는 구호가 청년 실업문제를 해결하겠다는 정치인들의 공약이다. 또한, 기업 경쟁력 저하의 주요 원인이 강성 노조가 있어 노사 문제가 발생하고, 과격한 투쟁방식 때문에 주요 기업들이 생산현장을 해외로 이전할 수밖에 없고, 이 모든 책임은 노조 때문이라는 악의적 보도를 접하기도 한다. 과연 실업문제는 정치인들이 나서면 쉽게 해결될 수 있는 간단한 문제이고, 대외 경쟁력을 떨어뜨리는 강성노조는 정말 나쁜 존재고, 이 때문에 일자리가 줄어드는 걸까?

사실 이런 이슈는 여러 대학교, 경제연구소 등에서 많은 논문과 연구발표 보고서가 나와 있을 것이다. 잘 알다시피 경제, 경영 관련 한국의 고급 인력풀은 세계적인 수준이다. 정부, 공기업, 대기업, 금융기관 등 많은 경제기관에서 이런 문제를 연구하고 있다. 하지만 그런 전문가들이 보는 시각과 기업 현장에 근무하는 사람의 시각은 다른 부분이 많은 것 같다. 전문가들은 큰 틀에서의 숲은 보되 나무를 보지 못하는 듯하다. 마땅한 해결방안이나 대안을 제시하지 못하는 것 같아서 하는 말이다.

"경제는 이론만이 아닌 움직이는 생물과도 같다." 현장을 잘 이해하지 못하는 이들이 논문, 연구 자료를 가지고 지나치게 이론적·학문적 접근만을 할 때 이는 결국 공허함밖에 남지 않을 것이다. 몇 년 전에 세상을 떠들썩하게 했던 '미네르

바'가 훌륭한 탁견으로 자랑스러운 경제학 석·박사 학위를 가진 이들을 얼마나 창피하게 만들었는지 기억할 것이다. 선거철에 서슴지 않고 거짓 공약을 하는 정치인들이나, 한국 경제의 구조적인 모순을 외면하고 무조건 노조 탓으로 돌리는 일부 언론이나 문제 해결의 의지가 없다고 생각한다.

(2) 가혹한 한국의 노동조건

한국은 상위 1%에 해당하는 재벌, 특권층을 제외하고 99%가 자영업이나 근로소득으로 생활해야 하는 근로계층이 대부분인 나라이다. 이 계층은 내부적으로 다양한 스펙트럼을 갖고 있는데, 공무원, 교사, 공기업 직원 등은 최고의 안정된 직장을 가진 계층들이고, 대기업 직원의 경우 직장 안정성은 떨어지나 재직 시 처우는 나쁘지 않은 편이다. 가장 문제가 되는 것은 근로자의 대부분을 차지하는 중소기업 근로자와 영세 자영업자들이다. 특히 최저임금을 받는 근로계층은 사회적 지위에 있어 한국의 가장 아래 단에 있는 사람들이다. 이들에게 한국은 동남아 국가인 태국, 베트남보다 못한 나라이다. 한국 사회의 구조적 문제가 사회 가장 윗단 갑이 아랫단의 을을 수탈하여 이윤을 극대화하는 경제구조로 되어 있기 때문이다. 이런 구조가 바닥까지 내려오게 되면 최저임금을 받는 열악한 계층이 극한으로까지 몰리는 구조가 된다. 이렇게 가혹한 노동환경은 다음과 같은 문제점까지 가지고 있다.

첫째, 최저임금이 국력, 경제 수준에 비해 너무 적고, 사내도급 및 비정규직 비율이 비정상적으로 높다. 한국은 우리가 후진국으로 생각하는 태국, 베트남보다 삶의 질이 떨어진다. 왜냐하면, 현지 물가수준 대비 최저임금의 수준이 낮기 때문이다. 최저임금은 한국처럼 하청, 하도급이 많은 경제구조에서 서민 생활지수를 표시하는 아주 중요한 바로미터이다. 한국처럼 하청구조가 많은 나라는 거의 없다고 들었다. 이는 갑을관계의 먹이사슬구조가 매우 복잡하다는 의미이기 때문이다.

한강다리 보수공사나 도로변 전기공사를 대기업 건설사나 KT가 직접 수행하는 것이 아니라, 몇 단계의 하도급을 통해 가장 열악한 근로조건을 가진 회사가 그 공사를 하게 된다. 이 과정에서 직접 수혜를 받는 계층은 대기업 오너, KT 정규근로자, 하도급사 오너들뿐이다. 이들은 최저임금 수준을 받으며 힘들고, 더럽고, 위험하여 남들이 기피하는 일을 할 뿐이다. 이익은 각 중간단계 업체의 사업주들이 독점하게 된다.

최저임금도 사람답게 살 수 있는 최소한의 요건을 충족하는 수준이 되어야 하는데, 경총 등 사용자단체들은 항상 경제위기를 강조하며 동결이나 최소인상으로 정부에 압력을 가하고 있다. 과거부터 한국 정부가 대기업, 힘 있는 기관의 입장을 항상 대변하는 것은 알려진 사실이다.

둘째, 근로자의 노동시간이 세계 최장이고, 우수한 여성 근로자를 제대로 활용 못하고 있다. 많은 한국 회사들이 장시간의 근로시간에다 초과근로 보상을 제대로 하지 않는다는 점은 정말 이해하기 어렵다. '포괄임금제'라는 이상한 논리로 정부 역시 이를 묵인, 방조하고 있다. 근로시간이 길다는 것은 여러 문제를 일으킨다. 근로자 건강권이 침해됨은 물론이고, 가정생활의 행복추구권이 박탈되어 국민 생활에 지대한 영향을 미친다. 더구나 여성 근로자 활용이 OECD 국가라는 명칭이 무색하게 너무 적고, 그나마도 비정규직, 단기 근로자(일용직, 단기 아르바이트 등) 비중이 높다. 세계에서 가장 우수한 여성 자원을 가지고도, 이를 제대로 활용하지 못하고 있다. 물론 이런 문제를 정부도 잘 알고 있기 때문에 최근 많은 정책을 내놓고 있지만, 효과는 별로 없는 것 같다.

근본적인 이유는 기업들이 과거부터 사용하기 쉬운 남성 근로자를 선호하는 관행이 있기 때문이다. 구체적으로 남성은 임신, 출산 모성보호에 따른 제약이 적고 출장, 야근에도 여성보다 사용이 편리한 점이 그러하다. 물론 이는 정부부터가 문제다. 한국은 징병제를 통해서도 알 수 있듯이 정당한 대가, 보상 없이 사람을 손쉽게 사용하는 잘못된 근로 관행을 가지고 있다.

셋째, 노동법, 노동행정이 사용자, 대기업에 유리하게 적용되게 되어 있다. 한국 정부는 근로자를 보호하고 노동권익을 옹호하기 위한 행정력을 사용하는 것이 아니라 문제가 발생 시 근로자와 사용자 간의 조정, 중재역할을 통해 적절한 합의를 이끌어내는 데 국한되어 있는 것 같다. 노사 문제가 발생하면 누가 사회적 약자일까? 이는 정말 우문이다.

사용자는 권력, 재력을 가지고 있기에 복잡한 문제가 발생하더라도 쉽게 전문가 조력을 받을 수 있지만, 근로자는 그런 형편이 되지 않는 경우가 많다. MB 정권 시절 많은 노동조합이 정당한 쟁의행위를 하더라도 회사로부터 가압류 등 법적 조치로 고통을 받았다. 이는 한국의 노동환경이 이전보다 더욱 열악해진 것이라고 봐도 좋을 것 같다. 이런 경우 사회적 약자인 근로자들이 부당한 대우를 받지 않도록 제도적 노력을 기울여야 하는 것이 정부의 역할임에도 현실은 그렇지 않은 것 같다. 아직 70년대부터 수출입국을 외치며 기업에 특혜를 주던 관행이 남아 있는 듯하다. "기업이 수출을 많이 하기 위해서 노동문제가 발목을 잡아서는 안 된다"는 것이 정부가 노사문제를 보는 시각이라고 생각한다.

다른 의견이 있을 수도 있겠으나 지난 수십 년간 정부 노동정책이 근로자에게 어떤 실질적 도움을 주었는지 자성해본다면 답이 나오지 않을까 생각한다. 재벌들은 배임, 횡령 등으로 주주와 직원들에게 피해를 주는 몰염치한 사건을 일으켜도 실제 판결에서는 경영자가 그간 경제발전에 기여한 공로가 크고, 어려운 경제 환경에서 기업에 대한 부담을 주지 않기 위해 처벌을 감경하거나 집행유예 처리하는 불공정한 관행이 만들어진 것이다.

노동법 자체도 매우 불합리하다. 현재 노동법은 비정규직 관련이나 정리해고 등에 관한 조항에 있어 사업주를 직접 처벌하는 조항이 없다. 다시 말해 기업이 다양한 방법으로 근로자를 쉽게 해고하고, 비정규직을 비정상적으로 사용하더라도 행정처분 외 실제 기업주 처벌이 없다는 점이다. 행정처분은 사용자들 입장에서 얼마든지 돈으로 막으면 되는 쉬운 일이기 때문에 제재의 효과가 없다.

넷째, 노조가입률이 매우 낮고, 기득권을 가진 정규직 노조가 비정규직을 돕지 않는다. 한국의 민간기업 노조가입률은 9%가 되지 않는다. 공공 부문 노조(공무원노조)의 경우 72% 정도지만 그것은 공기관의 특성일 뿐, 정작 노조 도움이 필요한 중소기업 등 민간기업 근로자들은 노동의 사각지대에 있다는 말이 되겠다. 그나마 노조가입률을 채우고 있는 회사들이 현대차, 현대중공업, 대한항공 등 우리나라 최고 우량기업들이다. 사실 그 정도 수준의 기업들은 군이 노조가 없어도 복지나 처우가 좋은 최고의 직장들이다.

민주화 열풍이 불던 1989년 당시 한국의 전체 노조 가입률은 19.8%였다. 그러던 것이 2010년 기준 노동조합 수 4,420개, 조합원 160만 명으로 전체 노조 가입률은 9.8%이다. 이는 전체 통계일 뿐이고, 공공기업이나 대기업을 제외한 대다수 중소기업의 노조 가입률은 극소수일 것으로 추정된다. 이렇게 중소기업 노조결성이 거의 없는 것이 현실이고 그나마 법으로 정해진 '노사협의회'도 형식적, 서류상으로만 구성해놓고 운영하지 않는 것이 현실이다. 노동부에서 정기적으로 근로감독관을 통해 점검하지만, 이 역시 매우 형식적이며, 실제 관리·감독을 제대로 하지 못하고 있다. 이렇게 되면 사업주들은 노무 문제가 발생하면 법으로 해결하라고 근로자를 압박하는 것이 현실이고, 노동부도 억울하면 민사 소송을 하라고 하는 형편이라 근로자들은 억울한 일을 당해도 전혀 도움을 받을 수 없는 게 현실이다.

더구나 이런 상황을 너무도 잘 알고 있는 대기업 노동조합들이 비정규직이나 도급근로자 등의 열악한 노동환경에 대하여 함께 연대하여 도움을 주기보다는 자신들의 직접적 이해관계가 걸린 사안이 아니면 외면하는 것도 현실이다. 이렇게 정규직 노조가 많은 기득권을 누리면서 비정규직의 처우개선, 근무환경 개선 등에 관심을 두지 않는 것을 보면 필자는 그들이 악덕 사업주를 비난할 자격이 있을까 생각한다. 같은 근로자로서의 동료의식, 연대감이 절실하다. 현실적으로 비정규직들은 노조를 갖기 어렵다. 얼마든지 쉽게 고용관계를 해지당할 수 있는 '을' 중의 '을'인 입장에서 쉽지 않은 일이다. 그런 입장을 이해한다면, 힘 있는 정규직 노조가 나서 비정규직을 옹호하고, 연대 노력해야 하는 게 마땅하다고 생각한다.

3) 정부, 정치권, 대기업들이 나서야 하는 이유

(1) 소수의 천재만이 살아가는 세상은 없다

정부가 지속적으로 기업에 일자리를 늘려달라고 하지만 기업은 여전히 여력이 없다고 말한다. 과거 이건희 회장이 사장단에 '수만 명을 먹여 살릴 수 있는 핵심인재'를 찾아오라는 지시를 한 적이 있었다. 이 회장의 발언 한마디, 한마디가 다른 기업 및 한국 경제에 미치는 영향은 매우 크다. 멋진 표현처럼 보이지만 사실상 불가능한 일을 지시한 것이다.

그런 인재는 세상에 흔치 않다. 설령 있다고 해도 삼성 같은 대기업 직원으로는 오지 않는다. '스티브 잡스'나 '빌 게이츠'가 대학 졸업 후 삼성에 입사했다면 과연 '아이폰'이나 'MS'처럼 창조적 작품들을 만들어낼 수 있었을까? 삼성을 두고 혹자는 이런 말을 한다. "창의력이 뛰어난 인재를 많이 채용하지만 결국 입사 후에는 시키는 일만 아주 충실히 하는 평범한 직장인이 되어버린다"는 것이다. '조직의 논리에 가장 충실하고 잘 따르는 사람을 만드는 게 삼성이라는 조직'인데 '잡스'처럼 자신의 철학과 개성을 표현하는 창조적 인재가 삼성에 왔다고 해도 일찍 상사의 눈에 벗어나 퇴출대상 1순위가 되었을 것이다.

'극소수의 천재가 나머지 대다수 사람을 먹여 살린다'는 말은 '스타'나 '영웅'을 키울 만한 여건이 잘되어 있지 않은 한국 회사들에는 기대하기 힘들다. 많은 한국 기업들이 강조하는 것은 항상 어떤 조직이든 톱니바퀴처럼 각자의 역할이 있다는 것이고, 혼자 튀면 조직 내 인화가 어렵기 때문에 조기 아웃시키는 것이 올바른 판단이라는 논리이다.

(2) 기업의 사회적 책임

사람마다 각자의 고유한 능력이 있고, 이를 사회생활을 통해 발휘한다. 정도의 차이는 있겠지만 저마다 사회구성원으로서 각자 기여를 하고 있다. 기업도 마찬가지이다. 한국 대기업들은 특별히 그 사회적 책임을 다해야 한다. 삼성, 현대가 이처럼 큰 글로벌 회사로 성장한 것이 단지 재벌일가의 노력만으로 이룬 것일까? 절대 그렇지 않다. 많은 국민이 초창기 조악했던 그들의 제품을 국산이라는 이유로 애국심에 구매하였고, 많은 근로자가 피땀 흘려 지금의 성과를 이룩한 사실을 기억해야 한다. 동남아 국가들처럼 자동차는 도요타, 전자제품은 소니만을 선호했다면 과연 오늘의 현대차, 삼성전자가 있었을까?

기업이 사회적 책임을 다하는 방법은 우선 '정직한 세금납부'와 '기부행위'이다. 일부 재벌의 부당한 증여문제는 이미 많이 알려진 사실이다. 천문학적인 이윤을 내면서 정직하게 세금 납부를 했다고 생각하는지에 대하여 떳떳하지 않다고 생각한다. 재벌들이 진정한 한국의 상류계층으로 인정받기 위해서는 사회적 기여를 해야 한다. 저마다 한다고는 하지만 복지재단을 세금회피의 수단으로 활용하지는 않았는지, 사세에 걸맞은 충분한 기부를 하고 있는지에 대하여 생각해볼 필요가 있다.

또한, 기업이 가장 큰 사회적 책임을 다하는 것은 바로 '일자리를 늘리는 것'이다. 기업의 존재이유가 '이윤창출'이기에 생산현장을 해외로 옮기면 그 이익이 극대화된다는 것을 모르는 사람은 없다. 하지만 기업의 또 다른 책임은 '사회적 기여'와 '인재양성'이다. 국내에서 사업하면서 국내 일자리를 만들지 않는 회사는 사업할 자격이 없다. 미국의 앨라배마 주에서 현대차가 최고의 대우를 받는 것은 일자리를 그 지역에 많이 만들어주었기 때문임은 당연하다. 일자리는 대기업이 주도적으로 만들어야 한다. 중소기업 일자리를 말하지만, 한국 현실에서 중소기업 일자리는 그 한계가 분명하다. 대기업들이 사회적으로 비난받는 이유는 안정된 일자리를 만드는 것보다는, 일거리를 아웃소싱하여 하청회사들만 늘리기 때문이다.

실제 현대차는 정규직들이 하는 일이 엔진 같은 중요 기관의 제작과 조립 정도이고, 나머지 작업 대부분은 하청을 주는 구조가 되었다. 이는 단기적으로 원가절감을 통해 이윤 창출에는 많이 기여하겠으나, 나중에는 소수의 정규직 노조만 기득권을 누리는 파행적 인적 구성으로서 과연 '독일 차의 견고한 품질'과 '일본 차의 정교함'을 현대차가 창조적으로 만들어낼 수 있을지 의문이다.

이러한 기형적 경제 집중 구조는 과거 독재 정권 시절부터 일부 대기업들이 특혜를 받아 성장한 결과이다. 아마 좀처럼 이런 구조가 개선될 것 같지는 않다. 대기업들이 그 규모에 걸맞은 사회적 책임을 다하도록 노력해주기만을 바랄 뿐이다.

(3) 정부의 노동정책 기조

보수 정권인 박근혜 정부가 출범하면서 고용노동부가 발표한 노동정책 기조는 다음과 같다고 한다.

① 고용률 70% 달성: 2013년 현재 64% 수준으로 선진국의 50%에 비하면 높은 편이나 70%를 달성하겠다는 의지를 천명하였다.

② 양질의 일자리 만들기: 최근 이마트의 정규직 전환 사례와 같이 고용의 질을 올리겠다는 것이다.

③ 노사갈등 해소: 과거에는 노사갈등의 주요 사유가 '근로조건'을 가지고 다투었다면, 최근에는 해고 등을 비롯한 '고용문제'로 노사갈등이 나타나고 있는 만큼 이를 해소하기 위해 노력하겠다는 것이다.

④ 안전관리: 최근 삼성전자나 석유화학단지 등에서의 안전사고가 급증하고 있는데 과거 정권의 노동정책 기조와는 달리 안전관리를 최우선으로 하겠다는 것이다.

모두 좋은 정책 기조이고, 현시점에서 반드시 해야 할 일들이기 때문에 이의를 제기할 사람은 거의 없을 것이다. 하지만, "어느 나라, 어느 지역의 정치인도 일자리 창출을 말하지 않는 정치인은 없다."

　대통령선거 출마자는 물론 지방 시의회 의원 출마자에 이르기까지 당선되면 지역 일자리 창출에 힘쓰겠다고 하며 많은 공약을 말하고 다닌다. 하지만 정치인은 법률과 정책으로 국민들을 편안하게 만드는 게 그들이 할 수 있고, 해야 하는 일들이다. 고용률을 70% 이상으로 올리겠다는 목표는 좋으나, 그 고용의 성격이 대부분 일용직, 하도급업체의 최저임금근로자, 아르바이트, 심지어는 정부에서 고용을 늘리기 위해 사용하는 방식 중 하나인 '거리 화단에 풀을 뽑는 일'도 고용 통계에 들어간다는 사실을 안다면 과연 그런 식으로 해서 90%를 달성한들 무슨 의미가 있을까? 회의적인 시각을 가지지 않을 수 없다. 정작 입법을 하는 국회의원들의 경우 노동관계법 등 한국에는 너무도 불합리하고 부조리한 조항이 산적해 있음에도 불구하고 이에 대한 적극적인 법률개정 및 입법추진을 하는 정치인은 별로 보지 못한 것 같다.

　우선 최저임금법 개정이다. 2012년 대선 당시 박근혜 후보가 곤욕을 치렀던 질문 중 하나가 '최저임금'이다. 언론에 오르내리며 '최저임금'에 대한 관심이 다소 높아진 것이 다행이라면 다행이다. 최저임금은 2014년 기준 5,210원으로, 주 5일제로 1주 40시간 근무의 경우 월 최저임금은 1,088,890원이다. "이 최저임금이 왜 중요한지?"에 대해 잘 모르는 사람들이 많은 것 같다. 고소득층이나 임대, 금융 등 기타 소득이 많은 계층이야 존재도 모르고 알 필요도 없다 생각할지 모르겠지만, 하루하루 먹고사는 일용노동자나 가정형편으로 인해 일찍이 노동현장에 나와야 하는 청소년 근로자, 어렵게 대학을 나와 중소기업에 입사해 최저임금을 받고 일해야 하는 수많은 비정규 근로자들에게는 '최저임금'은 생명줄과도 같다.

　'최저임금법'이 없으면 사업주는 본인의 주관적 의사로 임금을 결정할 것이고,

근로자는 울며 겨자 먹기로 생존을 위해 열악한 근로조건을 감당할 수밖에는 없을 것이다. 따라서 최저임금은 당연히 근로자에게 최소한의 생활을 보장해줄 수 있는 정도의 수준이 되어야 한다. 그럼에도 불구하고 정치인들은 언론에서 OECD 통계를 운운하며, 마치 선진국 대열에 들어선 것처럼 말하지만, 현재 한국의 최저임금 수준은 경제규모와 높은 물가수준으로 보았을 때 후진보다 못한 것이 현실이다.

이미 한국의 물가수준은 서구를 넘어 일본 수준에 근접해 있다. 사치품인 명품이야 가격이 아무리 비싸도 사지 않으면 그만이지만, 생활필수품들은 반드시 지출해야 한다. 한국은 특히 식료품 등 1차 식품 물가가 살인적이다. 미국, 캐나다 같은 선진국들은 서민들이 적어도 1차 식품에 관하여는 가격 부담 없이 살 수 있을 정도로 물가관리를 한다고 들었다. 하지만 한국은 과자, 두부, 생활용품 등을 높은 시장점유율을 이용한 대기업들이 담합하여 가격을 결정하는 경우가 많다. 물론 담합은 공정거래법 위반사항이고 공정거래위원회에서 처벌한다는 기사를 보기도 하지만 대기업들은 손쉽게 과태료를 내면 그만이라는 식이다. 가능한 법을 어기면서 사업을 해야 성공하는 나라가 한국이라는 자조적인 말이 나온 이유를 잘 생각해보아야 한다. 그런 기업들은 애초부터 법을 지킬 생각, 의사도 없었다.

더구나 주거비와 교육비에 이르면 절망적이다. 주택 가격이 비싸기로는 세계에서 둘째가라면 서러워할 나라가 대한민국이다. 대학 초임을 받는 직장인이 서울에서 집을 사려면 20년 동안 온갖 저축을 해도 살 수가 없는 곳이 대한민국이 되었다.

특히 교육비를 보면 가히 절망스러운 수준에 도달하게 된다. 아이에게 과외, 학원을 한 번도 시키지 않았는데 서울대를 보낸 학부모가 있다면 정말 매우 특별한 자녀를 둔 것이다. 한국에서 사교육 없이 사는 것은 쉽지 않다. 따라서 사교육비 규모는 정말 엄청나다. 이런 상황에서 최저임금 수준의 근로자가 과연 제대로 생활할 수 있을까? 최저임금은 정말 획기적으로 인상되어야 한다.

2011년 노벨 경제학상 수상자인 토머스 사전트 교수는 한국 사회의 심각한 문제인 청년실업에 대하여 "가장 효과적인 청년실업 대책은 교육제도를 개편하는 것이지, '청년 인턴제'와 같은 정부 정책은 장기적으로 별 효과가 없을 것"이라고 했다. 정부도 이런 현실을 잘 인지하고 있을 것이다. 이 정부가 지향하는 정책 기조가 힘없는 근로자들을 궁지에 모는 것이 되어서는 곤란하다. 과거 쌍용자동차, 한진중공업 등의 노사갈등이 얼마나 심각한 사회문제가 되었는지 상기해보았으면 한다.

Epilogue

가끔은 필자처럼 스스로 마음만은 청년이라고 착각(?)하는 사람도 문득 기성세대가 되었다는 느낌을 받게 되면 깜짝 놀라곤 한다. 특히 오랫동안 기업 현장에서 많은 청년을 채용하는 인사팀장의 입장이 아닌 대학에서 푸릇푸릇한 청년학생들을 지도하고 있는 지금 정말 많은 것을 생각하게 된다.

요즘 청년들의 대부분은 어린 시절부터 많은 공부를 하였고, 경쟁적인 입시에 시달리다 이제 막 사회로 진입하려고 하는 사람들이다. 심지어 이제 갓 대학입학을 한 1학년생들도 취업에 무척 관심이 많다. 이는 현 기성세대들이 제대로 된 양질의 일자리를 제공해주지 못하고 있는 현실에 기인함은 물론이다. 정말 진심으로 미안한 마음을 가져야 한다.

그들은 하나같이 얼굴도 예쁘고, 잘생겼을 뿐 아니라 정말 스마트하다. 가끔 캠퍼스에서 학생들을 멍하니 바라볼 때가 있다. 진심으로 그들의 젊음이 아름다워 보이고 부럽기 때문이다. IT 기기를 잘 활용하는 것은 물론, 대부분 영어 능력도 매우 뛰어나다. 기성세대들은 그 시절 그들만큼의 능력을 갖추지 못했다. 더구나 IT 기기, 외국어 등과는 거리가 먼 사람들이 많다.

게다가 청년들은 솔직하다. 과거 세대가 가진 구태의연함, 거짓말, 있는 척하기, 가식 등이 별로 없다. 더욱 기대되는 것은 기성세대가 미국, 일본 등 선진국에 대하여 가진 막연한 열등감이나 패배의식을 찾아볼 수 없다는 점이다. 이들은 어떤 자리에서

건 항상 당당하고 씩씩하다.

　그런 청년들이 처음 사회생활의 시작을 최저임금 수준의 비정규직, 열악한 노동조건의 회사에 들어와 힘들게 일하는 것을 보면 부모들이 얼마나 가슴이 아플까 생각한다. 더 큰 문제는 이런 부분이 시간이 지난다고 쉽게 해결될 문제가 아니라는 점이다. 결혼비용이 없어 결혼을 망설이고, 결혼을 해도 양육 부담으로 마음 놓고 아이를 낳을 수도 없는 것이 21세기 현재 한국의 현실이기 때문이다.

　앞으로 한국의 미래에 대한 예측은 매우 어렵다. 전문가들은 한국이 장기불황을 겪었던 일본의 전철을 밟고 있는 것이 아니냐는 우려를 하기도 한다. 분명한 것은 청년들이 좋은 직장을 갖기 어렵고, 결혼도 힘들고, 아이도 낳지 않으면 과거 한국이 성장해왔던 우수한 인적 자원이라는 중요한 배경이 사라지는 것이다.

　일부 우리 사회 기득권층이나 기성세대 가운데 자신들은 충분한 연금을 받고 있고 안정된 경제력을 갖고 있어, 청년들의 이런 고민과 자신은 무관하며 관심 자체가 아예 없는 이들도 있는데 매우 무책임한 일이라고 생각한다.

　마을 사람들이 공동으로 마시는 우물이 오염되었는데 자신은 외국에서 수입한 비싼 생수를 사 먹으니 전혀 관계없다는 이기적인 생각은 모두의 공멸을 가져올 뿐이다. 과거 잘못된 판단으로 나라를 망하게 했던 어리석은 조상들로부터 배워야 한다. 그들은 나라가 망해가는데도 자신과 가문의 영달만을 생각했던 사람들이다. 이는 지금도 크게 다르지 않은 한국 사회의 고질적인 문제다.

　정규직 노조는 불안한 신분의 비정규직들을 도와야 하고, 공무원, 교원들은 자신보다 열악한 근로자계층에 대한 관심을 가져야 한다. 결국, 이 사회는 함께 살아가는 사회이고 나만 잘 살아간다고 해서 아무런 문제가 없는 것이 아니다. 최근 세월호 참사사건에서 볼 수 있듯이 탐욕스러운 일부 자본가와 절차를 무시하는 사회시스템, 권리는 주장하되 책임을 지지 않는 지도자들로 인해 우리 국민들은 깊은 상처를 입었다.

　물론 필자는 이 문제가 일부 계층에만 국한된 것으로 생각하지는 않는다. 결국, 취업문제를 비롯한 청년들의 문제는 모두가 함께 고민해야 하고 특히 책임 있는 자리의 지도층이 나서서 문제 해결을 위해 노력하는 사회가 바로 선진국이라고 생각한다. 현재의 청년들은 곧 우리의 미래이다. 이들이 행복하게 살아갈 수 있는 여건, 기반, 제도, 시스템을 만들어줄 책임이 현 기성세대들에게 있다고 생각한다.

『인사팀장이 쓴 채용노트』를 통해 기업의 채용과정을 숨김없이 보여주기 위해 나름 노력했고 필자가 경험하고 아는 부분을 솔직하게 알려주려고 했지만, 항상 그렇듯 뒤늦은 후회와 미처 못다 한 말이 더 많은 것 같다. 필자는 지금 이 순간도 정확하게 문제가 무엇인지 충분히 알고 있으면서도 즉시 고치려고 하지 않는 우리 사회 일부 기득권층의 안이함과 기성세대의 뻔뻔스러움에 대하여 청년들에게 통렬한 비판을 받아 마땅하다고 생각한다.

프랑스에서는 청년들이 가끔 부족한 일자리를 마련하라며 당당한 시위를 한다고 한다. 일자리 문제만큼은 정부가 책임져야 한다. 우리 청년들은 사실 너무 착하다. 현재 실질 취업률이 50%도 되지 않는 이 나라. 특히 그나마 취업의 질도 매우 떨어진 마당에 기성세대의 기다리라는 말에 충실히 따르기만 하는 이 착한 청년들에게 과연 우리는 어떤 짓을 하고 있는 것일까?

자신의 정당한 권리를 주장하지 않으면 아무것도 얻을 수 없다. 이 부족한 글이 우리 청년들이 진로를 탐색하고 더 나은 미래를 설계하는 데 작은 도움이라도 되었으면 좋겠다. 계획을 세우는 것은 매우 중요한 일이다. 계획이 없는 것은 GPS 없이 바다로 나가는 것과 마찬가지다. 마지막으로 지금 이 시각에도 불확실한 미래에 대한 자신의 진로에 대하여 깊은 고민을 하는 많은 청년의 건투를 진심으로 기원한다.